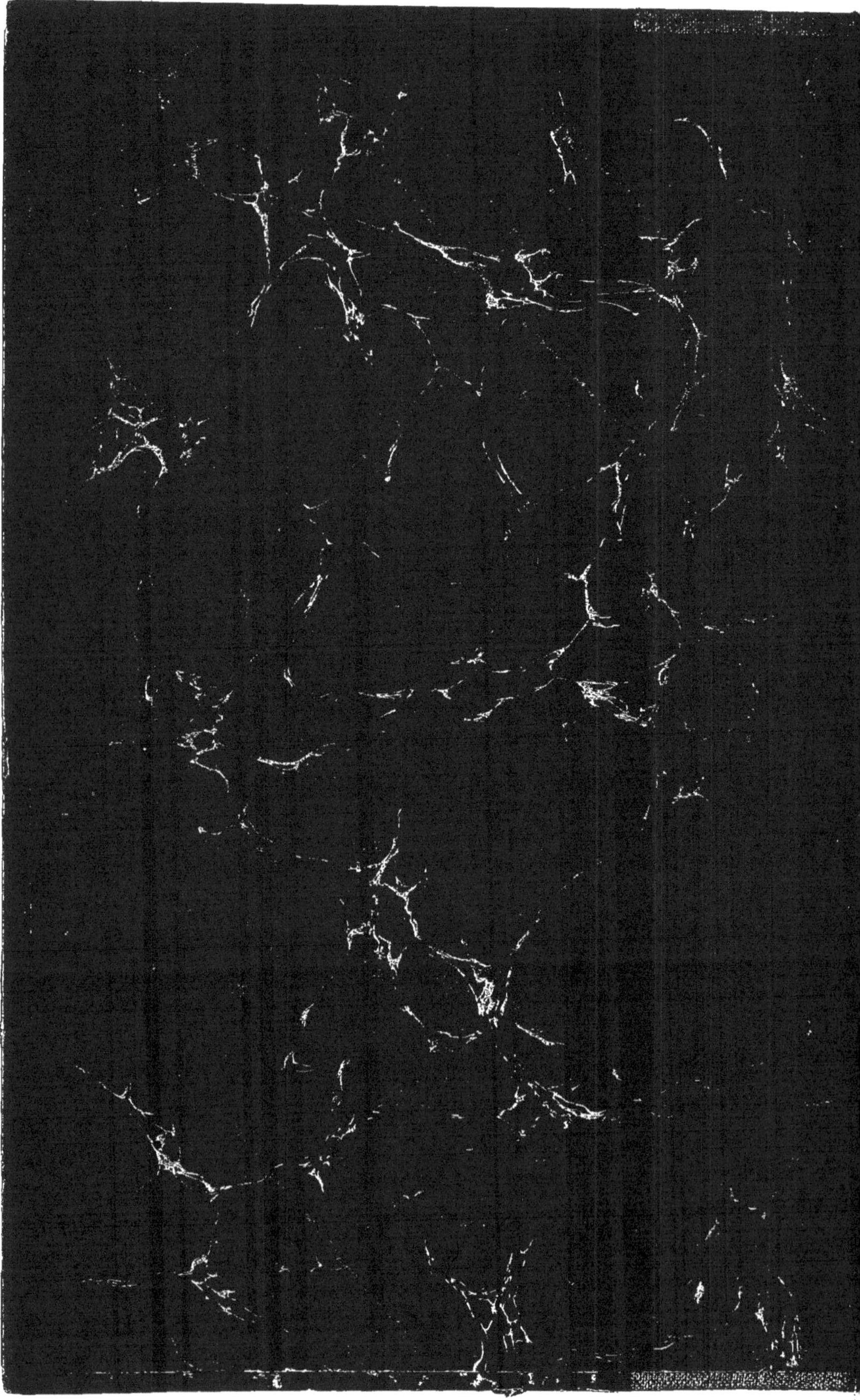

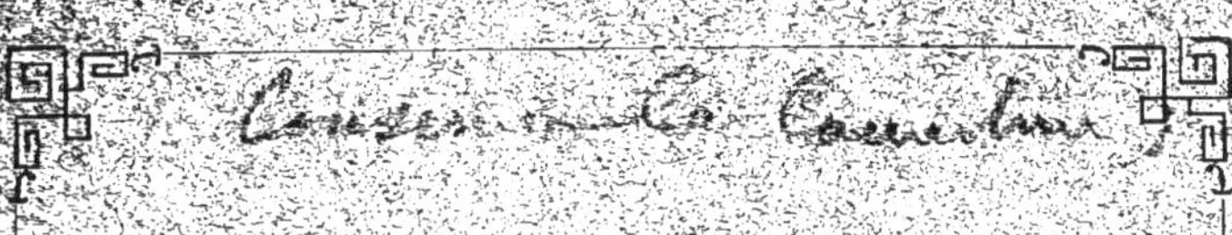

LES

ALLEMANDS

EN FRANCE

ET

L'INVASION DU COMTÉ DE MONTBÉLIARD

PAR LES LORRAINS

1587-1588

D'APRÈS DES DOCUMENTS INÉDITS

PAR

Alexandre TUETEY

TOME PREMIER

PARIS
H. CHAMPION,
LIBRAIRE
15, quai Malaquais, 15

MONTBÉLIARD
E. BARBIER,
LIBRAIRE
Place Denfert-Rochereau

1883

LES

ALLEMANDS

EN FRANCE

Cette publication, extraite des Mémoires de la Société d'Emulation de Montbéliard, est tirée à 200 exemplaires sur papier vergé.

№ 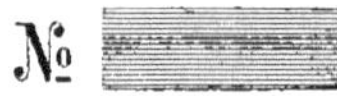

LES
ALLEMANDS

EN FRANCE

ET

L'INVASION DU COMTÉ DE MONTBÉLIARD

PAR LES LORRAINS

1587-1588

D'APRÈS DES DOCUMENTS INÉDITS

PAR

Alexandre TUETEY

TOME PREMIER

PARIS
H. CHAMPION,
LIBRAIRE
15, quai Malaquais, 15

MONTBÉLIARD
E. BARBIER,
LIBRAIRE
Place Denfert-Rochereau

1883

PRÉFACE

Dans le récit historique que nous soumettons à l'appréciation des érudits, nous avons cherché à retracer, à l'aide des documents originaux, les phases d'une double invasion, premièrement, celle du sol français dans les derniers mois de l'année 1587 par les reîtres allemands sous la conduite du baron de Dohna, ensuite celle du comté de Montbéliard vers le début de l'année 1588 par les bandes lorraines sous les ordres du marquis de Pont. Cet épisode de nos guerres de religion, connu dans l'histoire par les combats de Vimory et d'Auneau, épisode dans lequel le duc de Guise joua un rôle si important, nous a paru digne d'une étude spéciale où nous nous sommes proposé de montrer par quel enchaînement de circonstances l'invasion allemande devait fatalement entraîner à titre de représailles l'invasion lorraine.

Nous ne saurions nous dissimuler que pour traiter d'une façon complète dans toutes ses parties un sujet aussi étendu, il eut été nécessaire d'agrandir le champ de nos investigations et de faire porter nos recherches sur un nombre considérable d'archives et de bibliothèques. Malheureusement l'absence de tout encouragement officiel d'une part, l'insuffisance de nos ressources personnelles d'autre part, ne nous ont permis d'explorer à l'Etranger que quelques dépôts d'archives, notamment ceux de Neufchâtel, Bâle et Porrentruy, et en

France, en dehors des grands dépôts de Paris, que les archives départementales du Doubs et la bibliothèque publique de Besançon. Nous profiterons de l'occasion qui nous est offerte pour adresser l'expression de notre vive gratitude à tous ceux de nos confrères qui, tant à Paris que dans les départements, ont bien voulu aider nos recherches, ainsi qu'aux conservateurs des archives de Bâle et de Porrentruy, MM. R. Wackernagel et Xavier Kohler, qui ont mis leurs richesses à notre disposition avec une libéralité et un empressement dont nous ne saurions trop les remercier. Dans le même ordre d'idées, nous ne voulons pas oublier le savant éditeur des mémoires de La Huguerye, M. de Ruble, qui, avec une obligeance inépuisable, nous a fourni de nombreuses et importantes indications et facilité ainsi la réunion des matériaux de cet ouvrage. Enfin, qu'il nous soit permis de témoigner ici toute notre reconnaissance à une modeste société locale, la Société d'Emulation de Montbéliard, qui, malgré un budget fort restreint, n'a pas hésité à entreprendre cette publication. C'est un devoir pour nous de rendre un hommage public à une Société toujours prête à s'imposer tous les sacrifices pour contribuer au progrès des études historiques, archéologiques et scientifiques, marchant toujours à l'avant-garde de cette phalange de travailleurs infatigables qui font l'honneur de notre patrie, de même qu'au jour du danger, une généreuse ardeur placerait toujours au premier rang des défenseurs de notre sol, les enfants de ce petit pays, déjà tant de fois éprouvé par l'invasion étrangère.

Paris, 25 décembre 1883.

CHAPITRE I.

LES RÉFUGIÉS FRANÇAIS A MONTBÉLIARD.

L'un des épisodes les plus curieux des guerres de religion au XVIe siècle, est cette invasion du comté de Montbéliard par les princes lorrains durant l'hiver de 1587 à 1588, qui porta la ruine et la désolation dans ce malheureux pays. Des relations contemporaines publiées dans les *Mémoires de la Ligue* et dans le *Journal de l'Institut historique*, relations qui feront l'objet d'une étude spéciale, nous ont conservé le souvenir des excès épouvantables auxquels se livrèrent, sous le manteau de la religion, les aventuriers de toutes nations dont se composait l'armée du marquis de Pont. Pour se rendre un compte exact de cette invasion froidement conçue et brutalement exécutée, pour bien comprendre ce déchaînement de passions sauvages, ces débordements inouïs d'une soldatesque effrénée donnant libre carrière aux instincts les plus pervers, il est indispensable de remonter aux causes qui, de longue date préparèrent ce tragique évènement.

La haine implacable, l'hostilité acharnée que les Guises témoignèrent à la maison de Wurtemberg-Montbéliard, tiraient leur origine de la faveur avec laquelle les princes appartenant à cette illustre maison avaient accueilli les doctrines religieuses qui venaient de révolutionner le monde catholique, et de l'appui bienveillant qu'ils accordaient dans toutes les occasions aux réformés français.

De très-bonne heure le pays de Montbéliard avait accepté les idées nouvelles propagées par Guillaume Farel et Pierre Toussaint, et à la fin de l'année 1538, l'introduction de la Réforme sous les auspices des princes de la maison de Wurtemberg était un fait accompli. Dès le début des persécutions religieuses dont le massacre de Vassy fut le signal, nombre de Français obligés de s'expatrier, vinrent chercher un refuge dans le comté de Montbéliard où ils trouvèrent une hospitalité aussi large que bienveillante. La liberté à peu près illimitée dont ils jouissaient, entraîna même quelques abus, certains de ces réfugiés menaient une vie assez désordonnée, jouaient à des jeux prohibés, se querellaient jour et nuit et troublaient ainsi la paix publique. La population leur reprochait également de chevaucher à travers champs, sans nul souci des récoltes qu'ils foulaient aux pieds de leurs chevaux. Le Conseil de régence chargé de l'administration intérieure du pays, s'émut de cet état de choses et crut devoir prendre des mesures préservatrices.

Le 10 janvier 1568, trois points furent soumis à l'acceptation des *Françoys estrangiers* qui avaient fixé leur résidence à Montbéliard. Les nouveaux habitants devaient se conformer d'une manière absolue à tous réglements en vigueur dans la principauté, s'abstenir de tous *conventicules* et assemblées particulières, se contenter des prêches et autres cérémonies religieuses qui se pratiquaient dans le pays, ne plus gâter les fruits couvrant les champs des pauvres sujets, soit avec chevaux, soit de toute autre façon, « consideré qu'ilz sont desja constituez en grandissime pauvreté pour les sterilitez et chierté de temps. » Enfin, pendant toute la durée de leur séjour, ils devaient ne rien comploter au détriment des

Suisses, Bourguignons, Lorrains et autres voisins du comté.

Les Français réunis par convocation spéciale, après avoir pris connaissance des points et articles ci-dessus, se défendirent formellement de toute participation à aucune assemblée illicite, se prétendant absolument étrangers aux actes délictueux qui leur étaient imputés, et déclarèrent au surplus ne vouloir déroger en rien « à la confession de foy faicte d'ung commung accord par toutes les eglises reformées de France, en laquelle ilz entendent vivre et perseverer jusques en la fin. » Tous les Français présents signèrent cette déclaration (1).

Parmi les quatre-vingt-deux signatures qui couvrent deux pages de ce curieux document, nous remarquons celles de personnages importants à divers titres, notamment des seigneurs de Beaujeu, de Montigny, de Ribeaupierre et de Saint-Amour, celle de Pierre Nevelet, l'ami du jurisconsulte Hotman, celle de l'historiographe Nicolas Vignier qui devint, le 26 mai 1571, médecin du jeune comte Frédéric, et plus tard, après sa conversion au catholicisme, médecin du roi Henri III, celles de deux Pithou, probablement fils du fameux jurisconsulte Pierre Pithou, l'un d'eux, Martin Pithou, sieur de Champgobert que l'on trouve fixé à Bâle en 1590, l'autre, son frère François Pithou.

En offrant généreusement un asile à tous ces étrangers, habitués pour la plupart à une vie fiévreuse, semée de périls, et dont l'activité inquiète cherchait sans cesse un aliment, le gouvernement de la principauté de Montbéliard assumait une lourde responsabilité, il pouvait même se trouver

(1) Original sur papier, *Archives Nationales, fonds Montbéliard, K 2186.*

en présence de graves difficultés. En effet, il avait tout à redouter de cette population nouvelle, surtout de l'élément noble qui ne connaissait d'autre occupation que le métier des armes, et qui pendant ses loisirs forcés ne résisterait que difficilement à la tentation de fomenter des intrigues, d'autant plus dangereuses que la situation géographique du pays, limitrophe à la fois de la Lorraine, de la Franche-Comté, de la Suisse et de l'Alsace, commandait une plus grande circonspection. Le gouvernement de la principauté devait surtout craindre que le roi de France ne finît par voir d'un mauvais œil cette protection bienveillante accordée à ceux de ses sujets, victimes des discordes civiles, qui venaient se réfugier dans le comté de Montbéliard, et ne jugeât à propos de soulever quelque réclamation. C'est ce qui arriva en 1572, quelques jours après la Saint-Barthelémy. Charles IX croyant savoir que « Cavaignes, (et non Tavaignes, comme les historiens de Montbéliard l'ont imprimé jusqu'ici) l'un des principaulx de la mechante et detestable conspiration que c'est decouverte et que avoit faite le feu admiral de Chastillon avec ses complices et adherens » avait pris la fuite et s'était retiré en Allemagne, adressa, le 1er septembre, une lettre au duc Louis de Wurtemberg (1), en même temps qu'il écrivait à la république de Genève (2), pour demander l'arrestation et l'extradition de ce conseiller de Coligny, dans le cas où lui et ses partisans auraient trouvé un refuge au sein des terres et domaines appartenant à la maison de

(1) Copie de l'époque, *Archives Nationales, fonds Montbéliard, K 2186.*

(2) Haag, *France protestante*, t. III, p. 254, article Arnaud de Cavagne.

Wurtemberg. La situation devenait délicate, il fallait ou méconnaître les droits sacrés de l'hospitalité en livrant un de ces malheureux échappés au massacre de la Saint-Barthélemy, ou mécontenter un puissant voisin en ne tenant aucun compte d'une requête formulée en termes pressants. Heureusement pour les princes de Wurtemberg, la démarche du roi de France resta sans objet, Charles IX était mal informé, Cavaignes n'avait point quitté Paris, et le 5 septembre, d'après une dépêche des ambassadeurs vénitiens, sa retraite ayant été découverte (1), il était arrêté ainsi que Briquemault, un autre confident de l'amiral de Coligny, dans le logis de l'ambassadeur d'Angleterre. Le procès de ces deux huguenots s'instruisit devant le Parlement qui, par un arrêt du 27 septembre, les condamna à être traînés sur la claie, puis pendus et étranglés.

Pendant ce temps, les princes curateurs du comte Frédéric, qui n'étaient nullement au courant de ce qui se passait, cherchaient une solution, et tout en se déclarant « fort desplaisantz et marrys des tyrannies et cruaultez exercées contre ceulx de la religion, et persecutions que se font contre eulx, » craignirent d'exciter la fureur de leurs voisins « papaulx, ausquelx les cruelz massacres dernierement advenuz en France sont fort aggreables », et notamment des Bourguignons; aussi ne trouvèrent-ils d'autre moyen de sortir d'embarras que d'inviter les Français, réfugiés à Montbéliard, à choisir un autre asile où ils seraient plus en sûreté que dans cette ville trop rapprochée de la France. C'est le sens

(1) H. de la Ferrière, *Le XVIe Siècle et les Valois*, d'après les documents inédits du British Museum, 1879, p. 322.

des instructions qu'ils adressèrent le 22 septembre 1572 au Conseil de régence investi de l'administration de la principauté (1). Aux termes d'un mandement du 25 septembre (2), ce conseil chargea le maire et les neuf bourgeois composant le corps municipal de convoquer immédiatement les Français résidant à Montbéliard, d'une part les gentilshommes et gens d'état, de l'autre les roturiers et artisans, et de leur donner communication de la lettre de Charles IX, en leur faisant comprendre qu'un plus long séjour dans le pays les exposerait à de réels dangers et pourrait entraîner de graves inconvénients. Toutefois, pour tempérer jusqu'à un certain point ce qu'une semblable mesure pouvait avoir de rigoureux, le Conseil de régence ajoutait qu'eu égard à la saison déjà trop avancée « pour charier femmes et enffans par les champs », il y avait lieu d'user « d'hospitalité et de charité crestienne » et d'autoriser les Français à laisser provisoirement dans le pays les membres de leur famille, auxquels on ferait « toutes courtoisie et amitié. » Enfin, comme les artisans et manœuvres par l'humilité de leur condition se trouvaient moins en vue que les nobles et autres personnes d'état, et pouvaient plus facilement échapper aux investigations, les maîtres bourgeois eurent toute latitude pour conférer la bourgeoisie à ceux de ces gens de métier dont la réception leur paraîtrait « utile et proufitable à la republique. »

(1) Une copie de ces instructions sous le titre suivant : *Extraict des principaulx pointz des lettres envoyées dez le pays de Wurtemberg à messieurs du Conseil d'icy touchant les Françoys et aultres estrangiers estans en ceste ville*, se trouve dans le *fonds Montbéliard, K 2186.*

(2) *Archives Nationales, fonds Montbéliard, K 2186.*

Le magistrat de Montbéliard appliqua ces instructions dans le sens le plus large et, faisant passer les droits de l'humanité avant les exigences de la politique, accorda libéralement droit de bourgeoisie à tous ceux des réfugiés qui le demandèrent en justifiant de leur profession de foi.

Vers cette époque, l'intolérance religieuse s'accentuait dans les pays relevant de l'Empire et obligeait les citoyens de Besançon attachés aux nouvelles doctrines à chercher fortune ailleurs; ce contingent nouveau accrut dans une proportion notable le nombre des réfugiés français à Montbéliard. La situation de l'autorité y devint de jour en jour plus difficile, la présence de ces bisontins chassés de leur cité ne pouvait qu'alimenter et augmenter l'effervescence des esprits en fournissant un occasion de conflits perpétuels avec la province de Bourgogne. Le Conseil de régence par une lettre du 17 janvier 1573, demanda à Stuttgard quelle ligne de conduite il devait tenir à l'égard de ces réfugiés, qui, pour la plupart, désiraient fixer leur résidence à Montbéliard et y acquérir droit de bourgeoisie. Le gouverneur et le Conseil privé du duché de Wurtemberg répondirent au nom des princes curateurs qu'ils ne pouvaient blâmer le Conseil de régence d'avoir pris en pitié ces malheureux exilés, qu'il eût été *indecent* de chasser *par les grandes continuelles froidures de l'hiver passé,* et que le Conseil devait s'entendre avec le magistrat de la ville pour arrêter la liste de ceux des réfugiés susceptibles d'être admis au rang des bourgeois. Le 6 mai 1573, le procureur général Chambert et le licentié Docourt, membre du Conseil de régence, assistés du théologien Piscarius, surintendant des églises, reçurent mission de procéder à l'examen des nouveaux membres de la bourgeoisie; le 13 octobre suivant, le Conseil de régence convoqua au *poille* de la chancellerie, lieu ordinaire de ses séances, « les Françoys, Besantinoys et aultres estrangiers estantz de present à Montbeliard, » et leur fit entendre qu'eu égard « aux calamitez et miseres du royaume de France et d'aultres pays affligez et travaillez d'une infinité de seditions, tumultes et cruaultez plus que barbares pour le faict de la religion », le gouvernement de la principauté ne demandait pas mieux que d'accueillir ces expatriés qui avaient tout perdu en quittant leurs foyers, et n'exigeait en échange de cette hospitalité qu'une soumission absolue aux lois et règlements du pays où ils étaient appelés à vivre, avec prestation du serment de fidélité aux princes de Brandebourg et de Baden, curateurs du jeune comte, et l'engagement formel de ne favoriser aucunes intrigues ou entreprises contre le Saint Empire, le comté de Ferrette, les Suisses et les Bourguignons.

Tous les refugiés présents au nombre de cinquante-six donnèrent leur adhésion, et à l'exception de neuf qui déclarèrent ne savoir écrire ni signer, apposèrent leurs signatures au bas des articles formant leur future règle de conduite (1).

Cette déclaration pour ainsi dire imposée aux nouveaux venus, resta lettre morte et n'empêcha point les réformés français de concerter à Montbéliard même cette audacieuse entreprise du 21 juin 1575, dirigée contre la ville de Besançon sous la conduite de Paul de Beaujeu, gentilhomme bour-

(1) L'original de cette déclaration ainsi qu'une copie contemporaine de la lettre des gouverneur et Conseil du duché de Wurtemberg existent aux *Archives Nationales, fonds Montbéliard, K 2186.*

guignon d'une valeur éprouvée, et de Pierre Beutrich, éminent juriste, conseiller de l'électeur palatin, qui joua un rôle considérable dans les négociations des princes allemands en faveur des protestants de France. La cité impériale n'échappa au sort dont elle était menacée que grâce au désarroi produit dans les rangs des conjurés par la blessure d'un de leurs chefs, Paul de Beaujeu. Cette attaque échoua donc et n'eut d'autre résultat que de faire périr misérablement ceux des assaillants qui tombèrent entre les mains des habitants de Besançon; ces malheureuses victimes furent livrées aux supplices les plus cruels, les uns furent pendus, les autres décapités, d'autres enfin ecartelés. A la nouvelle de cette malencontreuse entreprise, le Conseil de régence prit peur, et le souci de sa responsabilité le poussa à des mesures d'une rigueur exceptionnelle, non-seulement il refusa l'entrée de Montbéliard aux réfugiés compromis dans l'affaire du 21 juin, mais encore il fit signifier à leurs femmes et à leurs enfants d'avoir à quitter le pays dans le délai de quinze jours.

La sévérité outrée que le gouvernement de la principauté déploya dans cette circonstance, avait uniquement pour but de détourner les soupçons et d'apaiser le ressentiment de la cité impériale dont l'irritation était extrême. Cependant, malgré les avertissements du gouverneur de Bourgogne, malgré les ordres exprès des princes curateurs, communiqués par le Conseil de régence et confirmés à plusieurs reprises par le maire, représentant de l'autorité seigneuriale dans la ville, les maîtres bourgeois qui s'intitulaient fièrement *gouverneurs* de la ville de Montbéliard, montrèrent une noble indépendance de caractère, et n'hésitèrent pas à recevoir de nouveau parmi eux les Bisontins compromis dans la tentative avortée du 21 juin 1575, plusieurs desquels avaient déjà obtenu droit de bourgeoisie en 1572. Au nombre des réfugiés, admis à cette époque au rang des bourgeois, et qui payèrent de leur personne dans cette journée, figurent le marchand Henri Paris, l'orfèvre Ferry Saige, l'apothicaire Jean Chemilleret, le notaire Liénard Maire, le menuisier Jean Simonnin, le potier d'étain Claude Bretin, le fondeur Pierre Choulier; ils rentrèrent tous à Montbéliard. Quant à l'orfèvre Guillaume Laboral, que les auteurs de la *France protestante* appellent *Lavorat*, il fut exécuté, mais sa veuve trouva également un asile à Montbéliard.

L'accueil fait aux protestants deux fois chassés de Besançon était de nature à susciter de sérieux embarras au gouvernement de la principauté, et ne tarda pas à provoquer un conflit entre le Conseil de régence et le magistrat de Montbéliard. Tandis que, dès le principe, le Conseil désapprouvait l'admission de ceux qui avaient pris part à l'entreprise dirigée contre Besançon, les maîtres bourgeois n'entendaient nullement, à raison de ce fait, priver leurs co-bourgeois et enfants de bourgeois du droit de résidence, et s'attribuaient même le privilège exclusif de recevoir ou d'expulser qui bon leur semblait; en dépit de toutes les observations qui leur furent présentées, ils s'obstinèrent à garder les réfugiés bisontins. Le 24 juillet 1577, le conseiller Carray et le gouverneur, au nom de la Régence, vinrent trouver les chefs de la bourgeoisie et leur remontrèrent tout le danger auxquels ils exposaient leurs concitoyens en tolérant parmi eux des individus aussi gravement compromis, ajoutant qu'ils déclinaient toute responsabilité dans le cas où les Bisontins se mettraient à la poursuite des bannis et viendraient attaquer la ville. Ils invitèrent enfin les maîtres bourgeois à faire sortir ces étrangers en usant de douceur. Le conseiller Carray fit également observer aux officiers municipaux qu'ils avaient reçu en 1576, contrairement aux défenses expresses du prince Frédéric, les sieurs de Cerisy et de la Graffinière, connus, il est vrai, et réputés pour *d'honnestes et vertueux gentilhommes*, mais que dans cette occasion, les membres du Magistrat n'en avaient pas moins transgressé les ordres formels de Son Excellence. Les représentants de la bourgeoisie alléguèrent pour leur défense que ce qui avait été fait ne les regardait point et concernait le corps municipal alors en exercice, qu'au surplus ils en référeraient sans plus tarder aux Dix-huit et aux Notables (1). Un mois après, le 8 août 1577, le Conseil de régence, à propos de certain *escrit* présenté au corps de ville par les réfugiés de Besançon, revint à la charge et fit comprendre aux maîtres bourgeois tous les dangers de la situation, les engageant à bien peser les conséquences de leurs actes, et déclarant que leur devoir strict était d'empêcher leurs co-bourgeois de recevoir et de retenir aucun de ceux qui avaient participé à l'entreprise de 1575, de peur de fournir aux Bourguignons le moindre prétexte d'agression. Ces remontrances (2) renouvellées les 10 septembre et 8 décembre 1578 demeu-

(1) Extraict du prothocolle de ce qu'a esté traicté avec les maitre et neufz bourgeois de la ville de Montbeliart, le 24e juillet de l'an 1577, touchant les estrangiers qu'ilz pretendent habituer en ced. lieu. Copie sur papier, *Archives Nationales, fonds Montbéliard, K 2218.*

(2) Remonstrances faictes aux maistre et neuf bourgeois touchant les Bisuntinois. Copie sur papier, *fonds Montbéliard, ibid.*

rèrent sans effet; les réfugiés Bisontins, compromis ou non dans la tentative du 21 juin 1575, ne quittèrent point leur seconde patrie, et pour la plupart y fixèrent définitivement leur résidence, contractant des alliances avec les filles des bourgeois de Montbéliard. Nous les retrouvons tous dans un *rôle des estrangiers estant de present en la ville de Montbéliard,* dressé le 10 septembre 1578 par le maire Jean Vuillemot en vertu des instructions du Conseil (1). A cette époque vint s'établir à Montbéliard toute une colonie d'artistes ou plutôt d'artisans exerçant des professions artistiques, chassés de leur lieu d'origine par les troubles religieux. Indépendamment des Bisontins qui comptaient parmi eux une famille de peintres assez connue, celle des Tournier, nous relevons sur cette liste d'étrangers domiciliés à Montbéliard, plusieurs individus maniant également le pinceau, notamment Nicolas Cochin, originaire de Troyes, Jean Mallet, maître Noël, Jean Marchand, ainsi qu'un lapidaire Guillaume Mergeret, venus tous avec leurs familles. Ce tableau comprenant une quarantaine de noms porte celui de la femme du docteur Vignier, qui refusa de suivre son mari lors de son abjuration et de son retour en France.

Le débat soulevé entre la seigneurie et la bourgeoisie de Montbéliard, au sujet des réfugiés bisontins, menaçait de s'éterniser, de part et d'autre on se refusait à toute concession. Un mandement en date du 24 février 1579, émané des duc Louis de

(1) Ce rôle est divisé en trois catégories et comprend premièrement *ceulx venus de Besançon et pour la religion exillez de la cité,* 2° *aultres dud. Besançon receuz à bourgeois exillez comme les susditz;* 3° *les habitans françois retirés pour les troubles advenus en France à cause de la religion.* Original sur papier, *Archives Nationales, fonds Montbéliard, K 2186.*

Wurtemberg et comte Frédéric de Montbéliard (1), enjoignit au Magistrat de procéder dans le délai d'un mois à l'expulsion de tous ces étrangers suspects dont le nombre croissait de jour en jour ; à cette mise en demeure, les maîtres bourgeois répondirent le 24 mars suivant par un long mémoire adressé au Conseil de régence, tendant au maintien de leurs franchises et libertés municipales (2). Les princes de Montbéliard ayant allégué dans leurs lettres du 24 février que plusieurs de ces Bisontins conspiraient au vu et au su du Magistrat contre le Saint Empire, les chefs de la bourgeoisie relevèrent cette accusation qui n'était, disaient-ils, qu'une atroce calomnie, et déclarèrent n'avoir rien de commun avec « les meschans garnemens perturbateurs du repos publicque » ; ils insistèrent également sur le droit qu'ils avaient en vertu de leurs franchises de recevoir et de renvoyer à leur gré tous bourgeois et habitants, montrant qu'ils n'usaient de ce droit que dans l'intérêt commun, témoin l'expulsion par eux requise de deux soudards étrangers, les capitaines Rodon et Chalopin, inculpés de vol et vivant dans une débauche notoire, expulsion empêchée par le maire de Son Excellence sous peine de mille livres d'amende, rappelant enfin que les Bisontins établis à Montbéliard avaient su mériter l'estime générale par une

(1) Minute sur papier, *Arch. Nat., fonds Montbéliard, K 2219.*

(2) Ce mémoire du magistrat de Montbéliard, ainsi que la supplique des réfugiés bisontins, transcrits par les soins d'un notaire de la chancellerie, font partie des pièces comprises dans un cahier petit in-fol. intitulé, l'*Original de l'instrument touchant les exilés de Besançon que les maistre et neufz bourgeois de Montbeliard avoient receuz pour bourgeois. Archives Nationales, fonds Montbéliard, K 2219.*

conduite et une piété exemplaires, au point que leur renvoi constituerait une iniquité flagrante. De leur côté, les réfugiés de la cité impériale de Besançon, tant bourgeois que simples habitants de la ville, voyant une fois de plus leur sécurité et leur repos menacés, adressèrent une supplique aux maîtres bourgeois, juges et gouverneurs de Montbéliard, où ils disaient qu'après s'être vus chassés de leur patrie à la suite de l'édit du 9 juin 1573, ils avaient pendant deux ans, vainement sollicité et fait solliciter par les princes protestants de l'Allemagne le retrait de la mesure inique qui les frappait, qu'en désespoir de cause trouvant les portes de leur ville impitoyablement fermées, ils s'étaient mis en devoir d'y rentrer par la fenêtre; les réfugiés bisontins terminaient en priant bien humblement les maîtres bourgeois « par les entrailles misericordieuses du fils de Dieu » de les retenir en leur protection et sauvegarde.

De guerre lasse le Conseil de régence finit par céder et autorisa la résidence à Montbéliard de ces malheureux exilés qui refusaient si obstinément de quitter leur patrie d'adoption, mais il crut devoir prendre toutes ses précautions pour éviter autant que possible le retour d'incidents semblables à ceux qui avaient signalé leur entrée dans le pays. En conséquence, par un acte solennel du 2 juin 1579 (1), le Conseil chargé du gouvernement de la principauté leur fit jurer sur les Saints Evangiles : 1° de ne prêter leur concours à aucune entreprise

(1) Original sur papier, *Archives Nationales, fonds Montbéliard, K 2186.* Ce document n'a point de titre, au verso se trouve cette note dont l'écriture est moderne : *Points sur lesquels les Bisuntinois refugiez à Montbeliard presteront le serment et les observeront tout le temps qu'on les souffrira au comté dud. Montbeliard.*

ouvertement ou secrètement dirigée contre la cité de Besançon; 2° de soumettre à l'autorité judiciaire de Montbéliard toutes actions civiles ou criminelles que pourraient leur intenter les habitants de Besançon; 3° de ne conspirer contre qui que ce fût, et même de révéler toute conspiration dont ils auraient connaissance; 4° d'observer les lois et ordonnances du Saint Empire; 5° d'obéir en toute circonstance au prince de Montbéliard, à son Conseil et aux neuf maîtres bourgeois tant que durerait leur séjour.

Après lecture de ces divers points et articles faite en présence du gouverneur, du chancelier et des autres membres du Conseil de régence, les Bisontins présents promirent de s'y conformer et apposèrent leurs signatures, à l'exception du fondeur Pierre Choulier, du peintre André Tournier et de Pierre Béguin, qui déclarèrent ne savoir écrire.

La cordiale hospitalité et l'accueil sympathique, pour ne pas dire chaleureux, que recevaient à Montbéliard non-seulement les Bisontins qui avaient embrassé le protestantisme, mais encore tous les réformés français, sans distinction d'origine, chassés de leur pays par la persécution, encouragèrent et développèrent le mouvement d'émigration qui portait les protestants victimes de l'intolérance religieuse vers cette terre amie où les affinités de race, la communauté de sentiments et d'idées, la langue, tout enfin rappelait aux exilés la patrie absente. Si le roi de France absorbé par de graves soucis, n'avait point le loisir de se préoccuper de l'existence à proximité de ses états de ce foyer d'agitation, l'empereur Rodolphe II ne put voir d'un œil indifférent la réception de ces nombreux réfugiés français par l'un des princes appartenant au Saint Empire, et en vertu de lettres données au donjon de Prague, le 16 décembre 1585 (1), il défendit expressément au comte de Montbéliard, sous peine d'encourir sa disgrâce, d'accorder aucun asile, aide ou assistance à tous ces gens suspects, et renouvela ses défenses au mois de mars suivant, le menaçant même, s'il ne se conformait pas à ses injonctions, de le mettre au ban de l'Empire. L'embarras du comte de Montbéliard fut extrême; ne voulant point déplaire à l'empereur et ne voulant pas non plus user de rigueur à l'égard des pauvres Français exilés qui avaient ses secrètes sympathies, il prit le parti d'ouvrir une sorte d'enquête, et adressa le 8 mai 1586 (28 avril, v. st.) à la cité impériale de Besançon, et le 1er juin (22 mai) suivant au gouverneur de Bourgogne, deux lettres conçues identiquement dans les mêmes termes, demandant s'ils avaient quelque sujet de plainte contre les Français, « oppressez et exiliez pour le faict de la religion », qui avaient trouvé, ainsi que leur famille, un refuge à Montbéliard, « et qui s'y estoient tousjours comportés fort modestement sans avoir troublé ny porté dommage à aulcun estat du Saint Empire (2). »

Cette demande confidentielle de renseignements faite aux Bisontins s'explique tout naturellement; comme l'empereur Rodolphe parlait en termes très-vagues des doléances portées devant sa personne par certains Etats du Saint Empire, le comte Frédéric tenait à connaître ce qu'il pouvait y avoir de fondé dans ces prétendus griefs, et s'enquérait auprès de la cité de Besançon et du gouverneur de la comté de Bourgogne, directement intéressés dans

(1) *Archives Nationales, fonds Montbéliard, K 2186.*

(2) La minute de la lettre adressée à la ville de Besançon se trouve aux *Archives Nationales, fonds Montbéliard, K 2186.*

la question, des torts et dommages dont ils auraient eu à se plaindre de la part des Français. La réponse de la ville de Besançon ne se fit point attendre, vingt-quatre heures après la réception de la missive du comte de Montbéliard, c'est-à-dire le 14 mai 1586, les gouverneurs de la cité impériale envoyaient à ce prince une lettre très-courtoise (1), lui certifiant que depuis l'année de la surprise de

(1) Comme cette lettre, que nous croyons inédite, offre un intérêt tout particulier, nous en donnons la teneur, d'après l'original conservé aux Archives Nationales, fonds Montbéliard, K 2186.

« Monseigneur,

« Pour satisfaire à celles que hier receusmes par le messagier de Vostre Excellence, datées du XXVIIIe d'avril dernier, pouvons asseurer icelle que d'oiz l'an de la surprinse de ceste cité n'avons faict plainte à Sa Majesté Impériale, nostre souverain prince et seigneur, d'aucuns noz voisins ou aultres au regard de la retraicte et admission des François exilez et refugiez pour le faict de la religion en lieu que ce soit, encoires que par le bruict que se scroit faict, voyres advertissement d'aillieurs et bon lieu, aurions heu occasion de soubçon puis demy an en ça de nouvelle surprinse, selon que par les nostres du Xe du precedant le feismes entendre à Vostre Excellence, ains nous a semblé suffire et tenir fort contens avoir pleu à Vostre Excellence nous y faire responce telle qu'esperions d'un tel prince, scavoir, non vouloir passer soub silence tel faict, mais plustot punir et chastier les culpables et turbateurs de la tranquilité d'un bon voisinage, en ayant suffisant advertissement et desirant cercher et non perdre la continuation du zele qu'elle a d'entiere correspondance de voysin, sicques doncques elle croira que contre le plus petit de noz voisins et beaucop moings contr'elle ne voudrions attempter à ce que depend de bonne voysinance, sans premierement avoir essayé la voye d'amytié, luy presentans sur ce noz humbles excusations, prions l'Eternel,

« Monseigneur, lui impartir toute prosperité, dez Besançon, ce XIIIIe de may 1586.

« De Vostre Excellence bons voysins à luy faire humble service.

Les gouverneurs de la cité impériale de Besançon,

« Signé : GALIOT. »

leur ville, ils n'avaient adressé aucune plainte à l'empereur contre aucuns de leurs voisins au sujet de l'admission des Français exilés et réfugiés pour cause de religion. Bien qu'ils eussent récemment appris de bonne source, ajoutaient-ils, qu'une nouvelle entreprise se préparait contre leur cité (1), ils s'étaient contentés d'en donner avis au comte de Montbéliard et se tenaient pour satisfaits de la réponse à leur lettre du 10 avril précédent, ayant la ferme conviction que les coupables et perturbateurs seraient punis et châtiés, comme il convenait.

Au début de cette même année 1586, le gouvernement de la principauté, de concert avec la bourgeoisie, voulut se rendre un compte exact du nombre des réfugiés français qui habitaient alors Montbéliard, et en fit dresser une liste, avec l'indication de leur domicile, quartier par quartier. Ce document que les historiens de Montbéliard, notamment MM. Ch. Duvernoy et Tuefferd ont mis à contribution sans le citer, se bornant à y relever les noms les plus marquants dans les annales du protestantisme, fournit de précieux renseignements sur nombre de gentilshommes chassés de France par les troubles religieux et dont l'existence à l'étranger est peu connue, il permet de rectifier et de compléter sur plus d'un point les assertions con-

(1) C'est à peu près vers cette époque que le duc de Parme, averti des desseins des huguenots et voulant mettre la ville de Besançon à l'abri d'un coup de main en la rattachant plus étroitement à la comté de Bourgogne, fit rédiger un mémoire politique, dont quelques habitants du pays dévoués à la domination espagnole, lui fournirent les éléments, et l'adressa à Sa Majesté Catholique. Ce mémoire intitulé : *Una relacion de lo que podria hacerse para la seguridad de Besançon* est conservé dans les Archives du ministère des affaires étrangères, *fonds Simancas*, vol. 2, fol. 19 v° et 20.

tenues dans un ouvrage considérable, justement apprécié des érudits, nous voulons parler de la *France protestante;* eu égard à la valeur historique de cette pièce, on nous saura gré de la reproduire *in extenso.*

Roolle des Franceois qui resident encore de present en ceste ville de Montbeliart, fait ce VIe de janvier 1586.

AU GUET DU BOURG.

Messire Jehan de Lafin (1), sieur de Beauvoir-la-Nocle, chevallier, gentilhomme ordinaire de la chambre du roy, se tenant pour la pluspart du temps au pays de Champagne à Malligny, avec ung gentilhomme de sa suitte nommé Bernard du

(1) Jean de Lafin, seigneur de Beauvoir-la-Nocle, l'un des plus illustres représentants du parti réformé, se distingua au premier rang dans les troubles religieux de la seconde moitié du XVIe siècle. Présent aux noces de Henri de Navarre, il réussit à échapper aux massacres de la Saint-Barthélemy, et vint chercher un refuge à Genève, où il fut reçu au nombre des habitants, le 29 septembre 1572. Jean de Lafin ne tarda pas à rentrer en France, mais pour sauvegarder son existence, dut bientôt reprendre le chemin de l'exil. On le retrouve au milieu des religionnaires français en 1575, et il disparaît de la scène politique à partir de la *paix de Monsieur* (6 mai 1576). Les auteurs de la *France protestante* qui ont consacré une longue notice à ce personnage, le perdent de vue pendant treize années; nous pouvons combler au moins en partie cette lacune de son existence. A la suite de son séjour à Montbéliard en 1586, le seigneur de Beauvoir-la-Nocle prit part à la campagne de 1587 et figure au nombre des signataires de la capitulation conclue le 8 décembre de la même année entre le duc d'Epernon, colonel-général de France, et les prince de Conti et duc de Bouillon, chefs de l'armée étrangère. *(Bibl. Nat., fonds français, 17790,* fol. 120). Jean de Lafin avait épousé Béraude de Ferrières, fille de François de Ferrières, seigneur de Maligny, ce qui explique sa résidence habituelle à Maligny; il eut deux fils, l'un connu sous le nom de *Maligny* et tué en 1586, l'autre, Prégent de Lafin, vidame de Chartres.

Cloz (1), sieur de Rochetaray, ung sien ministre nommé maistre Jehan Chenay, et six serviteurs tant de cuisine, de chambre, d'estable que lacquay, par ce. . . . . IX personnes. les susd. logez chez Jehan Laude le viez.

Maistre Nycolas Tierriat, baillifz de Saint Florentin, logé chez Hilaire Challue, par ce I personne.

Maistre Nycolas de Saincte Anne, tabellion, et Nycolas Ablet, marchand, tous deux de Saint-Seine, duché de Bourgoingne, logez chez Jacques Brisach, par ce. . . . . II personnes.

Michiel Guilliet de Corbini lez Saint Leonard (2), orphevre, et ung sien compagnon dud. lieu, nommé Zackarie Algrin, cordonnier, logez chez Franceois Gaulard, peintre . . . . . . II personnes.

Anne de Choiseul (3), vesve de feu mons[r] de Pressigny, avec ung sien filz, une fille, une aultre fille de chambre et deux chambrieres, logez chez Jehan du Bois, par ce . . . . VI personnes.

Maistre Claude de la Place de l'eglise de Lor en Brye, praticien, logé chez Marie Taverne I personne.

Le capitaine Vienne, nommé Jehan de Raz, demeurant à Pierrefaite, logé chez Jehan Fin, I personne.

Jehanne Pithou (4), vesve de fut m[re] Jehan Neve-

(1) Nous signalerons un personnage de ce nom, référendaire en la chancellerie de France, et bailli de Milly en Gâtinais en 1593.

(2) Corbigny, (Nièvre, arr. de Clamecy, ch. l. de cant.,) devait son origine à une abbaye bénédictine, sous le vocable de St-Léonard.

(3) Anne de Choiseul, dame de Montureux-le-Sec, fille de Jean de Choiseul, chevalier, seigneur de Brovilliers, et de Louise d'Anglure, avait épousé le 19 novembre 1564, François de Choiseul, seigneur de Pressigny, d'Autreville, deuxième fils d'Antoine de Choiseul, baron de Lanques, et d'Anne de Ray. (V. le P. Anselme, *Histoire généalogique de la maison de France*, t. IV, p. 829.)

(4) D'après la *France protestante* (article Pierre Pithou), Jean Nevelet, seigneur de Doches (Aube, arr. de Troyes, cant. de Piney), élu pour le roi à Troyes, aurait épousé l'une des filles du célèbre jurisconsulte Pierre Pithou, désignée sous le prénom de Bonaventure.

let, à son vivant esleu d'Oche, de Troyes, avec cinq filles et une servante, logez chez mons^r le receveur maistre Pierre Megnin, par ce . . VII personnes.

Anthoine de Humes (1), escuyer, sieur de Cherisy, avec sa femme, trois enffans, une fille de chambre et ung valet, logez chez led. Megnin, par ce VII personnes.

Abraham Bouc de Brouages, tailleur du s^r de Vezine, et ung aultre nommé Jehan Chery de Brienne en Champagne, tailleur dud. s^r de Cherisy, logez chez Jehan Voilland, par ce. . II personnes.

Anthoine de Billy de Bussy en l'Auxois (2), tailleur de limes, avec sa femme et deux enffans, logez chez Guillaume Gros, par ce . . . IV personnes.

Guillaume de la Trimouille, escuyer, sieur de Moslay, avec ung serviteur, logez chez Nycolas Belchamp, par ce . . . . II personnes.

Au guet de la Neufve Rue.

Hylaire Leviant, escuyer, sieur de la Loge, et sa femme, logez chez Richart Grandperrin, II personnes.

Guillaume Margeret de Dijon, lapidaire, logé chez Anthoine Bruet. . . . . I personne.

Maistre Jehan de la Borne, ministre de l'esglise

(1) Antoine de Humes était d'origine écossaise; son père, Georges de Humes, archer de la garde écossaise du roi, s'était marié à Cherisy-sous-Montréal, en Bourgogne, avec Anne de la Boissière, et avait obtenu en juin 1534, des lettres de naturalité qui furent enregistrées le 13 novembre suivant à la Chambre des Comptes de Dijon. Antoine de Humes, homme d'armes de la compagnie du comte de Harenc, épousa le 31 août 1571, Martine Stuart, veuve d'Etienne d'Aunai, seigneur de Quinserot, et sœur de Guillaume Stuart, gentilhomme ordinaire de la Chambre du roi. (*Bibl. Nat., cabinet des titres, pièces originales.)*

(2) Bussy-le-Grand, Côte-d'Or, arr. de Semur, cant. de Flavigny.

de Passavant (1), avec sa femme et deux enffans, logez chez Thiebauld Mesliere, par ce IV personnes.

Pierre le Picart de Vitry en Pertois (2), escuyer, capitaine, avec sa femme, trois enffans et une chambriere, logez chez led. Thiebauld, par ce VI personnes.

Maistre Jehan Naletet (3), ministre de l'esglise de Lancques, avec sa femme et quattre enffans, logez chez Guillaume Renard, par ce. . . VI personnes.

Maistre Claude Bazin de Troyes (4), receveur des

(1) Passavant, Marne, arr. et cant. de Sainte-Ménehould.

(2) Pierre Picard avait épousé Françoise de Rynel, fille de Jean de Rynel, seigneur de Jorquenay, et veuve de Jean Dumayn, écuyer, seigneur de Vignes ; Françoise de Rynel mourut au commencement de l'année 1587, laissant de son premier mariage trois filles, Suzanne, Françoise et Marie Dumayn, et de son second mariage, une fille, Judith Picard, qu'elle institua ses héritières par son testament en date du 6 décembre 1586. Dans cet acte où Françoise de Rynel déclare qu'elle a fixé sa résidence à Montbéliard pour obéir aux édits du roi de France, se trouve mentionné un frère de Pierre Picard, Nicolas Picard, contrôleur des fortifications de Champagne, auquel la testatrice avait donné mission de vendre un *quarquant* (collier) d'or enrichi de pierres précieuses. *(Archives Nationales, fonds Montbéliard, Registre des causes testamentaires, Z² 1678, 7 février 1587.)*

(3) Jean Naltet, ministre de la parole de Dieu à Lanques (Haute-Marne, arr. de Chaumont, cant. de Nogent), réfugié avec sa famille à Montbéliard, apparaît dans la plupart des testaments faits par les protestants de distinction qui finirent leurs jours à Montbéliard. Plusieurs d'entre eux, notamment Françoise de Rynel et Jean de Rynel, le chargèrent de distribuer des legs pieux aux pauvres de France réfugiés pour cause de religion, et lui-même ne fut pas oublié dans ces libéralités; Jean de Rynel notamment lui légua 50 livres « pour les cordialitez et benefices qu'il en avait reçu tant avant sa maladie que durant icelle. » *(Archives Nationales, fonds Montbéliard, Registre des causes testamentaires, Z² 1678 passim.)*

(4) Claude Bazin, receveur pour le roi à Troyes, fut l'un des témoins qui assistèrent le 29 mars 1587 à la lecture du testament de Jean de Rynel, seigneur de Jorquenay. *(Archives Nationales, fonds Montbéliard, Registre des causes testamentaires, Z² 1678, 6 avril 1587)* ; il se retira à Bâle, comme on le voit dans la *Description de Bâle* de son ami Pierre Nevelet.

tailles, avec sa femme et trois filles, logez chez Claude Barré, par ce . . . . v personnes.

Phillibert de Mutigny de Vitry le Franceois (1), appoticaire, et Ferry Mausset de Troyes, tapissier, logez (chez) Jehan Marchant, peintre, par ce, II personnes.

Ferry de Crevecœur, escuyer, s[r] des Brosses et de Carizey, gendre de mons[r] de Vezines, logé chez Estienne La Grandfemme, n'ayant qu'ung serviteur, par ce. . . . . II personnes.

Anthoine de Choiseul (2), s[r] et baron de Lancques, Fouvans, la Fartay sur Mance, etc., avec sa femme, ung sien petit filz, une damoiselle, deux filles de chambre, ung nommé Quentin Symard de Niville, capitaine, et deux serviteurs, l'un nommé Claude et l'aultre la Graviere, par ce IX personnes.

Jacques Dauvet (3), escuyer, s[r] d'Arennes, avec ung gentilhomme nommé le s[r] de Primefosse le jeune, et trois serviteurs, l'un nommé Charles qui

(1) Philibert de Mutigny, apothicaire, figure également comme témoin au bas du testament de Françoise de Rynel.

(2) Antoine de Choiseul, seigneur et baron de Lanques, de la Ferté-sur-Amance, de Fouvent et d'Amplepuis, fils unique de Jean de Choiseul et d'Antoinette de Vergy, et petit-fils de Claude de Vergy, gouverneur du comté de Bourgogne, épousa en 1582 Philippe de Choiseul, fille de Nicolas de Choiseul, seigneur d'Ichê et de Renée de Lutzelbourg. *(Généalogie de la maison de Choiseul, Bibl. Nat., cab. des titres, pièces originales.)*

(3) Jacques Dauvet, seigneur d'Arène, fils du président Guillaume Dauvet, heureux d'avoir trouvé un asile à Montbéliard, ne crut mieux faire, pour exprimer toute sa gratitude au comte Frédéric, que d'écrire de sa main sur l'album de ce prince une pièce de vers qui se recommande surtout par sa structure originale, la lettre initiale de chaque vers correspondant à l'une des lettres du nom de Jacques Dauvet. Cette ébauche poétique est reproduite dans les *Ephémérides du comté de Montbéliard* par M. Ch. Duvernoy, p. 371, qui donne en même temps d'intéressants détails sur cet album, composé de feuillets blancs intercalés dans l'édition des emblèmes latins d'Alciat, imprimée à Lyon en 1566.

est le cuisenier, l'aultre nommé Henry qui est le pallefrenier et le troisieme Jehan qui est le lacquay, par ce . . . . v personnes. logez chez maistre Charles Mercier.

Claude de Bergerac, escuyer, sieur d'Eschenay, avec ung lacquay nommé Claude, logez chez led. Mercier, par ce . . . . II personnes.

Maistre Jehan Alibourg (1), de Sens en Bourgogne, docteur en medecine, avec ung serviteur nommé Pierre, logez chez led. Mercier, par ce II personnes.

George Bertin de Juinville (2), docteur en medicine, avec Denis Le Bel, de Troyes (3), son gendre, advocat en Parlement à Paris, la femme dud. Le

(1) Nous ne pouvons nous défendre d'établir un rapprochement entre le nom de ce médecin réfugié à Montbéliard et celui de Jean d'Alibour, qui devint premier médecin du roi Henri IV, et qui d'après M. Bourquelot *(Mémoires de Claude Haton*, t. II, p. 1080), serait originaire d'Autun. Ce Jean d'Alibour fit l'étude médicale d'un phénomène observé sur la femme d'un tailleur de Sens qui mourut le 16 mai 1582 à l'âge de 68 ans, enceinte d'un enfant qu'elle portait depuis 28 ans.

(2) Georges Bertin, médecin champenois, se retira à Metz avec son gendre Denis Lebey, et vivait encore en 1590; il laissa deux ouvrages assez considérables, publiés tous deux à Bâle, en 1586 et 1587, le premier est un traité des fièvres, le second est un volume in-folio, consacré à la défense de la vieille médecine attaquée par les adeptes de Paracelse.

(3) Denis Lebey, docteur en droit, seigneur de Batilly, conseiller du prince de Condé et de mademoiselle de Bourbon, sa fille, traça également quelques lignes sur l'album du prince Frédéric « pour temoignage de sa gratitude et de la volonté d'en rendre à jamais tres humble service. » (Cf. *Ephémérides du comté de Montbéliard*, p. 370). Nous le voyons à la date du 22 novembre 1586, comme exécuteur testamentaire de Richard Dinoth, ministre de la parole de Dieu, demandant le dépôt entre ses mains du manuscrit d'une *Histoire des Indes* trouvée parmi les livres du défunt et non encore mise en lumière, pour la faire imprimer à Bâle, « parce que vers les imprimeurs dud. lieu il avoit fort bonne congnoissance. » *(Archives Nationales, fonds Montbéliard, Registre des*

Bel, ung serviteur et une servande, logez chez Jehan Goillet, par ce . . . . v personnes.

Le sieur de la Bretonnieres (1), gentilhomme de Chaulmont, logé chez led. Goillet, par ce I personne.

AU GUET DE L'ESTUVE.

Maistre Estienne de Sommaire (2), conseillier au bailliage d'Auxois, siege de Semur, et lieutenant particulier en la chancellerie dud. lieu, avec une sienne fille, logez chez Symon du Vernoy, par ce II personnes.

Roland le Ferme de Vaulay, bailliage de Ris, capitaine.

Jacques du Bar de Bourguignon, bailliage de Bar sur Seine, archier de mons[r] le marcquis du Pont filz aisné de mons[r] le duc de Lorrainne, logez chez Jehan Maillot, par ce. . . . . II personnes.

Messire Guillaume Stuard (3), chevallier, gentil-

causes testamentaires, Z2 1678). C'est effectivement à Bâle que Denis Lebey se retira en 1587 à la suite du colloque de Montbéliard, et peu après à Metz où il mourut le 17 novembre 1607. Denis Lebey avait épousé en 1584 Antoinette Bertin, fille de Georges Bertin, médecin du roi, qui figure parmi les réfugiés français; jurisconsulte et poète, il laissa entre autres ouvrages un recueil de sonnets, illustrés par Boissard, qui parurent à Francfort en 1596, sous le titre d'*Emblemata.* (Voir dans la *France protestante* la notice consacrée à Lebey de Batilly.)

(1) On rencontre dans la seconde moitié du XVIe siècle plusieurs seigneurs de ce nom, entre autres Jean de la Bretonnière, seigneur de Gangé, commissaire des guerres (1579), Antoine de la Bretonnière, dit Gangé, valet de garde-robe du duc d'Alençon (1568-1579), René de la Bretonnière, seigneur de Gangé, maître des requêtes de l'hôtel de Catherine, reine de France. *(Bibl. Nat., cabinet des titres, pièces originales.)*

(2) Il s'agit probablement d'un des membres de la famille Saumaise, peut-être le père de Benigne Saumaise, qui, d'après les auteurs de la *France protestante*, était lieutenant en la chancellerie de Semur antérieurement au 15 mai 1587.

(3) Voir dans la *France protestante* (article Stuart) les renseignements donnés par les frères Haag sur ce personnage qui joua un certain rôle dans les événements militaires de cette époque.

homme ordinaire de la chambre du roy de France, seigneur de Vezines, avec sa femme, une sienne fille, le receveur nommé Mathurin Butin et la femme d'icelluy, deux serviteurs d'estable, une chambriere et une vielle, logez chez mons[r] Henry de Francquemont, par ce. . . . . IX personnes.

Le sieur d'Aubry, escuyer, s[r] de Launay de Plecy, avec deux serviteurs, logez chez Pierre Michiel, par ce . . . . III personnes.

AU GUET DE SAINT-MARTIN.

Pierre Anthoine de la Mole, piedmontois, gentilhomme, demeurant pour la plus part du temps à la Nocle, logé avec sa femme chez la vesve de maistre Pierre Vyenot, par ce . . . . . . II personnes.

Anthoine de Cuvier de Brye, escuyer, s[r] des Brosses, avec sa femme et quattre enffans, logez chez lad. vesve, par ce . . . . . . VI personnes.

Claude de Cossey (1), escuyer, s[r] de Lorbigny, avec sa femme, une petite fille, trois serviteurs et trois servantes, logez chez Grosjehan Carray, par ce IX personnes.

Messire Jehan d'Eschelles (2), chevallier, seigneur d'Oucques, gentilhomme ordinaire de la chambre du roy de France, logé chez led. Grosjehan Carray avec Gedeon, baron de Montferrand, son petit filz, Claude

(1) Claude de Cossé, seigneur de Lurbigny, Chauvigny et Lenty, assista aux noces d'Anne de Courtenay, dont il était le curateur, avec le duc de Sully, célébrées le 4 octobre 1583 dans le château de Boutin. (Cf. Du Bouchet, *Histoire généalogique de la maison de Courtenay*, p. 317.)

(2) Jean d'Eschelles, résidait habituellement dans son manoir d'Oucques (Loir-et-Cher, arr. de Blois, cant. de Marchenoir) dépendant de la baronnie de Marchenoir; à la date du 6 juin 1580, il consentit moyennant 643 écus d'or, le bail de la maison seigneuriale d'Oucques et de ses dépendances *(Bibl. Nat., cabinet des titres, pièces originales.)*

de Saintrey, s^r de l'Isle, Corboson, son gendre, avec trois serviteurs et deux aultres de leur suitte, en tout par ce. . . . . IX personnes.

Sallomon de Raguier (1), chambellan du roy de Navarre, seigneur d'Esternay, La Mothe de Thilly, Solligny, Villeneufve aux Richeshommes, Chastillon sur Morain, Villemenard, etc., logé chez Daniel Euvrard, avec les sieurs de Vaubaudé, de Primefosse, de Menessier, de la Noue, Esaye Virla, gentilzhommes, et Loys Ravauld, maistre d'hostel et six serviteurs, tant cuiseniers, lacquais que pallefreniers, en tout . . . . XIII personnes.

Pierre de la Croix, escuyer, s^r de Pimelles et Villedieu.

René d'Aulenay Digoingne, s^r d'Arcy sur Cure, avec ung serviteur, logez chez led. Daniel, par ce III personnes.

Jehan de Rinel, s^r de Jorcquenay (2), ung servi-

(1) Salomon Raguier, fils de Jean Raguier, seigneur d'Esternay, et de Marie de Béthune, était âgé d'environ dix années au moment de la Saint-Barthélemy, et fut retenu longtemps prisonnier dans son château de la Motte de Tilly. Il suivit le duc d'Alençon dans les Flandres en 1581, et fut tué en 1592. (V. Haag, *France protestante*, article *Raguier*.)

(2) Jean de Rynel, seigneur de Jorquenay, mourut à Montbéliard vers le mois d'avril de l'année 1587, dans la maison de Hans Vischer, rue des Febvres, laissant pour héritiers son fils Claude Rynel, pour moitié de ses biens, et ses petites-filles, Suzanne, Françoise, Marie Dumayn et Judith Picard, par représentation de leur mère Françoise Rynel, pour l'autre moitié. Le testament de Jean de Rynel dont le texte existe dans un *Registre des causes testamentaires*, (*Z2 1678*) est du 29 mars 1587 : Jean de Rynel fut précédé dans la tombe par sa femme, Barbe Lallemand, originaire de Châlons en Champagne, qui fit son testament le 7 novembre 1585, instituant pour ses héritiers, ses quatre fils, Claude, Pierre, Nicolas et Timothée les Picards, issus de son mariage avec Claude le Picard, son premier mari. Obligée de quitter Vitry-le-Français, sa résidence, et réfugiée à Montbéliard lors des troubles politiques, elle légua cent livres tournois à ses coréligionnaires qui souffraient cruellement de la misère ré-

teur et une servante, logez chez Estienne Maingny, par ce . . . . III personnes.

AU GUET DE LA RUE DES FEBVRES.

Nycolas Vigneur d'Is sus Thille, drappier, avec sa femme et cinq enffans, Thiebauld Ginet dud. lieu, aussi drappier, avec sa femme et deux enffans, et trois serviteurs pour lesd. deux drappiers, logez chez maistre Jehan Laude, greffier, par ce XIV personnes.

Maistre Franceois Saguier de Tonnerre, docteur en medecine, avec sa femme, logé chez la vesve de maistre Jehan Rossellet. . . . . . II personnes.

Loys de Jocourt (1), escuyer, s^r de Rouvray, frere du s^r de Villernoul, avec sa femme, quattre enffans et une chambriere, logez chez la vesve Jussey, par ce . . . . VII personnes.

Maistre Jacques Covet (2), ministre de l'esglise de Villernoul avec sa femme, quattre enffans et une chambriere, logez en la susd. maison, par ce VII personnes.

Pierre de la Roche de Clinchampt, admodiateur, logé chez Jehan Havé . . . . I personne.

Pierre Nevelet (3), escuyer, s^r de Dosches et de

sultant de la grande cherté qui régnait alors à Montbéliard. *(Archives Nationales, fonds Montbéliard, Registre des causes testamentaires, Z2 1678, 25 novembre 1585.)*

(1) Louis de Jaucourt, écuyer, seigneur de Rouvray, appartenait à la noblesse champenoise; frère de Jacques de Jaucourt, il épousa en premières noces, en 1570, Elisabeth de la Trémouille, et en secondes noces, Louise-Roberte Haï, veuve de Guillaume Stuart, seigneur de Vézines.

(2) Jacques Covet est l'un des réfugiés français qui durent quitter Montbéliard à la suite du colloque entre Théodore de Bèze et Jacques Andréa, il est mentionné par Pierre Nevelet dans sa *Description de Bâle* publiée chez les Wechel et dédiée à Denis Lebey.

(3) Pierre Nevelet, seigneur de Doches (Aube, arr. de Troyes, cant. de Piney), et de Villery (Aube, arr. de Troyes, cant. de Bouilly) était, s'il faut en croire les auteurs de la *France protes-*

Vellery au bailliage de Troyes en Champagne, avec sa femme et une servante, logez chez le mayre du Vernoy, par ce . . . . III personnes.

Maistre Jacques Bretagne de Dijon (1), docteur es drois, avec une servante, logé chez la vesve de Perrin Euvrard . . . . II personnes.

Anthoine Rouot, tailleur d'habis.

Milaud Perrenet, chirurgien.

Pierre Vaingnot, cordonnier, tous trois d'Is sus Thille.

Michiel Lefevre de Vitry, tailleur.

tante, avocat au Parlement de Paris ; suivant la notice que les frères Haag ont consacrée à ce personnage, après avoir séjourné quelque temps à Montbéliard, Pierre Nevelet fixa sa résidence à Bâle où il se lia d'une étroite amitié avec le jurisconsulte Hotman. Rentré en France lors de l'avènement de Henri IV, il mourut vers 1610. Quelle relation de parenté y a-t-il entre le réfugié Pierre Nevelet et un certain Pierre Nevelet, seigneur de Doches, trésorier de France en Champagne, qui épousa le 6 décembre 1585, Françoise de la Grange, et qui mourut en 1640 à l'âge de 87 ans ; il nous serait difficile de répondre à cette question.

(1) Jacques Bretagne, sieur de Lally, docteur en droit, bailli de Saulieu en 1530, épousa la fille de Nicolas de Montholon, lieutenant de la chancellerie de Bourgogne, à qui il succéda en 1555 dans cette charge qui s'exerçait à Dijon. Le zèle avec lequel il favorisa la réforme le rendit suspect pendant la première guerre civile, et il dut se retirer à Autun. La nouvelle édition de la *France protestante* (t. III, p. 104) qui nous initie à ces détails, nous apprend qu'à l'explosion de la seconde guerre civile, Jacques Bretagne disparut de cette ville où il avait plusieurs fois occupé la dignité municipale. Un contrat passé le 3 septembre 1582 en son logis à Autun, fait voir qu'il y habitait encore à cette époque ; aux termes de cet acte, il acquiert moyennant 20 écus soleil payés à Philippe Beugnon, serrurier, une rente d'un écu deux tiers. (*Bibl. Nat., cab. des titres, pièces originales.*) Pendant son séjour à Montbéliard, Jacques Bretagne fut chargé de faire la prisée des livres composant la bibliothèque de Richard Dinoth, ministre de la parole de Dieu, décédé au mois de novembre 1586. (*Archives Nationales, fonds Montbéliard, Registre des causes testamentaires, Z^2 1678, 22 nov. 1586.*)

Maistre Martin Huguenin de Cuve en Bassigny, tailleur, tous logez chez Symon Bricquet, par ce v personnes.

Anthoine de Menisson (1), escuyer, s[r] de Saint Pouange, avec trois siens enffans, une chambriere et ung serviteur, logez chez Loys Euvrard, par ce vi personnes.

Leonard de la Planche, escuyer du pays de Nyvernois.

Nycolas Maillart de Vassy, marchant de drap.

Hector Trillet dud. Vassy, aussi marchant.

Robert Ogier de Beaulmont, docteur en medicine. logez chez Hans Fischer, par ce . . iv personnes.

Blaise de la Trimouille, escuyer, seigneur de Beauregard, avec sa femme, sa belle seur, une sienne niepce, une petite fille et une chambriere, logez chez Pierre Megnin, drappier, par ce vi personnes.

Dame Loyse Venel, femme de maistre Nycole Vignier de Troyes, medecin, avec ung petit filz, logez chez Legier Violet, par ce . . . . . ii personnes.

(1) Antoine de Ménisson, seigneur de St-Pouange (Aube, arr. de Troyes, cant. de Bouilly) avait épousé Elisabeth de Marisy qui décéda avant 1585; son fils Claude contracta mariage le 20 janvier 1585 avec Marguerite Godet, fille de Louis Godet, lieutenant du bailli de Vitry. On possède le dossier d'une procédure engagée au Châtelet de Paris en 1571 par Antoine de Ménisson contre Olivier de Vitel, qui avait été arrêté en 1569 près de Strasbourg, lors de la descente du duc des Deux-Ponts, et n'avait été relâché que moyennant payement d'une rançon de 1,200 écus. Cette somme avait été avancée par Antoine de Ménisson et Jacques de Ménisson, seigneur de Doches, probablement son frère, qui mourut à Montbéliard après avoir fait son testament, le 14 mars 1575. *(Archives Nationales, fonds Montbéliard, Registre des causes testamentaires, Z² 1677, 12 juillet 1576).* Le procès d'Antoine de Ménisson contre Olivier de Vitel se continua au Parlement en 1578, ce fut Marguerite de Vitel sa fille, veuve de Christophe de Roufignac, second président au Parlement de Bordeaux, qui fut actionnée pour le remboursement de la dette en question. *(Bibl. Nat., cab. des titres, pièces originales.)*

René Le Comte, escuyer, s[r] de la Barre, advocat en Parlement à Paris, et damoiselle Rachel de la Rougeraye, et Charles Le Comte, son frere, logez chez led. Violet, par ce . . . . . . III personnes.

Loys Clemenceau de Dijon, ayant fait estat de secretaire, logé chez mons[r] Sourdot, par ce I personne.

AU GUET DEVANT.

Nicolas de Choiseux (1), seigneur d'Iché, avec son vallet de chambre nommé Barbe Guidot, et ung sien lacquay, logez chez Jehan Megnin, par ce III personnes.

Jehan Cosquinoz (2), escuyer, s[r] de Fulvy, et Estienne Aubry, contrerolleur pour le roy à Vitry, logez à la Cigoingne, par ce . . . . II personnes.

Moingin Jasset, David Jasset son filz, et Anthoine Gaulthier de Gemeaulx, laboureurs, logez chez Isaac Gaslar, par ce . . . . III personnes.

AU GUET DERRIER.

Jehan Symon de la ville d'Avallon, marchant, logé chez Guenot Vuillemenot . . . I personne.

(1) Nicolas de Choiseul, seigneur d'Iché, épousa Rénée de Lutzelbourg dite de Luxembourg; il eut de ce mariage plusieurs filles. Elisabeth et Anne de Choiseul, mortes après 1564 sans alliance, Philippe de Choiseul mariée à Antoine de Choiseul, baron de Lanques, Claude de Choiseul, femme de Humbert de Bilistein et Thècle de Choiseul qui épousa Hans de Berman.

(2) Ce Jean Cosquyno, ici qualifié de seigneur de Fulvy (Yonne, arr. de Tonnerre, cant. d'Ancy-le-Franc), ne nous est pas connu, mais nous trouvons en 1641 un bourgeois de Paris, nommé Louis Cosquyno, qui pourrait bien être son fils. Louis Cosquyno, autrefois fixé à Cravant en Bourgogne, et possesseur de quelques biens dans la paroisse de Fulvy, était venu s'établir à Paris après son mariage avec Denise de Martineau qui eut lieu le 6 février 1612, et à titre de bourgeois de Paris obtint, le 29 avril 1641, d'être déchargé de la taille. *(Archives Nationales, Chambre du trésor, Z 5382, fol. 69.)*

Jacques de Brabant (1), seigneur de Marault, avec sa femme, trois filles et trois filz, et ung nommé Jehan de Neufz ans d'Yvoye, duché de Luxembourg, demeurant avec led. s^r de Marault depuis neufz ou dix ans encea, comm' il a dit, logez chez Jacques Regnauldot, par ce . . . . IX personnes.

Michiel Villette de Chaallons, contrerolleur du seel, avec sa femme et deux enffans, logez chez feu Martin Poulot, par ce . . . . . . IV personnes.

Au guet de Bourg Vauthier.

Messire Jacques de Jocourt (2), chevallier, baron de Villarnoul, avec madame sa femme, deux servantes et trois serviteurs, logez chez les heritiers de feu Nycolas Grangier, par ce . . VII personnes.

Claude de Roussy, escuyer, gentilhomme ordinaire de la chambre du roy de Navarre, seigneur d'Origny, Esclavolle, Beaulne et Grand Champ, avec Claude du Trot de Vassy et le sieur d'Hanappes, tous deux gentilhommes, demeurant led. s^r d'Hanappes auprès d'Orbey en Brye (3), et trois

(1) La famille de ce nom était originaire de Champagne ; nous avons rencontré une quittance donnée le 27 février 1579 par Jean de Brabant, seigneur de Marault (Haute-Marne, arr. de Chaumont, cant. de Vignory), et Jacques de Brabant, seigneur de Buxières, comme héritiers de leur oncle, Georges de Brabant, protonotaire apostolique, pour un quartier de rente sur le grenier à sel de Paris. *(Bibl. Nat., cab. des titres, pièces originales.)* Jacques de Brabant, seigneur de Marault, figure au nombre des témoins inscrits au bas du testament de Françoise de Rynel. *(Z² 1678.)*

(2) Jacques de Jaucourt, fils de Jean de Jaucourt, deuxième du nom et de Françoise de Bar, succomba aux fatigues de la campagne de 1587 sans laisser d'enfants de son mariage avec Nicole de Vienne, fille du seigneur de Clervant (V. Haag, *France protestante*, article *Jaucourt.)*

(3) Orbais dans la Brie champenoise, aujourd'hui Orbais-l'Abbaye (Marne, arr. d'Epernay, cant. de Montmort.)

serviteurs et ung jeune garçon servant de lacquay, logez chez la vielle bandelliere (1), par ce, VII personnes.

AU GUET DE LA RUE SUR L'EAU.

Nycolas Le Sourd, dit du Pont, de Vitry, capitaine,

Jehan de Masset, du Bourg de Sainte Marie, aussi capitaine, logé chez Jehan Brunnel, par ce, II personnes.

Claude d'Auleney, s[r] d'Arcy sur Cure, avec sa femme, deux serviteurs et une servante, logez chez Pierre Chastel, par ce . . . . . . V personnes.

Magdalene de Longuejoe, femme du s[r] de Juranville, avec ung serviteur et deux servantes, logez chez m[re] André Floret, par ce . . . IV personnes.

Loys de Rebyne, escuyer, s[r] de Joisel, seul, logé chez idem, par ce. . . . . I personne.

Martial Colard de Sedanne, viel homme, logé chez idem, par ce. . . . . I personne.

Benigne Prongé d'Is sus Tille, gardeur de lainne, avec sa femme, une fille et ung sien cousin, logez chez Jacques Carron, par ce. . . . IV personnes.

Noble seigneur Esme de Jaucourt (2), seigneur de Rueres, avec trois hommes et ung lacquay, et

(1) On entend désigner sous ce nom l'un des membres de la famille des Virot qui occupaient de père en fils la charge de *bandelier*, c'est-à-dire de *porte-étendard* de la milice bourgeoise, à la nomination du comte de Montbéliard.

(2) Edme de Jaucourt, seigneur d'Etréchy, fils de Jean II de Jaucourt et de Françoise de Bar, figure au nombre des témoins du mariage de Maximilien de Béthune, duc de Sully, avec Anne de Courtenay, célébré le 4 octobre 1583 au château de Bontin. D'après les frères Haag *(France protestante, article Jaucourt,)* Edme de Jaucourt fut tué en 1594 dans une rencontre près de Villarnoul par les ligueurs d'Espoisses.

dame Franceoise de Courtenay (1), dame de Marel en Brye, avec une damoiselle et deux serviteurs, logez chez Pierre Monnin, par ce. . IX personnes.

Sommarium : IIᶜ IVˣˣ II personnes.

A la suite du colloque tenu à Montbéliard au mois de mars 1586 par Théodore de Bèze et le docteur Andréa, chancelier de l'université de Tubingue, colloque qui ne fit que rendre plus profonde la division entre les églises luthérienne et calviniste, le comte Fréderic montra un esprit d'intolérance extrêmement regrettable à l'égard des réfugiés français. Par un réglement signé de sa main en date du 7 février 1587, ce prince leur enjoignit de se conformer aux *ordonnances ecclésiastiques et politiques* en vigueur dans ses états, et leur défendit formellement de participer à la Cène suivant le rite calviniste, ne voulant admettre l'administration des sacrements que sous la forme usitée dans la confession d'Augsbourg (2). Le 13 février, le Conseil de régence donna lecture de ce rescrit aux réfugiés français, représentés par MM. de Beaujeu, d'Eschenay, de Jorquenay, de Saumaize, de la Bretonnière, de Digoine, Le Comte, Brice, Comperatz, le ministre Naletet, l'apothicaire

(1) Françoise de Courtenay, fille aînée de François de Courtenay, seigneur de Bontin, et de Louise de Jaucourt qui appartenaient tous deux à la religion réformée, mariée avant 1580 à Guy de Béthune, seigneur de Mareuil, gentilhomme ordinaire de la chambre du roi de Navarre, resta veuve peu après l'année 1583; sa sœur Anne de Courtenay, épousa Maximilien de Béthune, duc de Sully. (V. Du Bouchet, *Histoire généalogique de la maison de Courtenay*, p. 315-317.)

(2) Original sur papier, *Archives Nationales, fonds Montbéliard, K 2186.*

de Montigny, le capitaine Chalopin et Jacques de Bretagne, docteur en droit. Ce dernier prenant la parole au nom de ses coréligionnaires, s'exprima en ces termes :

« Puisqu'il a pleu à l'Excellence de monseigneur le prince de nous faire entendre sa volunté, nous le suplions et son Conseil de ne nous troubler en la demeurance en ce lieu, suivant que Sad. Excellence le nous a heu promis de sa propre bouche. Et d'aultant que Sad. Excellence ne nous veult permectre de participer à la Cène soubz nostre confession, elle ne prendra à malle part si nous nous en abstenons, quant au surplus de l'ordonnance, nous y satisferons. »

Lorsque les Français présents se furent retirés, François Saumaise, ancien maître des comptes à Dijon, éleva la voix pour protester contre ce langage et désavoua complétement la réponse que venait de faire Jacques de Bretagne, lieutenant général en la chancellerie d'Autun, donnant pour raison de sa conduite qu'en l'année 1573, lorsqu'il s'était réfugié à Montbéliard, le Conseil de régence avait présenté à la signature des Français dont le nombre était assez considérable, une confession de foi en harmonie avec l'accord intervenu en 1536 entre les révérends docteurs Martin Luther et Martin Bucer, confession de foi que les réfugiés français et les bourgeois de Montbéliard avaient acceptée après avoir demandé l'avis des théologiens de Genève, Berne et Lausanne. François Saumaise ajoutait qu'en ce qui concernait la nouvelle confession religieuse récemment publiée par les soins du comte Frédéric, elle ne différait pas sensiblement de la première, aussi croyait-il devoir l'approuver et était-il prêt à la signer.

Saumaise termina sa protestation en déclarant qu'il ne recherchait point la faveur des princes, mais qu'il n'agissait que *poussé du zèle et de la gloire de Dieu* (1).

Ces divisions religieuses provoquées par le comte Frédéric n'altéraient en rien la bonne intelligence entre les réfugiés français et la population de Montbéliard qui, dans la personne de ses magistrats, avait pris fait et cause pour les réfugiés, et malgré ces querelles de doctrine, la présence des protestants français n'en demeurait pas moins une menace pour les pays qui suivaient le parti de la Ligue. La ville de Montbéliard était alors un véritable foyer d'intrigues huguenotes, où se préparaient et s'organisaient la plupart des expéditions dirigées contre les catholiques; c'est ainsi que l'un des gentilshommes placés à la tête de la petite armée cantonnée dans le pays de Montbéliard au mois d'octobre 1579, était un réfugié français, Paul de Beaujeu. Un autre seigneur protestant, Guillaume Stuart de Vézins commandait les compagnies détachées du corps de Clervant qui furent défaites en Dauphiné, le 29 août 1587. Enfin, peu de temps avant l'invasion du comté de Montbéliard par les Guises, au mois de septembre 1587, François de Châtillon, fils de l'amiral Coligny, chargé de la conduite d'un corps de 3000 hommes destiné à renforcer les reîtres commandés par le baron de Dohna, s'arrêta quelques jours dans le pays de Montbéliard, et y reçut un accueil trop bienveillant pour que les Ligueurs n'en gardassent point rancune.

La principauté de Montbéliard devenue lieu

(1) Minute sur papier, *Archives Nationales, fonds Montbéliard, K 2186.*

d'asile, et en quelque sorte point de ralliement pour les protestants français, se trouvait par ce fait même désignée à la vindicte des princes lorrains. Une autre circonstance qui dut encore accentuer leur ressentiment, fut l'ambassade envoyée en 1586, auprès de Henri III, par les princes et états protestants de l'Allemagne, à l'effet d'intervenir en faveur des réformés français et de réclamer l'exécution des traités de tolérance religieuse. A la tête de cette ambassade se trouvait le comte Frédéric de Wurtemberg qui se rendit en personne à Paris, en compagnie de Wolfgang, comte d'Isembourg, et de quelques autres personnages dont les noms sont indiqués dans les *Mémoires de Pierre de l'Estoile* (1). D'après le même chroniqueur, les ambassadeurs d'Allemagne arrivèrent à Paris le 5 août, et furent logés au faubourg Saint-Germain, rue de Seine; le roi de France assigna deux cents écus par jour pour la dépense de leur suite comprenant 120 à 140 chevaux, mais tout en donnant des ordres pour les bien et honorablement traiter, ne jugea pas à propos de les attendre, et quitta Paris dès le 23 juillet, afin de s'épargner l'ennui d'une réponse qui ne pouvait qu'être défavorable. Les comtes de Montbéliard et d'Isembourg, vivement froissés de ce procédé, écrivirent à Henri III que des affaires importantes les rappelaient chez eux et repartirent sur le champ, laissant leurs pouvoirs aux autres ambassadeurs.

Frédéric de Wurtemberg ne borna point son concours à la direction d'une ambassade chargée de prendre en main les intérêts des protestants français, il affirma ses sympathies pour leur cause

(1) *Mémoires de Pierre de l'Estoile*, nouv. édit., t. II, p. 350.

d'une façon autrement efficace, et fournit au roi de Navarre des secours en argent qui s'élevèrent à des sommes considérables, autant de griefs que ne pouvaient pardonner les princes lorrains, chefs du parti catholique.

L'irruption des reîtres allemands en Lorraine au mois de septembre 1587 fut, si l'on peut s'exprimer ainsi, la goutte d'eau qui fit déborder le vase, l'irritation des Guises déjà très-vive devint de l'exaspération lorsqu'ils apprirent la ruine et la dévastation de leur pays mis à feu et à sang par les bandes du baron de Dohna; aussi devaient-ils saisir avec empressement l'occasion qui s'offrit bientôt à eux d'user de terribles représailles, en portant à leur tour le fer et le feu dans les domaines de l'un de ces princes qu'ils rangeaient à juste titre parmi les promoteurs de cette expédition des reîtres allemands en France.

CHAPITRE II.

LA CAMPAGNE DES ALLEMANDS.

Dès le mois de juin 1587, Henri III averti par Gaspard de Schomberg des levées qui se préparaient en Allemagne, et comprenant tout le péril de la situation, s'empressa d'envoyer auprès du duc de Lorraine le sieur de Liancourt, son premier écuyer, porteur d'instructions spéciales (1), en vue de concerter avec ce prince une action commune. D'après les informations que Schomberg avait pu recueillir, l'armée auxiliaire du roi de Navarre, forte de neuf mille reîtres, de six mille lansquenets et de dix mille Suisses, devait passer le Rhin vers le 10 ou 12 juillet, et aborder dans le courant du mois d'août, les frontières françaises. Charles du Plessis, seigneur de Liancourt, reçut pour mission de s'enquérir du nombre exact d'hommes à cheval et de gens de pied qui devaient composer cette armée, de la route qu'ils comptaient suivre pour pénétrer dans le royaume, du nom de leur général en chef, de la quantité de pièces d'artillerie, de munitions et de vivres que les Allemands devaient emmener, de leur point de jonction avec les Suisses, et de la possibilité de leur réunion avant leur entrée en France avec le roi de Navarre, le prince de Condé

(1) Double de l'instruction baillée à mons[r] de Liancourt allant vers mons[r] le duc de Lorraine, 24 juin 1587, minute sur papier, *Bibliothèque Nationale, Mss., fonds français 4734*, fol. 380.

et le duc de Bouillon. L'envoyé de Henri III devait, au nom de son maître, demander au duc de Lorraine de quelles forces il pouvait disposer pour combattre les Allemands, de quel renfort il aurait besoin, s'il pourrait fournir vivres et argent au contingent que le roi de France enverrait à son secours. Les instructions dont le sieur de Liancourt était porteur, instructions données à Meaux le 24 juin, annonçaient également la convocation des compagnies d'ordonnance qui devaient constituer deux armées; la première sous les ordres directs du roi, devait se réunir à Saint-Florentin et à Gien, la seconde, dont le commandement serait confié au duc de Guise, devait se former à Chaumont en Bassigny et comprendre avec vingt-cinq compagnies d'ordonnance, trente-six enseignes de gens de pied (1).

Pour subvenir aux dépenses considérables qu'allait entraîner la convocation des compagnies d'ordonnance et la levée de trois régiments suisses, Henri III, en présence de la pénurie du trésor, dut recourir à des expédients financiers en vue de se procurer, à bref délai, les ressources qui lui faisaient absolument défaut. Le 11 juillet, l'échevinage parisien à qui le souverain avait fait demander 140,000 écus pour la solde de 4000 Suisses pendant 4 mois (2), accorda un don gratuit de

(1) Claude de la Châtre, *Discours ample et tres-véritable contenant les plus mémorables faits advenus en l'année 1587, tant en l'armée commandée par M. le duc de Guyse qu'en celle des huguenots conduite par le duc de Bouillon, envoyé par un gentilhomme français à la royne d'Angleterre*, petit in-8, Paris, chez Guillaume Bichon, 1588, p. 10.

(2) Cette contribution de guerre fut demandée par lettres missives et patentes données à Meaux les 3 et 6 juillet; quant au don gratuit il fut voté dans une assemblée extraordinaire des échevins

200,000 livres, auquel durent contribuer tous les habitants de Paris, même les gens d'église. D'un autre côté, par une bulle du 30 juillet 1587, le pape Sixte-Quint autorisa l'aliénation des biens du clergé jusqu'à concurrence de 50,000 écus de rente, cette bulle et les lettres patentes rendues en conséquence furent sanctionnées le 20 août 1587 par le Parlement de Paris, qui ne s'y décida qu'eu égard « à l'urgente necessité des affaires du Roy à resister aux effectz et violences du grand nombre d'estrangers entrez en ce royaume pour l'eversion de l'estat et religion catholique », et à la charge que les deniers produits par l'aliénation des biens du clergé seraient entièrement consacrés au fait de la guerre (1).

Les mesures défensives que venait d'ordonner Henri III étaient justifiées par le danger qui menaçait le royaume et qui prenait un caractère inquiétant. Si le roi de France ne voyait pas sans appréhension les levées germaniques et helvétiques s'approcher de la frontière, le duc de Guise se préoccupait non moins des voies et moyens propres à détourner le flot de l'invasion. De son gouvernement de Champagne, il suivait jour par jour les préparatifs des ennemis et en donnait avis au roi. Par une lettre datée du 26 juin 1587, ce prince mandait à Henri III que *le Casimir* avait fait conduire son artillerie à Loutre (2).

et bourgeois notables de Paris, de conseillers du Parlement et de maîtres des Comptes. (*Arch. Nat.*, *Délibérations du Bureau de la ville*, *H 1789*, fol. 52 v°, 56.)

(1) *Archives Nationales*, *Sect. Jud.*, *X[1] 1705*, fol. 180 v°, 181 r°.)

(2) Probablement Lutter, petite ville d'Allemagne dans le duché de Brunswick, à 4 lieues nord-ouest de Goslar.

et fait fondre 1,800 balles de 23 et 24 livres et 1,500 de 16 ou 17 livres, et à propos de la revue des reîtres qui devait s'effectuer aux environs de Spire vers le 20 juillet, il soumettait à son souverain un plan fort aventureux, mais que la hardiesse même de sa conception et la rapidité de son exécution pouvaient faire réussir; Henri de Lorraine voulait se jeter au cœur du pays ennemi, surprendre et écraser ses adversaires. « Si les Suisses de Vostre Majesté, écrivait le duc de Guise, eussent esté prestz, passant à Brissac le Rhin, il eust esté facile d'estre au milieu de leurs forces avant qu'ilz eussent esté assemblez, ny ayant chemin que pour six jours de Lucerne, et le pays si avantageux qu'il ne seroyt besoing de cavalerye, peu de remede empescheroyt cet orage. » (1).

Henri III, avec l'irrésolution de son esprit, goûta peu cette proposition qui séduisait le caractère audacieux et entreprenant à l'excès du Balafré; ce prince ne perdant point l'espoir de faire partager son sentiment au roi, glissait ce post scriptum dans une lettre du 14 juillet relative au départ des reîtres levés du côté de Brunswick: « J'ay escrit aux compagnies que j'estimoy les plus prestes se rendre à Vaucouleur au XXe de ce moys, ilz peuvent estre facilement de là en quatre jours en Alemagne, où je desire les conduire au plustost pour le bien et utilité de vostre service. » (2)

Plus tard, dans les premiers jours du mois d'août, à la veille de l'invasion des provinces lorraines, le duc de Guise proposait en désespoir de cause, une

(1) Lettre originale du duc de Guise à Henri III, du 26 juin 1587, *Bibl. Nat., fonds français 4734*, fol. 215.

(2) Lettre originale du duc de Guise à Henri III, *Bibl. Nat., fonds français 4734*, fol. 221.

diversion sur Sedan et Jametz, places appartenant au duc de Bouillon, et projetait d'envoyer sous les murs de ces forteresses les sieurs de la Vieuville et de la Brosse (1).

Ce fut en pure perte, le roi resta sourd à toutes ces exhortations. D'ailleurs il songeait si peu à déplacer le théâtre de la guerre que son intention bien arrêtée était de concentrer les hostilités sur un seul point, la Lorraine, et de laisser envahir ce pays, nourrissant secrètement l'espoir que le duc de Guise, obligé de défendre le patrimoine de sa famille et d'accepter une lutte inégale, subirait un échec, ou bien, si la chance des combats lui était favorable, qu'il éprouverait des pertes sensibles et sortirait amoindri de cette campagne.

L'un des chroniqueurs les plus autorisés de cette époque (2) laisse même entendre que Henri III aurait secrètement mandé au duc de Bouillon de faire en sorte que l'armée protestante s'arrêtât en Lorraine, et ruinât complètement toute cette province.

Faut-il ajouter foi à cette allégation? aucun témoignage ne nous permet d'infirmer ou de contredire le point en question. Ce qui est certain, c'est qu'à la date du 19 juillet, le roi de France adressait au duc de Lorraine tout un plan de défense contre l'invasion étrangère (3). « Puisque les Allemands et Suisses à la solde du roi de Navarre, disait Henri III, commencent à marcher pour venir en nostre royaume, il est temps de donner ordre à tout ce qui pourra

(1) Mémoire du duc de Guise en date du 6 août 1587, minute sur papier, *Bibl. Nat., fonds français 4734*, fol. 241.
(2) *Mémoires de Pierre de l'Estoile*, éd. nouv., t. III, p. 61.
(3) Minute de lettre au duc de Lorraine, *Bibl. Nat., fonds français 4734*, fol. 223.

les incommoder et empêcher d'entrer en icelui. » Dans la pensée du roi, le meilleur moyen d'obtenir ce résultat était d'affamer les mercenaires au service du Béarnais, en faisant le vide autour d'eux et en leur ôtant tous moyens de subsistance. A cet effet, il fallait enjoindre aux habitants des campagnes de battre les blés en toute hâte, de retirer leurs grains et leurs bestiaux dans les villes choisies *ad hoc;* ces mesures de sûreté devaient être complétées par l'enlèvement des fers des moulins, des enclumes et de tous ustensiles et outils de fer, ainsi que des bacs et bateaux, enfin par la démolition des fours et par la rupture des ponts.

Ainsi le sort en était jeté, le duc de Guise se heurtant contre l'indifférence pour ne pas dire l'hostilité royale, n'avait pu, malgré toutes ses instances, obtenir de secours efficace, et la Lorraine, abandonnée à elle-même, allait soutenir le premier choc des envahisseurs. A la date du 20 juillet, Guise adressait de Châlons à Pierre Brûlard, une lettre où il ne déguisait point sa mauvaise humeur : « J'envoye, disait-il, ce courrier, estant presentement arrivé de Nancy, d'où je partis ier au soir pour asseurance du passage des reistres et de la resollution de Monsr de Lorraine, lequel, ses poules estant mangées, les vandra cher, et s'ils y sejournent et attendent ses forces, en fera rendre la plume. Je ne diray plus combien il eut esté facille d'y remédier. » (1).

A ce moment, le duc Charles III se hâtant de prendre les premières mesures de défense, envoyait sur la frontière du duché Jean d'Haussonville avec 4000 hommes de pied, 400 lances et quelques arquebusiers à cheval, et donnait rendez-vous au

(1) Lettre autographe, *Bibl. Nat., fonds français 4731*, fol. 227.

reste de ses troupes sur le chemin de Saverne ; il espérait pouvoir mettre en ligne, dans un délai très-rapproché, six à sept cents lances, 250 arquebusiers et 8500 hommes de pied (1). Du reste, les princes lorrains ne se faisaient aucune illusion sur ce qu'ils pouvaient attendre du roi de France, et comme le dit très-justement un éminent historien (2), dès le début de la campagne, Guise voyait bien que les principales forces françaises n'étaient pas prêtes et comprenait que le roi ne voulait pas qu'elles le fussent.

La conduite du roi de France excita en Lorraine un mécontentement général dont nous trouvons l'expression dans une lettre écrite le 20 août au plus fort de l'invasion par Gaspard de Schomberg au secrétaire d'Etat Pierre Brûlard, (3). Schomberg rapporte le langage tenu par le comte de Salm et par Christophe de Bassompierre qui se plaignaient avec amertume du mauvais vouloir trop évident, manifesté par Henri III, et ne craignaient pas de dire hautement :

« Vostre secours de France est en parolles et papier, vous nous envoyez M. de Guise, c'est-à-dire avecques ses amys, car des forces ordonnées par le Roy, il n'y en a poinct ou fort peu, mais quand nous vous avons demandé les Suisses avecques lesquels nous voullons hazarder et l'estat et la vie de nostre duc pour empescher lesd. estrangiers d'entrer dans le royaulme, vous avez saigné du nez. »

Ils ajoutaient : « Vrayement, l'on est bien tenu à voz forces. Vous en avez bien pour prendre des chasteaulx à M. de Lorraine, lequel vous dites tant

(1) Lettre originale du duc de Guise à Henri III du 20 juillet 1587, *Bibl. Nat., fonds français 4731*, fol. 225.
(2) Henri Martin, *Histoire de France*, 4e édit., t. x, p. 45.
(3) Lettre originale, *Bibl. Nat., fonds français, 4734*, fol. 262.

de vouloir defendre, mais pour entreprendre sur les trouppes ennemies, il n'y en a poinct. »

On voit par la lettre de Schomberg que le duc de Lorraine insistait auprès de Henri III pour obtenir, à défaut d'autre secours, le contingent suisse dont Nicolas Brûlard, seigneur de Sillery, préparait la levée au nom du roi de France (1).

Telle était donc la situation en Lorraine, que se passait-il de l'autre côté du Rhin?

Dès le mois d'octobre 1586, à la suite de l'audience orageuse de Saint-Germain qui entraîna la rupture des négociations ouvertes entre les protestants d'Allemagne et Henri III, les ambassadeurs du roi de Navarre se mirent en campagne et parvinrent à négocier un accommodement avec Jean Casimir, duc de Bavière. Le 11 janvier 1587, François de Ségur, baron de Pardailhan, Claude-Antoine de Vienne, seigneur de Clervant, et Jean de Chaumont, seigneur de Guitry, investis de pleins pouvoirs par Henri de Navarre, signaient à Fridelsheim le traité qui assurait la participation active des princes allemands à la lutte entamée par les protestants français (2). Par cette convention, Jean Casimir s'engageait, sous la promesse d'un subside de 150,000 florins que devait fournir la reine d'Angleterre (3), à conduire au secours du Béarnais

(1) Zurlauben, *Histoire militaire des Suisses*, t. v, p. 150.

(2) Le texte de cette capitulation se trouve dans le *fonds français, vol. 3975*, fol. 71.

(3) Une *relation anonyme concernant la levée des reîtres en Allemagne et les projets des huguenots*, envoyée par les soins du duc de Guise, entre dans quelques détails à ce sujet. « Le duc Cassimire, y est-il dit, ha entre les mains l'argent des heretiques et pour le premier moys, à scavoir 150,000 escuz qui viennent de la royne d'Angleterre et 30,000 escuz du roy de Navarre, les princes protestans respondent du surplus. *(Archives Nationales, fonds de Simancas, K 1566,* n° 13.)

« une bonne, grande et forte armée, composée de reistres bien montez et armez, avec gens de pied Allemans, Suisses et autres. » Ce traité stipulait également la levée de quatre mille bons arquebusiers français qui devaient constituer quatre régiments sous les ordres de François de Châtillon, et marcher de concert avec les forces allemandes. De son côté, le roi de Navarre promettait de former une armée de 15,000 hommes de pied et de 2,000 chevaux.

Le 7 mai 1587 (27 avril, vieux style), le sieur de Chamerolles, chargé de la mise à exécution du traité du 11 janvier précédent, passait avec Fabian, baron de Dohna, et les colonels Hans Boock, Frédéric de Werden et Guillaume de Bernsdorff, une convention spéciale pour la levée de 5100 « bons et vaillans hommes à cheval, vrays Allemans, bien montez et armez », auxquels devaient se joindre Jean Clotz, à la tête d'un régiment de 1200 chevaux, et François de Dommartin, gentilhomme lorrain, commandant trois cornettes de reîtres, qui devint plus tard lieutenant de la compagnie du duc de Bouillon (1).

Vers la même époque, Clervant négociait avec les Suisses protestants la mise sur pied du contingent destiné à renforcer l'armée expéditionnaire. Les premiers pourparlers eurent lieu à Bâle le 23 avril 1587, et la capitulation définitive fut conclue le 12 mai suivant au château de Jegensdorf (2) entre Clervant, au nom du roi de Navarre, et Bernard Thielmann, colonel des Bernois, Ulrich de Bonstetten, son lieutenant, Jean-Jacques de Diesbach,

(1) Extraict de certains articles de la capitulation faicte par le roy de Navarre avec ses colonelz reistres, *Bibl. Nat., fonds français 3975*, fol. 46.

(2) Jegensdorf, petite localité au nord de Berne sur la route de Soleure.

bourgeois de Berne, le colonel Gaspard Krieg, bourgeois de Zurich, et le colonel bâlois Frédéric Rihyner, au nom de leurs compatriotes (1).

Aux termes de cet accord, les Suisses s'engageaient à fournir quarante enseignes de 300 hommes chaque, celle des colonels forte de 500 hommes, chaque compagnie se composant de 50 corcelets (combattants armés de cuirasses) de 20 mousquetaires et de 30 arquebusiers, plus de 20 pionniers avec deux chariots pour les blessés et malades; la solde payable tous les mois était fixée à 3000 écus pour les compagnies colonnelles et 1800 écus pour les compagnies ordinaires; il était en outre alloué à chaque colonel 500 écus, et à chaque capitaine 300 écus pour les frais de levée de leurs compagnies.

La formation de l'armée allemande se fit avec une extrême lenteur, et rencontra même quelques obstacles par suite du mauvais vouloir de certains princes luthériens, notamment des électeurs de Saxe et de Brandebourg, qui entravèrent le recrutement des mercenaires destinés au roi de Navarre, et favorisèrent l'enrôlement des reîtres à la solde du roi de France (2). Toutefois, dans les derniers jours du mois de juillet, l'armée d'invasion était prête à entrer en campagne. A la date du 25 juillet, Henri III était avisé du passage du Rhin à Oppenheim (3), effectué le 17 de ce mois par les troupes placées sous les

(1) Le traité signé à Bâle le 13 avril 1587 (v. st.) est inséré dans le manuscrit 3975 du fonds français, fol. 36, sous ce titre : *Articles resoluz entre les collonelz et cappitaines des Suisses touchant la presente levée avec monsieur de Clervant ;* la capitulation du 12 mai fait partie du même volume (fol. 50).

(2) Lettre originale du duc de Guise à Henri III du 28 août 1587, *Bibl. Nat., fonds français 4734,* fol. 269.

(3) Oppenheim, petite ville sur la rive gauche du Rhin à 4 lieues sud-est de Mayence.

ordres du baron de Dohna, et des colonels Boock, Dommartin et Bernsdorff, que suivait de près le contingent de Brunswick sous la conduite des colonels Clotz et Werden (1).

D'après l'opinion communément admise les reîtres devaient faire une *montre aveugle* entre Spire et Strasbourg, c'est-à-dire établir le chiffre de leur effectif avant d'avoir vu la couleur de l'argent destiné à récompenser leurs services, se réservant de passer une nouvelle revue en Lorraine, dès qu'ils auraient reçu le premier mois de solde sur les fonds versés par le roi de Navarre et des obligations souscrites par divers marchands sous la garantie de la reine d'Angleterre pour le second mois. Effectivement, en passant leur revue générale à Quatzenheim près de Strasbourg (2), le 15 août suivant, les reîtres furent gratifiés d'un premier mois de solde, le seul du reste qu'ils reçurent pendant toute la campagne. Au moment où l'armée allemande traversait le Rhin, l'on ignorait l'itinéraire qu'elle suivrait, et l'on se demandait si elle ne tenterait pas de se frayer un passage à travers la Franche-Comté et la Bourgogne ou si elle franchirait la Sarre dans la direction de Verdun; on ne savait pas davantage à qui serait confié le commandement suprême de cette armée, il était vaguement question du duc de Brunswick-Lunebourg (3),

(1) Lettres originales du duc de Guise à Henri III, des 20 et 25 juillet 1587, *Bibl. Nat., fonds français 4734*, fol. 225 et 232.

(2) La Huguerye dans ses Mémoires (t. III, p. 54) parle de la réunion des colonels des reîtres à Quatznen « pour traiter de leurs monstres. »

(3) « L'on ne sçait pour certain s'il y aura quelque prince par dessus, aucuns ont parlé du duc de Lunebourg, mais jusques à

mais dès la première heure, le choix de Jean Casimir s'était porté sur le baron de Dohna, peu expert dans l'art militaire, quoiqu'en disent quelques historiens (1), mais instrument docile entre ses mains, qui lui permettrait à la fois de conserver la direction de la campagne et d'économiser la somme assez ronde qui était réservée au prince à titre de généralissime.

Lors de la revue générale du 15 août 1587 (5 août, v. st.) le corps du baron de Dohna comptait 21 cornettes de reîtres, ainsi distribuées, douze cornettes sous les ordres des colonels Jean Clotz, Hans Boock et Frédéric de Werden, trois commandées par le sieur de Dommartin, trois autres par le colonel Bernsdorff, deux cornettes marchant avec le duc de Bouillon et une avec le baron de Dohna (2), ces 21 cornettes formaient un ensemble de 8 à 9000 chevaux (3), leur armement était irréprochable, et de l'aveu de contemporains (4) l'on ne vit jamais de si belles troupes. Indépendamment de ces reîtres,

cette heure il n'en est nule nouvele. » Lettre originale du duc de Guise à Henri III, du 20 juillet 1587, *Bibl. Nat., fonds français 4734*, fol. 225, et Relation anonyme, *Arch. Nat., fonds de Simancas, K 1566*, n° 13.

(1) Notamment, de Croze, *les Guises, les Valois et Philippe II*, t. II, p. 23.

(2) Lettre de Jean Melander, premier secrétaire de l'armée allemande au duc Philippe de Brunswick, du 2 novembre 1587 (n. st.) copie, *Bibl. Nat., fonds français 3398*, fol. 165. — Lettre originale du duc de Guise à Henri III, du 20 juillet 1587, *fonds français 4734*, fol. 225. — Claude de la Châtre, *Discours des faits advenuz en 1587*, p. 15.

(3) M. de Croze, dans son ouvrage *Les Guises, les Valois et Philippe II*, t. II, p. 23, n'indique qu'un effectif de près de 5,000 reîtres, il est certainement dans l'erreur, toutes les évaluations donnent un chiffre minimum de 8,000 reîtres.

(4) Lettre du docteur Chelinet de Strasbourg, du 16 août 1587 (n. st.), *Bibl. Nat., fonds français 4734*, fol. 247.

l'armée allemande comprenait un régiment de lansquenets fort de douze compagnies, pourvus de corcelets et de piques, sous la conduite du colonel Schregel (1). L'artillerie, dont M. de Couvreulles avait la charge, se composait de quatre gros canons traînés par 18 et 20 chevaux, de quatre couleuvrines et de huit pièces de campagne, elle fut complétée par l'adjonction de trois pièces prises à Sarrebourg (2).

A ces forces vint se joindre le petit corps français amené par le duc de Bouillon qui avait rassemblé sous sa bannière la plupart des gentilhommes français réfugiés à Montbéliard, tels que Jean de Lafin, sieur de Beauvoir-la-Nocle, Guillaume de Stuart, sieur de Vézins, le baron de Villernoul, les sieurs de Digoine, de Pressigny, de Lurbigny, et beaucoup d'autres personnages de distinction; ce corps d'élite se montait à 2,500 hommes de pied et 600 chevaux, y compris les *argoulets* ou arquebusiers à cheval (3).

Quant aux trois régiments suisses composés de 53 enseignes, ils avaient pour colonels Jean Frédéric Rihyner de Bâle, Bernard Thielmann de Berne et Marc Gaspard Krieg de Zurich, et formaient un effectif de 15 à 16000 hommes (4) com-

(1) *Estat de l'armée du Roy de Navarre conduicte par le duc de Bouillon, son lieutenant general, Bibl. Nat., fonds français 704*, fol. 69.

(2) Lettre originale du duc de Guise à Henri III, du 14 août 1587, *Bibl. Nat., fonds français 4734*, fol. 251.

(3) Lettre originale du duc de Guise à Henri III du 14 juillet, *Bibl. Nat., fonds français 4734*, fol. 221.

(4) Lettre de Jean Melander, premier secrétaire de l'armée allemande au duc de Brunswick (2 nov. 1587), *fonds français 3398*, fol. 165. — Lettres du docteur Chelinet de Strasbourg du 16 août 1587 (intitulée *Advis d'Allemagne)*, et de Gaspard de Schomberg à Brûlard, du 20 août 1587, *fonds français 4734*, fol. 247 et 262.

mandés par Clervant, leur colonel général, « que l'on tenoit pour l'un des meilleurs soldats » que possédassent les huguenots (1). Ces Suisses étaient tous piquiers, mais manquaient d'armes; on voit que dans les premiers temps de leur arrivée en Alsace ils en recevaient journellement par chariots ou par bateaux venant de Bâle et de Strasbourg (2).

Si l'on s'en rapporte au témoignage du duc de Guise (3), les Suisses étaient en très-mauvais équipage, à l'exception des Bernois qui marchaient à part et en bon ordre, grâce à la discipline maintenue par leur chef, Bernard Thielmann, officier d'une valeur éprouvée et d'une expérience consommée; ils négligeaient même les précautions et la surveillance dont s'entoure habituellement une armée en campagne; ainsi à la date du 13 août, le corps de Clervant se trouvait cantonné à Kogenheim au-dessus de Schlestadt; le soir même, un violent incendie allumé, à ce que prétendaient les Suisses, par des espions du duc de Guise, consuma 103 maisons et 4000 pains, les munitions de guerre n'échappèrent à la conflagration que par le voisinage d'une rivière où elles furent projetées (4).

Le mardi matin 18 août, les Suisses quittèrent leurs quartiers d'Erstein et vinrent se loger à Mestratzheim, localité au-dessus d'Obernai (5);

(1) Lettre de Bernardino de Mendoça au duc de Guise, du 19 décembre 1587, *Arch.Nat., fonds de Simancas, K 1565.*

(2) *Advis du costé d'Allemagne, Bibl. Nat., fonds français 4734*, fol. 275.

(3) Lettre originale du duc de Guise à Henri III, du 1er août 1587, *Bibl. Nat., fonds français 4734*, fol. 235.

(4) *Advis du costé d'Allemagne, Bibl. Nat., fonds français 4734*, fol. 275.

(5) Meistratzheim, Alsace (anciennement Bas-Rhin, arr. de Schlestadt, cant. d'Obernai.)

nous les retrouvons le 23 août passant devant Saverne (1), à cette date, leur jonction avec l'armée allemande était un fait accompli.

Après la réunion de tous ces éléments, l'armée d'invasion pouvait, suivant les calculs les plus modérés, se monter au chiffre de 35,000 hommes (2).

Le baron de Dohna, représentant la personne de Jean Casimir, revendiquait la direction des forces combinées, mais en réalité il y avait autant de commandements que de nationalités différentes; les reîtres n'écoutaient que la voix de leur chef immédiat, le baron de Dohna, les Français n'obéissaient qu'au duc de Bouillon, jeune homme dépourvu d'expérience, et qui prétendait néanmoins conduire toute l'armée, enfin les Suisses ne tenaient compte que de leur colonel général, Clervant. En sous ordre figuraient comme maréchaux de camp Jean de Chaumont, seigneur de Guitry, et Antoine de Cormont, seigneur des Bordes. L'institution d'un conseil militaire, lequel devait en quelque sorte servir de trait d'union, ne servit qu'à augmenter la confusion et accentua souvent le désaccord entre les chefs de l'armée. Les membres de ce conseil étaient le duc de Bouillon, le baron de Dohna, les sieurs de Beauvoir-la-Nocle, de Vezins, de Monlouet, de Guitry, de Digoine, de Clervant, de Chamerolles, de la Lobbe, de la Hugueryе et de Beaujeu (3).

(1) A. de Ruble, *Mémoires de Michel de la Huguerye*, t. III, p. 75.

(2) Dans une lettre missive du 2 décembre 1587 à l'adresse du Parlement de Paris, Henri III évaluait l'armée étrangère, au momoment de son entrée dans le royaume, à 34 ou 35000 hommes, *Arch. Nat., Registres du Parlement, X*[1A] *1706*, fol. 98 r°.

(3) Tous ces noms se trouvent indiqués dans l'*Estat de l'armée du roy de Navarre* qui donne aussi la distribution des lances françaises par cornettes, avec les gentilshommes placés à leur tête.

Telle était la composition de l'armée protestante, le manque de cohésion des éléments constitutifs de cette armée, le défaut d'unité dans le commandement, la divergence des plans de campagne faisaient présager l'issue funeste de l'expédition engagée.

Du côté des Lorrains, les forces militaires dont pouvait disposer le duc Charles III pour arrêter la marche des ennemis, se réduisaient à environ six mille hommes de pied, mille chevaux légers du duc de Lorraine, mille lances du duc de Guise et 1500 lances venant de Flandre.

L'armée étrangère, concentrée en Alsace, signala sa présence dans ce pays par tous les désordres dont les gens de guerre étaient coutumiers. Elle commença par mettre au pillage l'évêché de Strasbourg; le 9 août les reîtres dévastèrent entièrement un bourg fermé, du nom de Tarlesse (1), faisant partie du domaine de la ville de Strasbourg, de là s'en allèrent à Marlenheim, petite villette appartenant en commun à l'évêque et à la bourgeoisie de la même ville, qu'ils saccagèrent et bouleversèrent de fond en comble.

A Bischwiller, les lansquenets se portèrent à de tels excès que les habitants réduits à la dernière extrémité et obligés d'abandonner leurs maisons pour se réfugier dans les bois, prièrent Louise de Vienne, fille de Clervant, mariée à Dietrich de Schomberg, de vouloir bien intercéder en leur faveur, le baron de Dohna ayant écrit à M. de Schom-

(1) Très-probablement Dorlisheim (Alsace, anciennement Bas-Rhin, arr. de Strasbourg, cant. de Molsheim); cette petite ville qui appartenait à diverses familles entra dans le domaine de la ville de Strasbourg de 1495 à 1727. (Voir à ce sujet Baquol et Ristelhuber, *Dictionnaire du Haut et Bas-Rhin.*)

berg qu'il n'était pas encore confirmé dans son grade de maréchal de camp et qu'il n'avait aucune autorité sur les lansquenets, les considérant comme entrés non à son service mais au service du roi de Navarre (1).

Les correspondances de l'époque renferment quelques détails fort intéressants sur le passage des reîtres en Alsace.

« L'on ne sçauroit estimer, écrit un Strasbour-
« geois, le grand mal et desgast que font les reistres
« en ceste basse Ossoye, ne s'estans contentez d'em-
« porter par force tous les vivres qu'ilz ont trou-
« vez, en quoy ilz n'ont espargné personne, ayans
« saccaigé les villaiges appartenans tant à la ville
« que à l'evesque de Strasbourg, et à leurs voysins,
« et tellement travaillé le pouvre peuple qu'ilz
« n'ont peu faire leur recolte que estoit aussy belle
« qu'elle ayt esté il y a quarante ans; oultre cela
« les reistres emportent une grande quantité de
« bledz avecques eulx, et ont bruslé plusieurs vil-
« laiges et font plusieurs aultres maulx, Dieu ayt
« pitié de son pauvre peuple. » (2)

Un autre contemporain ajoute :

« L'on n'a jamais veu ung tel degast qu'ilz ont
« faict partout ce pays cy, et leurs amys sont ceux
« qu'ilz ont le plus pillé et ruiné (3). »

En effet, les Allemands ne respectèrent pas davantage les domaines de l'archiduc d'Autriche, non con-

(1) Lettre originale de Louise de Vienne à M. de Ségur, du 29 juillet 1587. *Bibl. Nat.*, V^c *Colbert 402*, fol. 148. (D'après cette lettre les lansquenets avaient roué de coups les blessés qu'ils avaient trouvés dans la localité.)

(2) Lettre du docteur Chelinet de Strasbourg, du 16 août 1587, *Bibl. Nat.*, *fonds français 4734*, fol. 247.

(3) *Advis du costé d'Allemagne*, *ibid.*, fol. 275.

tents de ruiner complétement les terres de l'évêque et de la ville de Strasbourg, d'y détruire les récoltes qui donnaient les plus belles espérances aux laboureurs éprouvés par deux années de cruelle famine, d'emmener chevaux et bétail, de chasser misérablement hors des maisons les femmes et les enfants, de brûler les villages, ils exercèrent les mêmes déprédations et commirent les mêmes excès dans le bailliage de Hanau et dans la seigneurie de Hochfelden (1), où en dernier lieu ils pendirent à un arbre le fils de l'avoyer, dont le seul crime était de n'avoir voulu s'engager au payement d'une rançon (2).

Pendant leur séjour en Alsace, les envahisseurs, principalement les Suisses, trouvant abondance de vivres, se gorgèrent de vins et de fruits; ces ripailles amenèrent la dyssenterie qui ne tarda pas à faire de grands ravages dans les rangs de l'armée ennemie (3). Le 17 août, dans un conseil tenu à Marlenheim, on se résolut à reconnaître le passage des Vosges que l'on trouva obstrué; Suisses et lansquenets se mirent en devoir de débarrasser la route des arbres et rochers qui y avaient été entassés (4); cette opération demanda trois jours, et

(1) Hochfelden, Alsace (anciennement Bas-Rhin, ch. l. de canton, à 3 lieues de Saverne).

(2) Doléances présentées le 26 août 1587 à la journée de Baden par l'archiduc d'Autriche, qui exprime la crainte de voir l'invasion se répandre dans la Haute-Alsace et le Sundgau, *Bibl. Nat., fonds français 15574*, fol. 32. L'évêque de Strasbourg envoya de son côté deux députés pour se plaindre des dommages qu'il avait reçus, montant suivant son évaluation à 300,000 florins, *Zurlauben, Histoire militaire des Suisses*, t. v, p. 229.

(3) Lettre originale du duc de Guise à Henri III, du 28 août 1587, *Bibl. Nat., fonds français 4734*, fol. 269. — Claude de la Châtre. *Discours des faits advenus en 1587*, p. 18.

(4) A. de Ruble, *Mémoires de Michel de la Huguerye*, t. III, p. 60, 67.

le passage des troupes par la vallée de la Zorn ne s'effectua que du 23 au 25 août. Il y eut aussi un temps d'arrêt dans la marche de l'armée confédérée à cause des négociations entamées dès le mois de juillet par le duc de Lorraine, qui cherchait plutôt à leurrer ses adversaires pour organiser la défense de son territoire qu'à traiter sérieusement (1). L'un des colonels des bandes allemandes, le sieur de Dommartin, gentilhomme lorrain, avait laissé entrevoir à La Huguerye, le secrétaire et confident de Jean Casimir, chargé de soutenir ses intérêts au sein du Conseil de l'armée, que le duc de Lorraine était prêt à un sacrifice de cent mille écus pour sauvegarder ses états; La Huguerye accueillit avec empressement ces ouvertures, malgré l'opposition des Béarnais qui ne voulaient pas entendre parler de négociations (2), et tint plusieurs conférences avec les sieurs d'Haussonville et de Tantonville; il dépêcha à diverses reprises auprès du duc de Lorraine, Pierre de Mornay, seigneur de Buhy, qui partit de Nancy le 25 août au soir, sans avoir rien pu obtenir, le duc Charles III ne songeant nullement à concéder aux reîtres la liberté du passage à travers ses domaines, mais ne cherchant qu'à moyenner leur retour en Allemagne (3). Si l'on en croit Buhy, les Lorrains, à l'exception de trois gentilshommes, (Rosne, Bassompierre et Pange), étaient

(1) Michel de la Huguerye, dans ses *Mémoires* (éd. de Ruble, t. III, p. 55 et passim) consacre de longs développements à ces négociations.

(2) Voir dans la Huguerye (*Mémoires*, t. III, p. 39-41) les lettres de Théodore de Bèze et de Louis de Rochechouart, sieur de Montigny, à Casimir de Bavière, hostiles à tout accommodement avec le duc de Lorraine.

(3) Lettre originale de Gaspard de Schomberg à Henri III, du 29 août 1587, *Bibl. Nat., fonds français 4734*, fol. 271.

disposés à tous les sacrifices pour détourner l'orage de leur pays, les dames et demoiselles se résignaient même à l'abandon de leurs joyaux, mais l'arrivée du duc de Guise, paraît-il, fit tout manquer (1).

Sur ces entrefaites les Français, pour couper court aux pourparlers commencés, s'étaient emparés de Phalsbourg que le duc de Lorraine venait d'acquérir du comte palatin Georges Jean, et avaient retenu dans leur camp le capitaine Stephen, gouverneur de cette place, mais ils ne tardèrent pas à le relâcher (2).

Du 25 au 26 août, l'armée confédérée s'avança de Lixheim (3) à Eich (4); l'avant-garde commandée par le comte la Marck, frère du duc de Bouillon, était logée entre Sarrebourg et Blamont, et le gros de l'armée se trouvait entre la Petite Pierre et Sarrebourg; le 26 au matin, l'un des capitaines lorrains occupés à battre la campagne, faillit surprendre le logis du colonel Bernsdorff, qui avait sous ses ordres cinq cornettes, c'est-à-dire environ huit cents chevaux de combat, l'entreprise n'échoua que par la rencontre fortuite d'un convoi de 50,000 pains adressé aux Suisses par le comte d'Hanau, convoi qui encombrait les chemins (5). Tout cet attirail de vivres, énorme en apparence, ne devait faire en quelque sorte qu'une bouchée; d'après le tableau dressé par les soins de la Huguerye (6), les seuls

(1) A. de Ruble, *Mémoires de Michel de la Huguerye*, t. III, p. 85.

(2) Lettre de Schomberg, *Bibl. Nat.*, *fonds français 4734*, fol. 271.

(3) Lixheim, Meurthe, arr. de Sarrebourg, cant. de Phalsbourg.

(4) Eich, Meurthe, arr. et cant. de Sarrebourg, c^ne^ de Reding.

(5) Lettre originale du duc de Guise à Henri III, du 27 août 1587, *Bibl. Nat.*, *fonds français 4734*, fol. 267.

(6) A. de Ruble, *Mémoires de Michel de la Huguerye*, t. III, p. 78.

régiments suisses consommaient par jour 40,000 livres de pain, 20,000 livres de viande et 104 queues de vin. Le sieur de Rosne arrêté par ce convoi qui l'empêcha de donner suite à son projet, dispersa l'escorte et renversa toutes ces munitions de bouche dans la rivière de la Sarre. A la date du 28 août, les protestants n'avaient pas bougé et se tenaient toujours dans leurs quartiers d'Eich, serrés de près par les chevau-légers du duc de Lorraine et les Albanais (1). Ce même jour, un peu avant minuit, a la suite d'une reconnaissance ordonnée par le duc de Guise, le sieur de Rosne, le capitaine La Routte, gouverneur de Marsal, et le baron de Schwartzemberg à la tête de 400 lances, tentèrent un coup de main sur le quartier du colonel Boock; les reîtres avertis s'étaient retranchés derrière leurs chariots et se défendirent vigoureusement, les uns à l'aide de leurs lances, les autres avec leurs coutelas, le combat fut assez rude, l'un des capitaines lorrains, le baron de Schwartzemberg, renversé de cheval, perdit quarante des siens, mais l'avantage resta aux assaillants. Les reîtres mis en déroute perdirent presque tout leur bagage, et la cornette de leur chef, tombée au pouvoir des vainqueurs, fut envoyée tout aussitôt au roi par le duc de Guise « pour tesmoigner, suivant le langage de la Châtre (2), que ces forces estrangeres s'avançoient » et pour hâter en même temps l'envoi des secours promis; une autre cornette dont le porteur avait été tué d'un coup de lance par le capitaine La Routte, s'égara au milieu

(1) Lettre du duc de Guise à Henri III, du 27 août 1587, *Bibl. Nat., fonds français 4734*, fol. 267.

(2) Claude de la Châtre, *Discours sur les faits advenuz en 1587*, p. 20.

du tumulte et de la confusion. Cet échec infligé aux reîtres, irrita profondément les Allemands et eut pour résultat immédiat de rompre toutes négociations, comme le fit remarquer Schomberg dans sa lettre du 29 août au roi de France :

« Je crains que les reistres, ayants receu ceste escorne, songeront plus à se venger qu'à negotier. »

Les premiers succès obtenus par le duc de Guise sur les protestants furent grossis par la renommée et l'imagination ardente des ligueurs se plut à en exagérer l'importance (1) ; l'un de ces fervents catholiques qui ne rêvaient que l'extermination des hérétiques, le chanoine Pépin mentionne dans son journal (2) l'entrée en Lorraine du camp des reistres huguenots au service du roi de Navarre, « lesquels, dit-il, ont eu quelque rencontre avec M. de Guise et ont commencé à estre chargés tant du duc de Guise que du duc de Lorraine. Dieu veuille, s'écrie le ligueur Dijonnais dans un élan d'enthousiasme, leur donner victoire à l'encontre de ces chiens Allemans, huguenots et voleurs. »

Au début de la campagne, l'incertitude la plus complète enveloppait les desseins de l'armée allemande, on croyait généralement que le duc de

(1) L'auteur d'une plaquette intitulée *Sommaire discours de toutes les deffaictes des reistres* racontant la mêlée du 28 août dit que « l'execution fut telle qu'il demoura du costé des reistres 500 hommes estendus sur la place, sans aucune perte des nostres, et VI xx qui furent menés prisonniers », Cimber et Danjou, *Archives curieuses de l'histoire de France*, t. XI, p. 271. Par contre l'un des Allemands, Dietrich Clotz, l'un des fils du colonel Clotz, dans une lettre adressée au duc de Brunswick (*fonds français 4685*, fol. 84), atténue singulièrement le chiffre des pertes éprouvées par les reitres qu'il réduit à huit hommes, tandis que les catholiques auraient laissé environ une centaine de morts ou prisonniers.

(2) *Joseph Garnier, Analecta Divionensia, Livre de souvenance de Pépin*, t. I, p. 36.

Bouillon avait formé le projet de retenir cette armée autour de Sedan et de l'employer à son profit, en attendant le moment favorable pour passer en Champagne et en Picardie (1). Le duc de Guise partageait cette conviction, et dans une dépêche du 27 août à l'adresse d'Henri III (2), où il exprimait ses craintes à ce sujet, il transmettait au roi le double de lettres saisies sur un maréchal des logis du duc de Bouillon, montrant clairement que les protestants se proposaient de diriger leur course vers Jametz et Sedan pour entrer par ce côté là en France. Le Balafré pensait qu'ils viendraient mettre le siège devant Verdun ou Mouzon, places jugées très-mauvaises, difficiles à défendre, et dans cette éventualité ne cachait pas son intention de renforcer la garnison de Verdun, de manière à faire payer cher aux Allemands toute tentative de ce genre; une seule difficulté préoccupait son esprit, c'était la présence de la peste qui sévissait dans cette ville avec une telle intensité que cent cinquante maisons se trouvaient atteintes par le fléau. Le duc de Guise terminait sa missive au roi par cette allusion à l'itinéraire des confédérés : « Nous verrons s'ilz tireront pour gagner le hault des rivieres vers Lengres dans le cueur de ce pays ou vers la Meuze. »

A la fin du mois d'août, l'armée allemande était déjà depuis cinq jours cantonnée aux environs de Sarrebourg (3); cette place assiégée le 29 ou 30 août

(1) Mémoire du duc de Guise au roi, du 6 août 1587, *Bibl. Nat., fonds français 4734*, fol. 241.

(2) Lettre originale, écrite de Nancy, *Bibl. Nat., fonds français 4734*, fol. 267.

(3) Et non Sarrebruck, comme le veulent plusieurs historiens, notamment Zurlauben, *Histoire militaire des Suisses*, t. v, p. 160,

à l'instigation de Guitry, se rendit sans coup férir et fut mise au pillage par les Français du duc de Bouillon qui jetèrent les meubles par dessus les murailles, et y firent bombance au grand déplaisir des Suisses et des Allemands, « se voyans mourir de faim, pendant que les François faisoient bonne chère » (1). Les approvisionnements de pain et de farine trouvés à Sarrebourg permirent à l'armée de se ravitailler pour quelques jours.

Après la prise de Sarrebourg, le baron d'Haussonville qui au début de l'invasion avait été envoyé pour soutenir le premier choc, craignit d'être enveloppé par des forces supérieures et se replia sur Lorquin; dans cette retraite, son arrière-garde attaquée près de Saint-Quirin, subit un échec assez sérieux et perdit sept enseignes qui furent portées à Strasbourg. Claude de la Châtre et Michel de la Huguerye qui, dans des camps opposés, racontent les moindres incidents du passage de l'armée protestante, gardent le silence sur ce combat défavorable aux Lorrains, dont il n'est fait mention que dans un écrit anonyme intitulé, *Avertissement sur les événements notables*, et qui se trouve inséré dans les *Mémoires de la Ligue* (t. II, p. 209).

Le 31 août, un régiment de Suisses et un régiment français commandé par Cormont de Villeneuve, fils du maréchal de camp de ce nom, vinrent prendre position sous les murs du château de Blamont qu'ils espéraient enlever par escalade comme

d'Haussonville, *Histoire de la réunion de la Lorraine à la France*, t. I, p. 40.

(1) Claude de la Châtre, *Discours sur les faits advenuz en 1587*, p. 24; A. de Ruble, *Mémoires de Michel de la Huguerye*, t. III, p. 95-96.

Sarrebourg (1), mais l'attitude résolue du châtelain (2) les décida à renoncer à ce projet. Suivant les informations recueillies par le duc de Guise (3), les ennemis pointèrent leur artillerie contre la place, mais se retirèrent sans la battre en brèche, probablement faute de munitions. D'après Claude de la Châtre (4) le siège à peine commencé fut levé tout aussitôt, le capitaine du château ayant tué plus de 200 des assiégeants.

Le 1er septembre, l'armée coalisée laissa de côté Blamont et vint se loger à Ogéviller et Herbéviller (5), pendant que les Suisses formant, suivant leur habitude, un corps séparé, s'installaient au château de Gerbéviller qu'ils mettaient au pillage (6).

Depuis l'échec infligé au colonel Boock, les Allemands se tenaient sur leurs gardes et n'avançaient qu'avec une extrême lenteur, en huit jours ils n'avaient fait que six lieues (7), leur marche était aussi entravée par l'extrême difficulté qu'ils éprouvaient à se procurer des vivres; trouvant la campagne déserte, les fours et moulins partout

(1) A. de Ruble, *Mémoires de Michel de la Huguerye*, t. III, p. 98.

(2) Jacques Kiecler, suivant l'éditeur des *Mémoires de la Huguerye*, ou Mathias Klopstein, d'après Digot, *Histoire de Lorraine*, t. IV, p. 240.

(3) Lettre originale du duc de Guise à Henri III, du 3 septembre 1587, *Bibl. Nat., fonds français 4734*, fol. 277.

(4) Claude de la Châtre, *Discours sur les faits advenuz en 1587*, p. 25.

(5) Ogéviller et Herbéviller, Meurthe, arr. de Lunéville, cant. de Blamont.

(6) A. de Ruble, *Mémoires de Michel de la Huguerye*, t. III, p. 107-114.

(7) Lettre originale du duc de Guise à Henri III, du 3 septembre 1587, *Bibl. Nat., fonds français 4734*, fol. 277.

rompus, les Allemands devaient battre les blés, les faire moudre, non sans peine et non sans danger, fabriquer eux-mêmes leur pain, de sorte que la plupart du temps ils se contentaient de mauvaises galettes cuites sous la cendre (1). En dépit de tous ces obstacles, les reîtres approchaient de Lunéville, et à la date du 3 septembre n'en étaient plus qu'à une lieue; la défense de cette place avait été confiée au baron d'Haussonville qui s'y était jeté avec un corps de 2000 arquebusiers, et avait élevé à la hâte quelques fortifications légères afin d'arrêter l'ennemi dans sa marche sur le bourg de Saint-Nicolas que l'on croyait menacé. Pendant ce temps, le duc de Guise se proposait de tenir la campagne avec une partie de sa cavalerie et d'inquiéter l'ennemi sur ses flancs; encore incertain à ce moment de la route que devait suivre l'armée allemande, il ne tarda pas à être fixé à cet égard. Arrivé à Lunéville, il apprit que les protestants commençaient à dessiner un mouvement vers Langres et la Bourgogne.

Durant sa marche à travers la Lorraine, l'armée d'invasion suivit une tactique assez singulière, malgré l'avantage du nombre, elle n'entreprit aucune opération militaire, se gardant bien d'attaquer les places importantes, évitant même toute occasion de combattre les forces commandées par le duc de Guise et se bornant à saccager le pays. En revanche, autant les Allemands se montraient prudents et circonspects dans leurs mouvements, autant leur adversaire, nuit et jour à cheval, harcelait sans cesse les envahisseurs, et malgré l'infériorité de ses forces, se hasardait souvent avec la témérité d'un chef de partisans.

(1) Claude de la Châtre. *Discours sur les faits advenuz en 1587*, p. 29.

C'est ainsi que les protestants passèrent à côté de Lunéville sans diriger contre cette place la moindre attaque, et arrivèrent auprès du village de Damelevières (1), devant lequel se tenait en observation le duc de Guise qui venait de Saint-Nicolas où il avait passé trois jours avec la gendarmerie française et les 1200 lances flamandes du marquis d'Havré (2). Le 5 septembre au matin, lancé à la poursuite des fourrageurs de l'armée ennemie, il poussa une pointe jusque dans les tentes de leurs lansquenets et se trouva face à face avec dix cornettes de reîtres rangées en bataille, mais comme ses forces étaient très-inférieures, il se contenta d'observer ses adversaires. Le soir venu, le Balafré ayant remarqué que les Allemands avaient négligé d'occuper un village à proximité de leurs quartiers, proposa à ses lieutenants La Châtre, Schomberg, Bassompierre et Monberaut, une entreprise fort audacieuse pour ne pas dire téméraire; il voulait embusquer quelques arquebusiers dans les maisons de ce village, gagner avant le jour la place de combat des reîtres et lansquenets, les faire attaquer dès l'aube par ses arquebusiers, et profiter de la dispersion des reîtres dans leurs quartiers ainsi que de leur désarroi pour les tailler en pièces. Au dernier moment, les Flamands arguant de leur extrême fatigue, soulevèrent certaines difficultés, et l'exécution du projet fut remise au lendemain soir, mais l'ennemi partit à la pointe du jour, ce qui nous fit perdre, observe le duc de Guise, « une grande et belle occasion » (3). Si le duc resta sur la défensive, ce

(1) Damelevières, Meurthe, arr. de Lunéville, cant. de Bayon.

(2) Lettre originale du duc de Guise à Henri III, du 6 septembre 1587, *Bibl. Nat., fonds français 4734*, fol. 281.

(3) Lettre originale du duc de Guise à Henri III, du 6 septembre 1587, *Bibl. Nat., fonds français 4734*, fol. 281.

ne fut point, comme le donne à entendre M. Digot (1) dans la crainte « d'engager une action dont le succès était douteux, » mais il ne put livrer bataille par suite du départ précipité de l'armée ennemie qui dérangea tous ses plans.

Au lieu de marcher sur Nancy, les protestants s'éloignèrent, et après avoir incendié l'abbaye de Belchamps (2) pour tirer vengeance des embuscades qui leur avaient été dressées, tournèrent du côté de Bayon et de Charmes sur la Moselle; ce changement de front s'effectua sous une pluie torrentielle qui gêna beaucoup la marche des bandes allemandes encombrées de lourds bagages (3), et les confédérés arrivèrent ainsi à Pont-Saint-Vincent, gros bourg sur la Moselle au confluent du Madon.

Le 7 septembre (et non le 18 comme le marque M. Digot (4),) eut lieu le passage de Pont-Saint-Vincent (5), où l'action faillit devenir générale et où les Allemands manquèrent l'occasion qui s'offrit à eux d'écraser les forces lorraines imprudemment engagées.

Le duc de Guise s'était posté sur un côteau sur-

(1) A. Digot, *Histoire de Lorraine*, t. IV, p. 240; voir aussi Claude de la Châtre, *Discours sur les faits advenuz en 1587*, p. 29-34

(2) Belchamps, Meurthe, arr. de Lunéville, cant. de Bayon, c^ne^ de Méhoncourt, et non Béchamp dans la Moselle, cant. de Conflans, comme l'imprime l'éditeur des *Mémoires de la Huguerye*, t. III, p. 125.

(3) A. de Ruble, *Mémoires de Michel de la Huguerye*, t. III, p. 125.

(4) A. Digot, *Histoire de Lorraine*, t. IV, p. 241. La Huguerye dans ses Mémoires indique la date du 28 août (vieux style) qui correspond bien au sept septembre.

(5) Claude de la Châtre, *(Discours sur les faits advenuz en 1587*, p. 33 et suivantes), raconte avec détails cette opération. (Voir aussi une lettre du duc de Guise, du 9 septembre 1587, *Archives Nationales, fonds de Simancas, K 1565, n° 47.*

monté par l'ermitage de Sainte-Barbe et dominant une petite plaine où coule la rivière du Madon qu'il ne croyait pas guéable, son armée rangée en bataille au pied de la colline s'appuyait d'un côté à la Moselle, de l'autre à Bainville; aux deux extrémités de cette ligne se trouvaient des moulins où s'étaient retranchés un certain nombre d'arquebusiers.

Pendant deux jours les armées restèrent en observation, se tenant de part et d'autre sur la défensive; la première journée se passa en escarmouches aux abords des moulins qui furent enlevés de vive force; le second jour seulement, les huguenots voyant que le passage ne leur serait pas sérieusement disputé, commencèrent leur mouvement sur les deux heures après midi et franchirent la rivière dans l'ordre suivant, la cavalerie française en tête suivie des reîtres, ensuite dix-huit ou vingt enseignes d'infanterie conduites par de Mouy, piètres et assez mauvais soldats, puis un régiment de lansquenets, enfin deux bataillons suisses. Dès que ces troupes eurent pris position de l'autre côté du Madon, le baron de Dohna fit avancer neuf petites pièces de campagne et tirer quelques volées sur les arquebusiers embusqués dans les vignes. Après cette démonstration, à la tombée de la nuit les protestants repassèrent la rivière et s'établirent dans leurs campements de la nuit précédente, tandis que les catholiques, quittant la colline Sainte-Barbe, se retirèrent au-delà de la Moselle à Chaligny et dans les villages voisins (1). Les pertes éprouvées des deux côtés dans ces engagements partiels furent peu considérables, cependant dans le camp français, le

(1) A. Digot, *Histoire de Lorraine*, t. IV, p. 243.

sieur de Mouy reçut une arquebusade qui lui brisa la cuisse, et les Lorrains eurent à déplorer la perte du sieur de Salerne qui s'aventura dans les lignes ennemies, fut lardé de quinze coups d'épée et laissé mort sur la place.

Le duc de Guise dans une dépêche importante adressée à Henri III, dépêche qu'il rédigea le 9 septembre en présence des sieurs de la Châtre, de Schomberg, de Monberaut et de Bassompierre (1), rendit compte des incidents de cette journée et prétexta la lenteur des mouvements des compagnies flamandes qui l'empêcha d'attaquer l'avant-garde ennemie au moment où elle effectuait son passage; la vérité est que dans le camp lorrain le duc Charles III et le marquis d'Havré, après avoir envisagé les difficultés du terrain qui ne permettaient à la cavalerie placée sur le penchant de la colline, de descendre qu'à la file et par un chemin étroit et malaisé, jugèrent qu'il valait mieux ne pas engager l'action puisqu'on n'y était pas contraint. Quant aux Allemands, de l'aveu de tous les chroniqueurs, ils laissèrent échapper l'occasion d'en venir aux mains avec les forces lorraines réunies, et de remporter sur le duc de Guise un succès signalé. Claude de la Châtre, son maréchal de camp, reconnaît que les confédérés, en n'attaquant pas l'armée lorraine, commirent une lourde faute, et que les catholiques obligés d'accepter le combat, se seraient trouvés dans un fort mauvais pas (2). Si nous en croyons La Huguerye (3), les colonels Clotz et Rumpff, qui comman-

(1) Lettre originale à Henri III, *Bibl. Nat., fonds français 4734*, fol. 286.

(2) Claude de la Châtre, *Discours sur les faits advenuz en 1587*, p. 66.

(3) A. de Ruble, *Mémoires de Michel de la Huguerye*, t. III, p. 135.

daient l'avant-garde des Allemands et qui nourrissaient une animosité personnelle contre le duc de Guise, brûlaient du désir de se mesurer avec leur adversaire, mais les Français donnant pour prétexte le manque d'arquebusiers ne s'en souciaient point et usèrent « de longueurs artificieuses pour eviter le combat, verifians le dire du sieur d'Haussonville et n'ayans pas tant cœur au combat qu'à brusler. » C'est à tort que La Huguerye dont le témoignage nous semble quelque peu suspect, accuse les Français; d'après les correspondances de Guitry (1), d'après le mémoire justificatif du sieur des Réaux (2), l'effort que les Français voulaient tenter contre le duc de Guise échoua par le mauvais vouloir du feld-maréchal Rumpff qui refusa d'envoyer ses troupes à l'assaut. L'extrême lenteur et la mollesse des Suisses qui ne marchaient qu'à contre cœur ne contribuèrent pas moins à rendre impossible toute attaque d'ensemble.

En somme, la cause réelle de ces tergiversations qui lors du passage de Pont-Saint-Vincent, empêchèrent une action sérieuse et qui pesèrent sur toute la campagne, doit être cherchée dans le défaut de cohésion des forces composant l'armée confédérée, ce défaut éclatait à tous les yeux; à ce sujet, le duc de Guise écrivait au roi le 6 septembre : « Les advis portent qu'ilz ont une armée fort divisée et desunye et qui va en extreme crainte. » (3).

Au moment où les deux camps s'étaient trouvés en présence et avaient pu s'examiner à leur aise, Henri de Lorraine constatait par ses propres yeux

(1) Lettre de Guitry à Ligny, du 26 décembre 1587, *Bibl. Nat., fonds français 4142*, fol. 657.

(2) Mémoire du sieur des Réaux, *Bibl. Nat., V c Colbert*, fol. 136,

(3) Lettre originale du duc de Guise à Henri III, du 6 septembre 1587, *Bibl. Nat., fonds français 4734*, fol. 281.

que l'armée protestante, quoique déjà bien diminuée par les maladies, comptait encore dans ses rangs 5 à 6,000 reîtres, 300 lances françaises, 3 à 400 arquebusiers à cheval, 15 ou 1600 à pied, 4000 lansquenets et environ 10 à 11,000 Suisses. Toute cette armée souffrait beaucoup du mauvais temps et de la difficulté du ravitaillement. Fort heureusement les huguenots rencontrèrent d'importantes ressources dans leurs quartiers de Pont-Saint-Vincent où ils séjournèrent quelques jours; ayant appris que dans un village voisin du nom de Maizières (1) se trouvait un château appartenant au chapitre de Toul, abondamment pourvu de vivres et de vin, ils y accoururent en foule et se hâtèrent de profiter d'une telle aubaine. Claude de la Châtre, qui était resté à Pont-Saint-Vincent avec 5 ou 600 arquebusiers, fut informé de cette curée et se transporta à Maizières avec un détachement; il fit irruption dans deux villages remplis de Suisses, de reîtres et lansquenets, ivres pour la plupart, qu'il n'eut pas grand peine à tuer, mais affriandés par le vin et cédant à une tentation irrésistible, les Allemands y retournèrent le lendemain en plus grand nombre, sous bonne escorte, le duc de Guise avisé du fait monta à cheval en personne « pour avoir sa part du plaisir », seulement il arriva trop tard, les fourrageurs avaient décampé ne laissant que quelques ivrognes dans les maisons (2).

Tant qu'ils vécurent au milieu des provinces lorraines, reîtres et lansquenets traitèrent les états du duc Charles III en pays conquis, ils ne savaient, pour employer l'expression pittoresque du duc de

(1) Maizières-les-Toul, Meurthe, arr. et cant. de Toul.

(2) Claude de la Châtre, *Discours sur les faits advenus en 1587*, p. 61.

Guise (1), que *branqueter* les villes ouvertes, se gardant soigneusement d'aborder les places fortes et châteaux, et s'entendaient à merveille pour brûler et saccager tout sur leur passage. D'après La Huguerye, les Français que ce chroniqueur incrimine tout particulièrement, semblaient n'avoir d'autre objectif que l'incendie et la submersion de tout ce pays, le duc de Bouillon, leur chef, non content de fermer les yeux sur la destruction des villages par le feu, avait même proposé de lâcher l'étang de Lindre près de Dieuze et ne renonça, paraît-il, à la réalisation de cette idée que sur les remontrances de Clairvant, lequel lui aurait objecté que la basse ville de Metz serait noyée (2). Dans toute la Lorraine, l'exaspération fut générale, le baron d'Haussonville, qui plus qu'aucun autre, eut à se plaindre des incendies allumés par les soldats français, notamment dans son village d'Haroué (3), laissa échapper ces paroles significatives: « On verra si ces brusleurs auront aultant de courage de combattre que de brusler et ruiner tant de pauvres gens, desquelz les larmes montent au ciel et crient vengeance » (4).

Suivant Schomberg qui fait un lamentable tableau des ruines accumulées en Lorraine par l'invasion, Charles III était tellement indigné de l'embrasement de son duché qu'il ne songeait qu'à tirer vengeance de M. Bouillon et de son armée pour apaiser les cris de désespoir poussés par son peuple (5).

(1) Lettre autographe du duc de Guise à Pierre Brûlard, du 19 septembre 1587, *Bibl. Nat., fonds français 4734*, fol. 301.

(2) A de Ruble, *Mémoires de Michel de la Huguerye*, t. III, p. 123.

(3) Le village d'Haroué (Meurthe, arr. de Nancy, ch. l. de cant.) fut brûlé le 9 septembre par le colonel Villeneuve, au moment de son départ. (Cf. *Mémoires de la Huguerye*, t. III, p. 142, 195.)

(4) A. de Ruble, *Mémoires de Michel de la Huguerye*, t. III, p. 123.

(5) Lettre originale de Schomberg à Henri III, du 13 septembre 1587, *Bibl. Nat., Vc Colbert 10*, fol. 213.

Le duc de Guise rend le même témoignage de l'irritation extrême que manifestait contre les protestants le duc de Lorraine, « lequel, écrit-il, est si picqué contre eux, que s'il savoit sa mort certaine, il s'arrêteroit pour en avoir raison (1).

En présence de ces incendies qui consumaient les villages lorrains, de cette dévastation systématique de tout un pays, faudra-t-il s'étonner de voir à la fin de cette même année 1587 le marquis du Pont exercer de terribles représailles et mettre à feu et à sang les terres de l'un des princes protestants qui avaient concouru à cette levée de boucliers si désastreuse pour la Lorraine. Nous voyons ces représailles en quelque sorte justifiées par un chroniqueur bourguignon appartenant au parti de la Ligue, qui dans son journal mentionne la poursuite des reîtres par le marquis de Pont, fils du duc de Lorraine, « parce que, dit-il, ils ont gasté la plus part de son pays et bruslé aucuns monastères, abbayes, eglises et villages » (2). Pendant l'invasion du comté de Montbéliard, plusieurs capitaines de l'armée des Guises répondirent à ceux qui leur remontraient « le tort qu'ilz avoient de brusler les villages de la conté de Montbeliard », que Frédéric de Wurtemberg était prince d'Allemagne, que tous les princes allemands s'étaient ligués pour venir en France et qu'en Lorraine ils avaient beaucoup brûlé, que le même comte avait été en ambassade en France pour l'armée protestante et avait autorisé des levées sur ses terres contre la Lorraine (3).

(1) Lettre autographe du duc de Guise à la Reine Mère, du 13 septembre 1587, *Bibl. Nat., fonds français 4734*, fol. 297.

(2) Joseph Garnier, *Analecta Divionensia, Livre de souvenance de Pépin*, p. 40.

(3) Déposition d'aulcungs subjectz de ce qu'ilz ont ouy dire au camp touchant l'entreprinse du marquis de Pont contre Montbéliard, *Arch. Nat., fonds Montbéliard, K 1967*.

Bien que La Huguerye et Schomberg, le premier dans ses Mémoires, le second dans sa correspondance, s'accordent pour faire retomber sur les seuls Français la responsabilité de pareils excès, devons-nous croire, comme le voudrait La Huguerye (1) « que les Alemandz n'estoient aulcunement suspectz de telz desordres. » Pour qui connaît les habitudes des mercenaires du XVIe siècle, ni les reîtres, ni les lansquenets n'étaient à l'abri de reproches de cette nature, et il serait injuste, ce nous semble, de rejeter sur les réformés français tout l'odieux des incendies allumés en Lorraine.

Lorsque les protestants eurent renouvelé leurs provisions de blé et de farine, ainsi que les attelages hors de service de leur artillerie (2), ils sortirent de Lorraine et s'avancèrent du côté des terres françaises, mais la persistance des pluies qui détrempaient les chemins rendait leur marche si pénible et si fatigante qu'ils mirent cinq jours à faire une lieue et demie, sans compter que le duc de Guise, avec son activité infatigable, ne leur laissait ni trève ni relâche, les serrait même de si près qu'ils étaient réduits à se grouper dans quatre villages (3), et par conséquent obligés, malgré la pluie, de camper en plein air, ce qui augmenta, dans une proportion énorme, la mortalité des hommes et des chevaux. Aussi, dans toutes ses dépêches à Henri III, le Balafré ne cesse de répéter que, s'il avait vivres et argent, il se ferait fort de battre à plate couture cette armée dans moins de vingt jours (4).

(1) A. de Ruble, *Mémoires de Michel de la Huguerye*, t. III, p. 186.

(2) A. de Ruble, *Mémoires de Michel de La Huguerye*, t. III, p. 142.

(3) Lettres originales du duc de Guise à Henri III, des 9 et 10 septembre 1587, *Bibl. Nat., fonds français 4734*, fol. 286, 293.

(4) Lettre autographe du duc de Guise à Pierre Brûlard, du 10 septembre 1587, *Bibl. Nat., fonds français 4734*, fol. 295.

Jusqu'à ce moment, le roi plus désireux d'entraver que d'aider le duc de Guise, s'était contenté de lui envoyer un renfort de deux ou trois compagnies de gendarmerie et une assignation de 12,000 écus pour le rembourser des avances qu'il avait dû faire à raison des levées de gens de guerre (1), Henri de Lorraine se plaignait constamment de n'avoir ni chevaux ni chariots pour le transport des vivres, ce qui paralysait tous ses mouvements (2).

Après le passage de Pont-Saint-Vincent, les chefs de l'armée confédérée, réunis en conseil, discutèrent la route à suivre. La Huguerye, soutenu par le duc de Bouillon, proposait de se retirer du côté de Sedan pour y attendre des renforts d'Allemagne et passer ensuite en Picardie; Guitry, au contraire voulait entrer en Champagne et se diriger vers la Loire, avec la pensée de rejoindre le roi de Navarre, son avis prévalut. L'armée se mit en marche du côté de la Champagne, le 13 septembre au soir son avant-garde arrivait près de Neufchâteau (3), et vers le milieu de septembre, le gros de l'armée venait camper à une lieue de Joinville autour de l'abbaye de Saint-Urbain appartenant au cardinal de Lorraine.

Le duc de Guise apprit à Sorcy (4) l'invasion de la principauté de Joinville et fut pris d'inquiétude en voyant ses plus mortels ennemis logés dans ses terres, aux portes de sa principale maison, c'est-à-dire de Joinville, absolument dégarnie de ses habi-

(1) Nouvelles du camp du duc de Guise, dépêches des 9 et 23 septembre 1587, *Archives Nationales, fonds de Simancas, K 1565*, n°s 47, 57.

(2) Lettre autographe du duc de Guise à Pierre Brûlard, du 19 septembre 1587, *Bibl. Nat., fonds français 4734*, fol. 301.

(3) Lettre autographe du même à la Reine Mère, du 13 septembre 1587, *Bibl. Nat., fonds français 4734*, fol. 297.

(4) Sorcy, Meuse, arr. de Commercy, cant. de Void.

tants qui avaient fui les ravages de la peste; malgré des conditions aussi défavorables, le Balafré trouva moyen « d'y couler la nuit deux ou trois cents arquebusiers, » pendant qu'il s'installait lui-même avec 1000 lances et 1200 arquebusiers à Moutiers-sur-Saux (1), gros village à deux lieues de Joinville et de Saint-Urbain, pour être à même de secourir Joinville, si cette place se trouvait menacée » (2). Mais, soit à cause du mauvais temps, soit pour toute autre raison, les protestants n'osèrent s'éloigner de leurs quartiers, ne hasardèrent même aucune attaque contre Joinville, quoique leur artillerie fut à un quart de lieue de cette ville, et, qui plus est, obéissant on ne sait trop à quels scrupules, respectèrent la principauté de Joinville où ils ne brûlèrent pas une maison, à la grande stupéfaction du duc de Guise qui mandait au roi le 9 septembre: « Jusques à ceste heure je puis dire avoir esté aultant favorisé d'eulx que nul autre, n'aians pris ung poullet à rien qui m'appartienne » (3).

Par contre, l'abbaye de Saint-Urbain devint la proie des flammes (4).

Pendant ce temps se préparait un événement de la plus haute importance, nous voulons parler de

(1) Moutiers-sur-Saux, Meuse, arr. de Bar-le-Duc, ch. l. de cant.

(2) Claude de la Châtre, *Discours sur les faits advenuz en 1587*, p. 67-68.

(3) Lettre originale du duc de Guise à Henri III, du 19 septembre 1587, *Bibl. Nat., fonds français 4734*, fol. 299.

(4) « En ce temps, dit Pierre de l'Estoile, les Alemans et Suisses passans par la Champagne, pillèrent et bruslèrent l'abbaie de Saint-Urbin, appartenant au cardinal de Guise, lequel, pour s'en revenger, fist brusler en sa présence le chasteau de Breine, sis à trois ou quatre lieues de Chasteau Thierri. » Ce fut après la mort du comte de la Marck que le cardinal usa de représailles, malgré les représentations de la dame de Maulevrier, héritière en perspective du duc de Bouillon, *Mémoires-Journaux de Pierre de l'Estoile,* nouvelle édition, t. III, p. 67.

la jonction de François de Châtillon avec l'armée allemande. L'entrée en ligne de ce capitaine huguenot, dont la haute valeur personnelle était universellement reconnue, préoccupait vivement le duc de Guise. Dans une lettre du 10 septembre, ce prince parle du passage de Châtillon à Genève, s'est gran malheur, dit-il, que sy petite troupe aiet traversé, sans estre combatue et batus, tant de troupes et armées de Vostre Majesté (1). Trois jours après, écrivant à la Reine Mère, le Balafré annonçait l'arrivée de Châtillon que les Allemands attendaient avec une vive impatience « le plus gran secours, dit-il, qui promtement leur eut seu arriver pour la seurté de leur logis, qu'à toutes heures nous attaquions, c'est une grande faute, ajoute-t-il, d'un sy long passage premedité il y a catre moys » (2). Effectivement Châtillon accourait du fond du Dauphiné à la tête de 21 compagnies formant un effectif de 1200 arquebusiers, de 60 gendarmes armés de cuirasses et de 120 arquebusiers à cheval.

Cette marche audacieuse et rapide exécutée par ce vaillant capitaine au cœur du pays ennemi, est un des plus beaux faits de guerre de cette campagne. Parti le 25 août, François de Châtillon traversa en dépit de tous les obstacles, la Savoie, la Franche-Comté, où il fut attaqué près de Luxeuil et obligé de passer sur le ventre de la « canaille » qui lui barrait la route (3), entra en Lorraine et y chemina deux jours à la recherche de l'armée protestante. Arrivé en Bourgogne près du château de Griselles (4) qu'il fit

(1) Lettre autographe du duc de Guise à Henri III, du 10 septembre 1587, *Bibl. Nat., fonds français 4734*, fol. 293.

(2) Lettre autographe du duc de Guise à la Reine Mère, du 13 septembre 1587, *Bibl. Nat., fonds français 4734*, fol. 297.

(3) Panthéon littéraire, *Mémoires de Jacques Pape, seigneur de Saint-Auban.*

(4) Griselles, Côte-d'Or, arr. de Châtillon-sur-Seine, cant. de Laignes.

occuper par un de ses lieutenants Jacques Pape, seigneur de Saint-Auban, il s'y retrancha, attendant la venue des reîtres qui devaient lui faire escorte et lui permettre de rejoindre ses coreligionnaires. En effet, le 16 septembre, pendant que l'armée confédérée quittait les environs d'Echenay (1) pour se rendre à Vaux (2), Clervant reçevait de François de Châtillon une lettre annonçant son arrivée à Griselles et sollicitant l'envoi de quelques forces qui favoriseraient sa jonction avec l'armée (3); on tint conseil et on décida le départ immédiat de deux régiments de reîtres commandés par les colonels de Werden et de Dommartin, avec 500 chevau-légers et arquebusiers à cheval sous les ordres du capitaine Beaujeu et du baron de Lanques (4). Le comte de la Marck, malgré le triste état de sa santé, revendiqua l'honneur de conduire cette troupe.

Tandis que s'organisait cette expédition, Clairvant préparait un coup de main sur Chaumont, et laissant le gros de ses forces à Saint-Urbain et Gudmont (5), prenait avec lui un détachement composé de 200 corcelets suisses avec hallebardes, tous montés, de 200 arquebusiers à cheval et de 100 cavaliers français; l'entreprise qu'il avait combinée échoua par suite de l'intempérance des Suisses qui s'étant enivrés, se perdirent dans les bois et revinrent à leurs logis de Gudmont. Pareille mésa-

(1) Echenay, Haute-Marne, arr. de Vassy, cant. de Poissons.

(2) Vaux-sur-Saint-Urbain, arr. de Vassy, cant. de Doulaincourt.

(3) A. de Ruble, *Mémoires de Michel de La Huguerye*, t. III, p. 164.

(4) Et non pas *Langue*, qui est l'orthographe adoptée par le savant éditeur des *Mémoires de la Huguerye*, t. III, p. 170; il s'agit d'Antoine de Choiseul, baron de Lanques (dans la Haute-Marne), qui connaissait bien la topographie du pays, ainsi que le dit La Huguerye.

(5) Gudmont, Haute-Marne, arr. de Vassy, cant. de Doulaincourt, et non Curmont, même département, arr. de Chaumont.

venture arriva au corps placé sous les ordres du comte de la Marck, les reîtres, incommodés par l'obscurité de la nuit et une pluie torrentielle, s'égarèrent dans les bois, et ne pouvant plus retrouver la piste de la cavalerie française, retournèrent dans leurs quartiers (1). Ce fâcheux incident contraria vivement le comte de la Marck qui fut obligé de s'arrêter et dépêcha en toute hâte le sieur de Betencourt, lieutenant de sa cornette, au château de Gudmont, où se trouvait le quartier général, pour presser le départ de toute l'armée.

Le samedi 19 septembre, les confédérés traversèrent la Marne à Villiers, passèrent à Roches-sur-Rognon, Saint-Blin (2), Chalvraines (3), cotôyés par le duc de Guise qui s'était embusqué d'abord dans les bois de la Bouloie, près de Vesaignes, ensuite dans le prieuré de Lormenault; pendant cette marche ils reçurent avis « du desgagement de Chastillon et de la deffaicte du regiment ennemy qui l'avoit investy» (4).

A la même date, le duc de Guise accompagné du duc de Lorraine, se portait en avant et envoyait de Toul à la rencontre de François de Châtillon le marquis de Varambon avec son régiment renforcé de 1200 arquebusiers et de 300 lances du marquis d'Havré, qui gagna de vitesse les forces protestantes et assaillit Châtillon dans son quartier de Griselles, mais ne parvint point à le déloger. Quoique Claude de la Châtre (5) prétende que le capitaine

(1) A. de Ruble, *Mémoires de Michel de La Huguerye*, t. III, p. 173.

(2) Villiers-sur-Marne et Roches-sur-Rognon, Haute-Marne, arr. de Vassy, cant. de Doulaincourt.

(3) Chalvraines et Vesaignes-sous-la-Fauche, Haute-Marne, arr. de Chaumont, cant. de Saint-Blin.

(4) A. de Ruble, *Mémoires de Michel de la Huguerye*, t. III, p. 179.

(5) Claude de la Châtre, *Discours sur les faits advenuz en 1587*, p. 72-73.

huguenot, chassé de Griselles, battit en retraite en bon ordre, La Huguerye et de Saint-Auban (1) s'accordent à dire que Varambon ne réussit point dans son entreprise et dut même se retirer précipitamment; François de Châtillon, sans vivres, il est vrai, resta dans le château de Griselles et fut rejoint au bout de trois jours par le comte de la Marck envoyé à son secours.

Le 22 septembre, François de Châtillon ralliait ses coreligionnaires dans un petit village du nom de Prez-sous-la-Fauche (2).

Le renfort amené par le capitaine huguenot arrivait fort à propos pour combler partie des vides qu'une mortalité effrayante produisait dans les rangs de l'armée allemande. Mais avant de suivre cette armée, ou pour mieux dire les bandes désordonnées et indisciplinées placées sous les ordres de Dohna et Clervant, dans leur mouvement sur la Loire, il n'est pas inutile de montrer par quel enchaînement de circonstances prirent naissance et se développèrent les maladies qui décimèrent si cruellement les forces protestantes. Les difficultés de la route encore accrues par l'inclémence de la saison, l'incommodité des logements, le défaut d'approvisionnements, les excès du début de la campagne bientôt suivis de privations de tout genre, le séjour d'une armée nombreuse au mépris de toute hygiène dans des pays déjà ravagés par la peste, la tactique même adoptée par le duc de Guise, telles furent les causes de ces maladies épidémiques dont les alliés du roi de Navarre eurent tant à souffrir.

(1) Panthéon littéraire, *Mémoires de Saint-Auban*, p. 401.

(2) Prez-sous-la-Fauche, Haute-Marne, arr. de Chaumont, cant. de Saint-Blin.

Dès leur entrée en Lorraine, les Allemands traînant à leur remorque, comme d'habitude, tout un attirail de bagages encombrants que le pillage grossissait de jour en jour, se trouvèrent dans un pays où toutes les voies de communication avaient été systématiquement détruites, et n'avancèrent qu'avec une extrême lenteur; bientôt des pluies continuelles défoncèrent les routes et rendirent la marche encore plus pénible. Le ravitaillement d'une armée aussi considérable, déjà fort difficile dans les premiers temps, devint bientôt un problème dont la solution s'imposa chaque jour; toutes les places importantes sur le passage des confédérés étant bien gardées, le duc de Guise, leur ennemi acharné, ne les quittait pas d'une semelle, et profitait du moindre relâchement dans la surveillance pour les harceler avec sa cavalerie, enlever les convois de vivres et les traînards.

Les reîtres appelaient de tous leurs vœux une action générale qui leur eût permis de se mesurer avec un adversaire insaisissable, mais le Balafré, trop habile pour livrer bataille avec les faibles forces dont il disposait, se contentait de tenir perpétuellement l'ennemi en éveil et de le fatiguer dans des engagements partiels : « Si mes troupes étaient payées, écrivait-il à Henri III à la fin de septembre, je penseroy ne perdre beaucoup de belles occasions qui m'eschappent et serrer les huguenots de si près qu'ilz ne marcheroient deux lieues par jour, estans contrainctz encor sejourner de trois jours l'ung pour le moings, et n'auroient vivres ny commoditez qu'à coups de canon et coups d'espées » (1). Par suite de cette tactique qui ne

(1) Lettre originale du duc de Guise à Henri III, du 29 septembre 1587, *Bibl. Nat., fonds français 4734*, fol. 316.

laissait rien au hasard, les Suisses et les Allemands furent contraints de loger toujours en rase campagne et de camper en plein air, entassés, crainte de surprise, dans deux ou trois villages.

La persistance désolante des pluies rendit bientôt leur situation intolérable, à force de coucher à la belle étoile et de recevoir des ondées jour et nuit, sans pouvoir quitter leurs vêtements, leurs vêtements finirent par les quitter, et vers la fin de la campagne, les misérables habillements des reîtres pourrissaient littéralement sur leurs corps (1). Tant qu'ils séjournèrent en Lorraine, les Allemands trouvèrent de quoi manger, mais une fois arrivés en Champagne, leur alimentation laissa singulièrement à désirer. Le duc de Guise en fait la remarque dans une de ses lettres (2). « Leur infanterie, dit-il en parlant des protestants, souffre merveilleusement, ne vivant pour la pluspart que de mauvais fruictz. » Non seulement les Allemands manquaient de pain, mais encore ils n'avaient même pas de sel pour assaisonner leurs aliments, le duc de Guise avait grand soin de n'en pas laisser à leur portée, et c'était pour eux la plus dure de toutes les privations. « Avec la faulte de pain, écrit le Balafré, celle qui leur manque le plus et les travaille davantage, c'est de sel qu'en diligence nous faisons oster et emporter, n'ayans de quoy forcer les villes où sont les greniers » (3).

Toutes ces privations, toutes ces misères déve-

(1) Extrait et translat de plusieurs et diverses lettres des collonelz et aultes rittmestres allemandz du mois d'octobre 1587, *Bibl. Nat., fonds français 4685*, fol. 88.

(2) Lettre originale du duc de Guise à Henri III, du 29 septembre 1587, *Bibl. Nat., fonds français 4734*, fol. 316.

(3) Lettre du même à Henri III, du 9 octobre 1587, *ibid.*, fol 328.

6

loppèrent bientôt une mortalité effrayante dans les rangs de l'armée étrangère, mortalité qui prit de telles proportions que le duc de Guise lui-même, qui assurément n'était pas tendre pour ses adversaires, avouait au roi le saisissement qu'il avait éprouvé devant le spectacle lamentable de cette armée. Il s'exprimait en ces termes :

« Je n'eusse jamais creu la mortalité extreme qui est parmi eulx, si je ne l'eusse veue, ayant faict en une journée sur leur piste ce qu'ilz auront faict en quatre, et vous jure sur mon honneur y avoir veu plus de huict cens corps comptez, chose effroyable, les veoyant moictié mors et achever par les païsans qui tuent à toute heure grande quantité de ceux qui courent au cul de leur armée, et est certain qu'ilz ne peuvent faire estat de la moictié de leur infanterie qui souffre et pâtit merveilleusement. Vostre Majesté auroit horreur de veoir la routte de leur armée où il ne se trouve par jour moings de trois et quatre cens personnes mortes ou à l'habandon » (1).

La mortalité non moins considérable chez les Suisses que chez les Allemands, n'atteignit pas seulement les soldats, elle frappa également leurs principaux chefs qui furent enlevés dans l'espace de quelques jours. Frédéric de Werden, qui commandait quatre cornettes de reîtres et quatre compagnies de lansquenets, expira le 30 septembre et fut enterré le 1er octobre; ses soldats que le duc de Guise fit attaquer par le sieur de Saint-Paul et cent arquebusiers furent pris de panique et se débandèrent (2). Le colonel Clotz succomba en même

(1) Lettres originales du duc de Guise à Henri III, des 29 septembre et 9 octobre, *Bibl. Nat.*, *fonds français 4734*, fol. 316, 328.

(2) Lettre originale du duc de Guise à Henri III, du 1er octobre 1587, *Bibl. Nat.*, *fonds français 4734*, fol. 318.

temps que ses fils, Jean et Lubbert; sa maladie et sa mort furent si promptes qu'il ne put tester ni disposer de ses affaires, il rendit le dernir soupir le 1er octobre (1) et fut enterré le 6 à Nicey (2). Bernard Thielman, colonel du régiment de Berne, en qui les Suisses plaçaient toute leur confiance, mourut à Chailly le 5 octobre, et ne précéda que de quelques jours dans la tombe plusieurs de ses officiers, tels que Gabriel et Sébastien de Diesbach, Jean-Rodolphe Sturler (3).

A la date du 26 septembre, le duc de Guise parlant des pertes éprouvées par le duc de Bouillon, les faisait monter au chiffre de 6000 lansquenets ou Suisses et de 1200 reîtres (4), dans une autre lettre adressée à la Reine Mère (5), il constatait que la contagion faisait plus de ravages que jamais dans l'armée ennemie qui avait déjà perdu plus du tiers de son effectif; enfin, de l'aveu même des Allemands, vers la fin d'octobre leur armée était diminuée de 12,000 hommes, victimes des maladies (6).

La mort successive des plus renommés chefs de l'armée d'invasion, jointe aux souffrances excessives qu'elle endurait depuis si longtemps, amena un découragement général et un concert de plaintes dont les correspondances des colonels et rittmaistres allemands peuvent à peine donner une idée.

(1) Lettres de Dietrich Clotz à sa sœur et au duc de Brunswick, du 31 octobre 1587, *Bibl. Nat., fonds français 4685*, fol. 87. — A. de Ruble, *Mémoires de Michel de la Huguerye*, t. III, p. 179.

(2) Nicey, Côte-d'Or, arr. de Châtillon-sur-Seine, cant. de Laignes.

(3) Zurlauben, *Histoire militaire des Suisses*, t. v, p. 173.

(4) Lettre originale du duc de Guise à Henri III, du 26 septembre 1587, *Bibl. Nat., fonds français 4734*, fol. 314.

(5) *Ibid.*, fol. 326.

(6) Lettre de Dietrich Clotz du 31 octobre 1587, *Bibl. Nat., fonds français 4685*, fol. 97.

Vers la fin d'octobre, Jean Melander, premier secrétaire de cette armée, écrivait au duc Philippe de Brunswick : « Il y a trois mois que nous n'avons peu recouvrer du vin, et s'il s'y en est trouvé, les trois potz ont cousté un escu, et le pain de moyenne grandeur un taler » (1). A la même époque, Dietrich Clotz, l'un des fils du colonel Clotz, qui avait vu mourir son père et ses deux frères, se plaignait à sa sœur de leur détresse et lui disait : « Heureux celui qui pourra retourner en Allemagne la vie sauve (2). » Un troisième correspondant avouait que la famine et misère étaient si grandes qu'il serait impossible de les endurer plus longuement. » Un autre accusant en quelque sorte l'incurie de ses chefs, s'écriait : « On nous a conduit en aucuns lieux où nous n'avons rien trouvé à manger ni à boire que de meschantes eaux » (3).

Un autre enfin se rendant l'écho de ces bruits qui s'accréditent si aisément auprès des armées déçues dans leurs espérances, et dévoré par de cruelles angoisses faisait entendre ces accents désespérés : « Nous sommes tous trahiz et ne se passe nuit que nous n'ayons des alarmes, et craignons que les Suisses ne nous laissent, de sorte que aurons bien à faire de sortir de ceste guerre la vie saulve. » Aussi, de l'aveu de vieux soldats qui avaient déjà fait nombre de campagnes, jamais on n'avait vu pareil désarroi (4).

Telle était la situation de l'armée protestante après deux mois de campagne. Nous l'avons laissée

(1) Lettre de Jean Melander, du 2 novembre 1587 (21 octobre, v. st.), *Bibl. Nat., fonds français 3398*, fol. 165.

(2) Lettre de Dietrich Clotz, de la même date, *Bibl. Nat., fonds français 4685*, fol. 95.

(3) Extraict et translat de lettres des collonelz et aultres rittmestres allemanz, *Bibl. Nat., fonds français 4685*, fol. 87-88.

(4) Extraict de lettres, *ibid.*, fol. 88.

à Prez-sous-la-Fauche, au moment de l'arrivée des 21 compagnies françaises conduites par François de Châtillon. Tandis que ce hardi capitaine venait avec son contingent raffermir un peu les éléments déjà fort ébranlés qui constituaient l'armée du baron de Dohna, Henri de Guise voyait ses propres forces s'amoindrir dans des proportions inquiétantes; le duc de Lorraine qui jusqu'alors lui avait tenu compagnie, restait dans le Barrois où il devait recevoir 4000 reîtres et 1200 hommes de cavalerie italienne, et n'osait s'engager plus avant sans les ordres exprès du roi. Le 25 septembre, de son quartier de Neufchâteau, il écrivait à Henri III (1) :

« Voiant que l'armée de ceulx de la religion estoit sortie de mes pays et entrée en vostre roiaulme, et encores que je fusse avec mes forces sur les frontières de la France, je n'ay prins ceste liberté de passer oultre, ains me suis déliberé me retirer avec les Flamans et Bourguignons. »

Le duc Charles III annonçait en même temps l'envoi d'un corps de troupes composé de 13 à 1400 chevau-légers italiens, de quelques chevau-légers lorrains, de 4000 fantassins et de 4000 reîtres, ce contingent nouveau conduit par le marquis de Pont-à-Mousson, fils aîné du duc de Lorraine, devait se joindre aux forces que commandait le duc de Guise. Le même prince prenait l'engagement d'avancer la solde de ces auxiliaires qui devaient marcher sous les couleurs royales, c'est-à-dire la cavalerie italienne avec la croix blanche, et les reîtres avec l'écharpe blanche, et il répondait de leur bon et fidèle service à la seule condition de ne rien changer à leur serment. « Votre Majesté, disait-il,

(1) Lettre originale du duc Charles III, *Bibl. Nat., fonds français 4734*, fol. 398.

sçait assez quelz incommoditez apportera le changement du serment des rheistres et quelles grans pertes de deniers en advendroit. »

Cette restriction qui paraissait insignifiante au premier abord, devint une véritable pierre d'achoppement, Henri III avec son esprit méfiant et soupçonneux, attachait la plus haute importance à la prestation de serment des reîtres entre les mains de ses officiers.

Le 5 octobre, il envoyait auprès du duc de Lorraine le sieur de Liancourt chargé de régler les conditions de l'entrée en campagne du contingent lorrain. D'après les instructions (1) dont ce gentilhomme était porteur, le roi acceptait à son service et à sa solde les 1400 chevau-légers italiens, les 300 cavaliers lorrains et les 4000 fantassins, à la condition expresse qu'ils prêteraient serment entre les mains des commissaires et contrôleurs des guerres. Les 4000 reîtres levés par les soins du duc de Lorraine ne devaient point former un régiment spécial, mais se fondre avec les reîtres déjà incorporés dans l'armée royale, et se lier par le même serment. Henri III demandait en outre le renvoi des 1800 lances flamandes prêtées au moment de l'ouverture des hostilités par le duc de Parme et admises à titre provisoire en attendant l'arrivée des reîtres de MM. de Schomberg et Bassompierre (2).

Le sieur de Liancourt n'obtint que le licenciement de ces 16 ou 1700 chevaux d'ordonnance flamands et bourguignons. Le 28 octobre, François de la Jugie, sieur de Rieux, partait avec une

(1) *Bibl. Nat., fonds français 4734*, fol. 384.

(2) Dépêche de Henri III à M. de Liancourt, du 6 octobre 1587, *ibid.*, fol. 386.

nouvelle mission (1) et devait insister tout particulièrement auprès du duc de Lorraine pour la prestation de serment de ces troupes auxiliaires qui n'entreraient au service du roi qu'à cette condition ; dans le cas où ce prince refuserait d'accéder au désir formel exprimé par Henri III, le sieur de Rieux devait lui déclarer sans ambages que le roi entendait se priver de son concours.

Tout en offrant la personne de son fils, le duc Charles III ne renonçait pas absolument au secret espoir qu'il nourrissait de faire campagne aux côtés du duc de Guise; dès l'entrée des Allemands en Lorraine, lorsqu'il avait demandé avec force protestations de dévouement qu'il lui fût permis de se joindre à ce prince pour suivre l'armée étrangère et l'incommoder dans sa marche, Henri III s'était décidé à répondre au capitaine La Bastide, envoyé du duc Charles III, qu'il se voyait à son grand regret obligé de décliner cette offre, se retranchant derrière une question de dignité et la promesse du commandement de son avant-garde déjà faite au duc de Montpensier (2). En réalité, le roi de France redoutait tellement ce rapprochement des chefs de la Ligue et une coopération jugée plutôt dangereuse qu'utile à ses intérêts, qu'il mandait le 7 octobre au sieur de Liancourt d'encourager les desseins du duc de Lorraine en ce qui concernait le siège projeté de Jametz et de « luy faire embrasser, disait Henri III, la volunté que j'ay qu'il ne s'achemine poinct avec son secours par devers

(1) Instructions au sieur de Rieux envoyé par le roi auprès du duc de Lorraine, du 28 octobre 1587, *Bibl. Nat., fonds français 4734*, fol. 390.

(2) Réponse au mémoire apporté par M. de La Bastide à Gien, le 24 septembre 1587, *Bibl. Nat., fonds français 4734*, fol. 396.

moy » (1). Aux termes des instructions remises le 28 octobre à M. de Rieux (2), ce gentilhomme devait faire en sorte que le duc de Lorraine renonçât à son intention de conduire personnellement le secours annoncé, et l'envoyât plutôt sous la charge de son fils.

Au début même de ces négociations, le duc de Guise abandonné à ses propres forces peu considérables, puisqu'elles se réduisaient à sept compagnies de gens d'armes et au régiment de Saint-Paul, dépourvues même de vivres et d'argent, rappelait à son souverain qu'avec ces faibles éléments, grâce à son activité et à son énergie, il avait su tenir en respect les reîtres qui avaient passé le Rhin au mois de juin et qui, le 24 septembre, se trouvaient encore hors du royaume (3). Les Allemands campés à cette date autour de Neufchâteau, ne tardèrent pas pas à se remettre en marche, arrivés à Andelot (4) le 25, ils devaient passer la Marne non loin de Chaumont et se proposaient de gagner Châtillon-sur-Seine pour franchir ce fleuve à gué, un peu au-dessus du pont des Estrochets (5). Mais l'armée protestante harassée par les marches forcées qu'elle venait d'accomplir pour opérer sa jonction avec le corps de Châtillon, s'arrêta quelques jours près de Châteauvillain afin de se refaire un peu (6). Ici se place un incident fort curieux raconté par La Huguerye

(1) Dépêche de Henri III à M. de Liancourt, du 7 octobre 1587, *Bibl. Nat., fonds français 4734*, fol. 389.

(2) *Ibid.*, fol. 390.

(3) Lettre originale du duc de Guise à Henri III, du 24 septembre 1587, *Bibl. Nat., fonds français 4734*, fol. 310.

(4) Andelot, Haute-Marne, arr. de Chaumont, ch. lieu de canton.

(5) Lettre originale du duc de Guise à Henri III, du 26 septembre 1587, *Bibl. Nat., fonds français 4734*, fol. 314.

(6) Lettre originale de Claude de la Châtre à Henri III, du 5 octobre 1587, *Bibl. Nat., fonds français 4734*, fol. 322.

dans ses Mémoires (1), et qui montre que le duc de Lorraine ne négligeait aucun moyen de semer la division dans les rangs de l'armée confédérée et d'en hâter la désorganisation.

Le vendredi 25 septembre, La Huguerye était venu au quartier des Allemands à Villiers-le-Sec (2), au delà de la Marne, pour s'entretenir avec le colonel Bernsdorff d'un coup de main que François de Châtillon projetait contre Langres, sur ces entrefaites arriva un reître du régiment de Bernsdorff, resté prisonnier en Lorraine, et que le duc Charles III avait relâché sans rançon et fait reconduire par un trompette. Cette générosité inusitée et les réponses embarrassées du trompette excitèrent les soupçons de La Huguerye qui pressentit quelqu'artifice et voulut éclaircir ses doutes. Par ses soins, le reître fut retenu à dîner et enivré, La Huguerye attendit que le soldat fût appesanti par les fumées de l'ivresse et plongé dans un profond sommeil, alors, avec l'assistance de Bernsdorff, il tâta son pourpoint et sentit entre les doublures « quelque chose de gros qui n'estoit poinct argent. » A l'aide d'un coutelas il fendit le pourpoint et en retira des papiers écrits en langue allemande. Ces dépêches secrètes étaient deux patentes signées du duc de Lorraine, l'une d'elles contenait *de grandz advis certains que led. s^r duc donnoit aux reistres de leur ruine resolue, et qu'ilz estoient trahiz et conduitz à la boucherie*, l'autre patente était *l'offre et promesse d'une somme de 300,000 florins*, faite par le même prince, signée de sa main et scellée de son sceau, avec vivres et passage assurés pour leur retraite en Allemagne. A la lecture de ces deux

(1) A. de Ruble, *Mémoires de Michel de la Huguerye*, t. III, p. 187-189.

(2) Villiers-le-Sec, Haute-Marne, arr. et cant. de Chaumont.

écrits, le colonel Bernsdorff ne put cacher son impression et déclara nettement à La Huguerye qu'ils devaient s'applaudir d'avoir arrêté au passage des dépêches aussi importantes dont l'effet eût été désastreux, *les Alemandz estans fort malcontens*, disait-il, *ceste depesche eust ruiné l'armée sans doubte, et n'eust pas esté en la puissance des colonelz d'y remedier.*

Alors La Huguerye fit remarquer au colonel Bernsdorff que ces deux patentes étaient le résultat des négociations commencées à Lunéville par le baron d'Haussonville qui, au nom de son maître, s'engageait à donner 100,000 écus aux Allemands non pour faciliter leur passage en France, mais pour obtenir leur retour en Allemagne, négociations demeurées secrètes, et dont La Huguerye n'avait même jamais parlé au baron de Dohna, de peur qu'elles n'arrivassent aux oreilles des reîtres.

Le confident du prince Casimir ayant fait traduire ces dépêches, communiqua la traduction ainsi que l'original au conseil de l'armée réuni à Bellefontaine (1), le dimanche 27 septembre. Il dévoila en même temps tous les ressorts que Jean d'Haussonville avait fait jouer pour détacher les Allemands, et fit connaître les insinuations perfides de ce gentilhomme lorrain, au sujet de l'entente secrète de Henri III et de Henri de Navarre, lorsque le même seigneur prétendait savoir de bonne source que cette noblesse allemande si misérablement conduite, ne verrait jamais le roi de Navarre « et qu'on nous menoit au roy de France pour luy en faire une gorge chaude, et par ce moyen, réparer ung peu la réputation qu'il avoit perdue parmy les catholiques. »

(1) Bellefontaine, écart dans la commune de La Crête, cant. d'Andelot, à 25 kilomètres de Chaumont, et non Bellefontaine dans le département des Vosges, comme le suppose M. de Ruble, *(Mémoires de la Huguerye)*, t. III, p. 189.

Après ce discours de La Huguerye, Jean de Lafin, seigneur de Beauvoir-la-Nocle, prit la parole au nom des Français, commença par combler d'éloges le favori de Jean Casimir, en exaltant sa vigilante perspicacité, et n'hésita point à reconnaître que les offres illusoires du duc de Lorraine ne tendaient qu'à semer la division dans l'armée, et que ces offres s'envoleraient aussitôt en fumée. La Huguerye ayant observé que le grand danger auquel on venait d'échapper, avait pour auteur un reître mal disposé et pris à la queue des compagnies, le Conseil décida qu'à l'avenir les malades dont le nombre croissait de jour en jour, au lieu de rester à la suite des bagages, seraient placés en tête, et que quelques cornettes françaises protégeraient l'arrière-garde pour empêcher l'ennemi de découvrir et d'exploiter les « infirmités » de leur armée au moyen des malades tombés entre ses mains.

Quant à la réponse aux propositions qui, grâce à un heureux hasard, avaient pu être interceptées, le Conseil arrêta qu'elle serait ajournée, ce ne fut que le 7 octobre, c'est-à-dire après le passage de la Seine, au sortir de Nicey (1), qu'elle fut envoyée au duc de Lorraine. Les chefs de l'armée confédérée répondirent d'un commun accord qu'ils ne pouvaient croire que ces deux lettres patentes, « pleines, suivant leur expression, de moyens de corruption, eussent été expédiées du propre mouvement de ce prince, « et qu'ils estoient gentilzhommes d'honneur prestz à souffrir tous périlz et dommages » plutôt que de trahir leurs engagements (2).

(1) Il ne s'agit point, comme le croit M. de Ruble (*Mémoires de la Huguerye*, t. III, p. 193), de Nicey, Meuse, arr. de Commercy, mais de Nicey, Côte-d'Or, arr. de Châtillon-sur-Seine, cant. de Laignes.

(2) A. de Ruble, *Mémoires de Michel de la Huguerye*, t. III, p. 187-193.

Les confédérés séjournèrent six ou sept jours aux environs de Châteauvillain, tant pour se reposer de leurs fatigues qu'à l'effet d'apaiser les divisions qui les consumaient; à la fin du mois de septembre ils occupaient toute la région entre Chaumont, Bar-sur-Aube et Châteauvillain (1). Dans ces parages se trouvait un riche et plantureux monastère, l'abbaye cistercienne de Clairvaux, qui excita leur convoitise, aussi ne négligèrent-ils point l'occasion qui s'offrait de recueillir à la fois des vivres et de l'argent et dirigèrent une expédition contre cette abbaye qui n'avait qu'un simple mûr de clôture, et n'était défendue que par une petite garnison de 200 arquebusiers, placée sous les auspices de la Châtre plutôt pour la préserver de courses et d'expéditions isolées que pour la protéger contre un siége en règle (2).

Dans le principe, la direction de l'entreprise tentée par les Allemands avait été confiée au colonel Clotz qui tomba malade et fut obligé de rebrousser chemin (3). Par suite de ce contre-temps le baron de Dohna envoya un autre corps de lansquenets avec quatre petites pièces de canon, et l'abbaye assaillie le 28 septembre entra en composition le même jour.

Des récits puisés à des sources différentes permettraient de penser que les protestants n'eurent pas lieu de s'applaudir de cette expédition. On voit par la relation de Châtillon (4) qu'une capitulation fut conclue, capitulation stipulant la remise d'une

(1) Lettre originale du duc de Guise à Henri III, du 29 septembre 1587, *Bibl. Nat., fonds français 1734*, fol. 316.

(2) Claude de la Châtre, *Discours sur les faits advenus en 1587*, p. 78.

(3) Lettre de Dietrich Clotz au duc Julius de Brunswick, *Bibl. Nat., fonds français 4685*, fol. 84.

(4) *Mémoires de la Ligue*, t. II, p. 214.

certaine somme de deniers et d'une quantité déterminée de vin et de farine, mais cette convention, paraît-il, resta lettre morte, le baron de Dohna ayant négligé de prendre des ôtages et s'étant contenté de la promesse verbale du capitaine logé dans l'abbaye, lequel ne se fit point scrupule de manquer à sa parole. Cependant, s'il faut ajouter foi au témoignage de Dietrich Clotz (1), l'abbaye de Clairvaux occupée par soixante moines tous gentilshommes, se rendit en quelque sorte à discrétion et dut payer pour sa rançon 8000 écus, sans compter une fourniture de cent tonneaux de vin, de mille pains et de douze chevaux pour le charroi de l'artillerie.

Telles sont les versions de source huguenote, si nous passons dans le camp opposé, nous nous trouvons en présence de celles du duc de Guise et de son lieutenant, Claude de la Châtre. Le duc de Guise se borne à dire, dans une de ses dépêches, qu'il se logea à une lieue et demie des ennemis et qu'il leur fit quitter l'abbaye de Clairvaux où se tenaient leurs lansquenets et les Français avec quatre petites pièces de campagne (2). Claude de la Châtre moins sobre de détails, entremêle son récit de réflexions piquantes. Ainsi, d'après sa relation, l'abbé de Clairvaux s'était engagé à livrer cent mille pains, 50 pièces de vin, 50 bœufs, 200 moutons, 40 chevaux pour l'artillerie et à payer 12,000 écus, « que Messieurs les reitres pensoient desjà tenir. Mais M. de Guyse ayant le vent de ce traicté, se mit entre la bourse et l'argent, » partit de Bar-sur-Aube le 1er octobre à minuit (3), et d'une traite vint se loger avec mille

(1) Lettre au duc de Brunswick, *Bibl. Nat., fonds français 4685*, fol. 84.

(2) Lettre du duc de Guise à Henri III, du 29 septembre 1587, *Bibl. Nat., fonds français 4734*, fol. 316.

(3) Lettre du même à Henri III, du 1er octobre 1587, *ibid.*, fol. 318.

arquebusiers et 200 corcelets dans l'enceinte de l'abbaye. Le lendemain, les Français suivis de trois cornettes de reîtres, s'avancèrent à une demie lieue de Clairvaux, pour prendre possession des vivres promis; apercevant les arquebusiers embusqués sur la lisière d'un bois qui les attendaient de pied ferme, ils se hâtèrent de repasser l'Aube, fort heureusement pour eux cette rivière était grossie par les pluies et les ponts étaient rompus, sans cela leur retraite eut été fort compromise, au rapport de 50 chevau-légers qui franchirent la rivière et ramenèrent plus de prisonniers qu'ils ne comptaient d'hommes, les lansquenets fort ébranlés faillirent abandonner leur artillerie, tellement le nom du duc de Guise inspirait de crainte aux protestants (1).

Grâce à la décision et à la promptitude du prince lorrain, l'abbaye de Clairvaux fut donc préservée de toute atteinte; trompés dans leurs espérances, les confédérés tournèrent les yeux vers Châtillon-sur-Seine, place peu fortifiée, » tres marchande et fournie de toutes commoditez» (2), qui convenait non moins aux catholiques qu'aux huguenots. Le duc de Mayenne s'était empressé d'y envoyer 3000 arquebusiers, et comprenant toute l'importance de cette ville, en avait confié la défense à Claude de la Châtre, l'un des plus habiles lieutenants du duc de Guise. Ce capitaine s'y enferma le 28 septembre après avoir laissé quelques hommes à Pothières (3) et dans les bourgs des environs; sans perdre de temps, il distribua ses forces, se procura des munitions de guerre à Troyes, et fit refaire à la hâte quelques fortifica-

(1) Claude de la Châtre, *Discours sur les faits advenus en 1587*, p. 80-82.

(2) *Ibid.*, p. 82.

(3) Pothières, Côte-d'Or, arr. et cant. de Châtillon-sur-Seine.

tions. (1). Le 3 octobre, toute l'armée huguenote vint se loger à deux lieues de Châtillon, le dimanche 4, sur les sept heures du matin, elle parut entre deux montagnes appelées les Jumeaux et se rangea en bataille dans une grande plaine sous les murs de la ville, laissant croire aux catholiques qu'elle se disposait à passer la Seine au gué des Estrochets (2), mais tournant tout-à-coup sur la gauche, les confédérés remontèrent la rivière et effectuèrent leur passage à Buncey (3) non loin de Chamesson, à une lieue et demie au-dessus de Châtillon, dans un endroit rapproché de la source, où l'eau était très-basse; après cette opération, les Bernois avec l'artillerie prirent position à Ampilly (4), l'infanterie s'installa à Cerilly (5) et la cavalerie à Laignes (6). En passant devant Châtillon, l'arrière-garde des protestants composée de 300 chevaux français et de sept cornettes de reîtres fut attaquée très-vivement par les arquebusiers de la Châtre qui, dans leur ardeur, s'avancèrent imprudemment, furent cernés et tués ou faits prisonniers; dans cette escarmouche où la cavalerie lorraine fut pourchassée jusqu'aux portes de la ville, François d'Angennes, sieur de Monlouet, reçut une arquebusade au bas du visage.

(1) Claude de la Châtre, *Discours sur les faits advenus en 1587*, p. 83-88.

(2) Lettre de Claude de la Châtre à Henri III, du 5 octobre 1587, *Bibl. Nat., fonds français 4734*, fol. 322.

(3) Buncey, Côte-d'Or, arr. et cant. de Châtillon-sur-Seine.

(4) Ampilly-le-Sec, Côte-d'Or, arr. et cant. de Châtillon-sur-Seine.

(5) Cerilly, Côte-d'Or, arr. de Châtillon-sur-Seine, cant. de Laignes.

(6) Lettres originales du duc de Guise et de Claude de la Châtre à Henri III, du 5 octobre 1587, *Bibl. Nat., fonds français 4734*, fol. 322, 324.

Bien que la Châtre (1) avoue lui-même cet échec, il n'en est pas moins vrai que les protestants se sentant talonnés par les troupes du duc de Guise parvenues à Mussy (2) grâce à une marche forcée exécutée durant toute la nuit, hâtèrent tellement leur passage qu'ils abandonnèrent près d'un millier de malades aux mains des goujats, ces valets d'armée dont la cruauté surpassait encore la lâcheté.

Après avoir traversé la Seine, l'armée allemande séjourna deux jours à Laignes, où succomba le comte de la Marck, frère du duc de Bouillon, malade depuis longtemps et porté sur un brancard (3); les fatigues endurées pendant la campagne avaient ruiné sa santé et la conduite du renfort envoyé à François de Châtillon avait achevé d'épuiser ses forces. A la date du 5 octobre, le duc de Guise écrivait au roi (4) de son camp de Polisy (5) que les ennemis alors cantonnés autour d'Ancy-le-Franc, semblaient devoir prendre la direction de Cravant, Vézelay et Auxerre.

Le 9 octobre, le gros de l'armée coalisée dont l'état sanitaire était déplorable, campait toujours dans les environs d'Ancy-le-Franc, les dernières marches, faites au milieu des pluies, avaient bien empiré sa situation, et la mortalité qui s'était accrue dans des proportions effrayantes, frappait avec une extrême violence chefs et soldats; aussi, au témoi-

(1) Claude de la Châtre, *Discours sur les faits advenuz en 1587*, p. 93-94.

(2) Mussy-sur-Seine ou Mussy-l'Evêque, Aube, arr. de Bar-sur-Seine, ch. l. de canton.

(3) Le comte de la Marck mourut le 8 octobre à 7 heures du soir. Lettre originale du duc de Guise à Henri III, du 9 octobre 1587, *Bibl. Nat.*, *fonds français 4734*, fol. 328.

(4) *Ibid.*, fol. 324.

(5) Polisy, Aube, arr. de Bar-sur-Seine, cant. de Mussy-sur-Seine.

gnage du duc de Guise, l'armée d'invasion qui semait sa route de cadavres et de malades, se trouvait hors d'état d'entreprendre rien de sérieux, et ne pouvait que rester sur la défensive (1). A ce moment l'avant-garde des Allemands s'était avancée vers Auxerre et Cravant, et l'on supposait qu'ils tenteraient le passage de la Loire à la Charité.

Sur ces entrefaites le duc de Guise rassemblait ses forces à Saint-Florentin où venait le rejoindre Claude de la Châtre avec les troupes dont se composait la garnison de Châtillon-sur-Seine, en attendant l'arrivée du renfort d'un millier de chevaux que lui amenaient ses cousins d'Aumale et d'Elbeuf (2). Le 13 octobre, huit cornettes de reîtres soutenues par un détachement de cavalerie française, traversèrent l'Yonne à Mailly-la-Ville (3), petite localité située à deux lieues au-dessous de Cravant, et avec les bois tirés des maisons et moulins du voisinage rétablirent immédiatement un pont qui devait permettre au reste de l'armée logé à deux lieues en deça de franchir la rivière (4). Ce passage s'effectua sans encombre, l'endroit choisi pour cette opération étant en plaine, sans bois ni collines à proximité et le gué ayant une largeur de mille pas, le duc de Guise se garda bien d'y apporter aucun obstacle, comme il le dit lui-même dans une lettre à Pierre Brûlard (5) : « Se serait trop tenter le diable

(1) Lettre du duc de Guise à Henri III, du 9 octobre 1587, *Bibl. Nat., fonds français 4734*, fol. 328.

(2) Claude de la Châtre, *Discours sur les faits advenuz en 1587*, p. 96.

(3) Mailly-la-Ville, Yonne, arr. d'Auxerre, cant. de Vermenton.

(4) Lettre originale du duc de Guise à Henri III, du 14 octobre 1587, *Bibl. Nat., fonds français 4734*, fol. 334.

(5) Lettre autographe du même à Pierre Brûlard, du 13 octobre 1587, *Bibl. Nat., fonds français 4734*, fol. 330.

s'y hasarder.» Cette prudente réserve était d'ailleurs commandée par les circonstances, l'habile capitaine chargé de tenir tête aux Allemands, voyait tous ses mouvements paralysés par le manque de vivres, et par la pénurie des charrois qu'il avait grand peine à se procurer dans un pays désolé par la peste et dont les routes étaient détrempées par des pluies continuelles (1). Ses troupes étaient tellement harassées qu'il fut obligé de renvoyer La Châtre à Auxerre pour donner un peu de repos à sa cavallerie qui n'en pouvait plus (2). L'armée allemande n'était pas logée à meilleures enseignes; cruellement éprouvée par les maladies, profondément découragée par l'excès de ses misères, mécontentée au dernier point par le défaut de payement de la solde promise, elle était en proie à des divisions intestines qui ne pouvaient échapper à la perspicacité du duc de Guise. Ainsi pendant le passage de l'Yonne, 4000 Suisses s'étant mutinés se séparèrent du gros de l'armée et restèrent à trois lieues en arrière; ce ne fut que sur les instances de leurs compatriotes et sur de nouvelles promesses des Français, qu'ils se décidèrent à continuer leur route (3); suivant un avis transmis à Claude de la Châtre par le capitaine du château de Saint-Fargeau (4), à la date du 14 octobre, Clervant

(1) Le duc de Guise écrivant au roi le 14 octobre réclame instamment des vivres et charrois, « estant la plus grande partie des villes et bourgs de ce païs affligez de contagion. » *Bibl. Nat., fonds français 4734*, fol. 332.

(2) Lettre originale du duc de Guise à Henri III, du 14 octobre 1587, *Bibl. Nat., fonds français 4734*, fol. 334.

(3) Claude de la Châtre, *Discours sur les faits advenuz en 1587*, p. 95.

(4) Double d'une lettre de Claude de la Châtre, du 14 octobre 1587, *Bibl. Nat., fonds français 4734*, fol. 336.

et ses Suisses venaient de quitter leur campement d'Annay (1), se proposant de traverser l'Yonne à Mailly-la-Ville, et d'établir leurs quartiers à Pesselières (2) et Taingy (3). Le baron de Dohna éprouvait les mêmes difficultés avec ses reîtres, d'après le rapport d'un des prisonniers restés au pouvoir des chevau-légers lorrains à la suite d'une rencontre avec les Suisses, les régiments que commandaient les colonels Clotz et Werden, démoralisés par la mort de leurs chefs, ne marchaient plus qu'à contre cœur, murmuraient fort et parlaient même de plier leurs cornettes (4).

Jusque-là les Allemands paraissaient diriger leur course du côté de la Charité où ils espéraient toujours se joindre aux protestants du Sud. L'arrivée dans leur camp après le passage de l'Yonne du baron de Monglas, chargé d'une mission par le roi de Navarre, vint jeter le trouble dans leurs esprits et l'incertitude dans leurs projets (5). Ce gentilhomme, porteur d'instructions spéciales en date du 15 septembre, devait insister auprès du duc de Bouillon pour que son armée s'enfonçât dans le centre de la France en remontant la Loire, ou essayât de franchir ce fleuve. Aucune de ces combinaisons ne fut goûtée des protestants qui, d'une part, se souciaient fort peu d'entreprendre à l'arrière saison une nouvelle campagne dans un pays

(1) Probablement Annay-sur-Serain, Yonne, arr. de Tonnerre, cant. de Noyers.

(2) Pesselières, hameau, Yonne, arr. d'Auxerre, cant. de Saint-Sauveur.

(3) Taingy, Yonne, arr. d'Auxerre, cant. de Courson.

(4) Lettre de Claude de la Châtre, du 14 octobre 1587, *Bibl. Nat., fonds français 4734*, fol. 336.

(5) Voir au sujet de la mission de Robert de Harlay, baron de Monglas, les *Mémoires de la Huguerye*, t. III, p. 194 (notes de l'éditeur.)

montagneux, dénué de toutes ressources, et qui, d'autre part, au lieu de l'armée amie du roi de Navarre qu'ils comptaient rencontrer, se trouvaient en présence d'une armée ennemie considérable, gardant tous les gués de la Loire, élevant même des retranchements dans les sables de ce fleuve, armée commandée par le roi de France en personne. Cependant, sur les instances de Monglas qui affirmait que l'on ne rencontrerait point de difficultés sérieuses, on se résolut à tenter le passage vers La Charité.

Le 15 octobre, les Allemands quittèrent leurs quartiers de Courson, Fouronnes (1), Mouffy, Festigny (2), Migé et Charentenay (3), pour prendre position à Ouanne (4), Leugny (5) et Taingy; le duc de Guise croyant, d'après ces indices, que les ennemis marchaient dans la direction de Château-Renard et de Châtillon-sur-Loing pour gagner Gien, était parti lui-même de Joigny afin de rejoindre son lieutenant Claude de la Châtre du côté de Toucy, lorsqu'il apprit en route que l'armée confédérée s'était rabattue sur sa gauche vers Entrains (6), comme si elle voulait suivre le chemin de la Charité et essayer de passer la Loire au port Saint-Thiébaut et au Pas-de-Fer (7).

(1) Fouronnes et Mouffy, Yonne, arr. d'Auxerre, cant. de Courson.

(2) Festigny, Yonne, arr. d'Auxerre, cant. de Coulanges-sur-Yonne.

(3) Migé et Charentenay, Yonne, arr. d'Auxerre, cant. de Coulanges-la-Vineuse.

(4) Ouanne, Yonne, arr. d'Auxerre, cant. de Courson.

(5) Leugny, Yonne, arr. d'Auxerre, cant. de Toucy.

(6) Entrains-sur-Nohain, Nièvre, arr. de Clamecy, cant. de Varzy.

(7) Lettres originales du duc de Guise à Henri III, des 15 et 16 octobre 1587, *Bibl. Nat., fonds français 4734*, fol. 338, 340.

Tel était effectivement le projet formé par les protestants, croyant s'emparer par surprise de la Charité, ils avaient envoyé une colonne qui perdit vingt-quatre heures et se laissa devancer par Henri III; elle n'arriva devant La Charité que pour voir entrer les troupes destinées à renforcer la garnison de cette ville, et dut se retirer.

Tandis que cette tentative échouait piteusement, Châtillon, avec le colonel Boock et 2000 chevaux, s'était approché de Cosne pour être prêt à tout événement et pour favoriser la retraite de ses coreligionnaires, il faillit même surprendre le duc d'Epernon qui avait passé la Loire près de Neuvy (1), et courait la campagne (2); le 21 octobre, le favori de Henri III prenant sa revanche tomba à l'improviste sur le camp des huguenots, et recueillit un riche butin, dans lequel figuraient deux mulets chargés de joyaux appartenant à François de Châtillon, d'une valeur de 6,000 écus (3).

A cette date, c'est-à-dire du 21 au 22 octobre, toute l'armée allemande s'était concentrée près de Neuvy, dont le gué était défendu par de solides retranchements garnis d'arquebusiers et de mousquetaires; les soldats des deux camps s'observant d'une rive à l'autre, purent même échanger quelques paroles, mais les gens du roi, malgré leurs protestations amicales, se déclarèrent résolus à empêcher toute tentative de passage (4).

En présence des difficultés et des périls de la

(1) Neuvy-sur-Loire, Nièvre, arr. et cant. de Cosne.

(2) Relation de Châtillon dans les *Mémoires de la Ligue*, t. II, p. 216.

(3) Lettre de Dietrich Clotz au duc Julius de Brunswick, *Bibl. Nat.*, *fonds français 4685*, fol. 84.

(4) *Ibid.*

situation, les Allemands tinrent conseil à Neuvy, le baron de Dohna et La Huguerye représentèrent au duc de Bouillon que l'armée ne pouvait plus se ravitailler par l'abus des sauvegardes accordées aux gentilshommes, tant aux papistes qu'à ceux de la religion, qui accaparaient dans leurs châteaux les vivres des campagnes; ils réclamèrent en même temps le payement de la solde promise aux reîtres, faisant remarquer que le passage de la Loire présentait plus d'une difficulté, que l'hiver approchait et qu'il serait impossible de tenir campagne au-delà de deux mois. Le duc de Bouillon au nom des Français, pria les généraux allemands de patienter jusqu'à ce que l'on fût fixé sur les intentions du roi de Navarre, et en attendant leur offrit de rafraîchir leurs troupes dans la Beauce, où il y avait quantité de blés et de fourrages (1).

Les chefs de l'armée d'invasion s'arrêtèrent à ce parti et décidèrent de prendre le chemin de la Beauce, pour y vivre commodément et grassement jusqu'au moment où ils pourraient opérer leur jonction avec le roi de Navarre (2).

De son côté, le duc de Guise « qui n'avoit point faute d'espions, ny de bons advis, pour estre adverty des desseins des ennemis » (3), ne négligeait aucune occasion d'inquiéter les reîtres et de répandre l'alarme dans leur camp, c'est ainsi que le 18 octobre l'on vit revenir un de ses lieutenants, Bois-dauphin qui avait surpris 150 à 200 lansquenets occu-

(1) Relation de Châtillon, dans les *Mémoires de la Ligue*, t. II, p. 217.

(2) Claude de la Châtre, *Discours sur les faits advenuz en 1587*, p. 100.

(3) *Ibid.*, p. 100.

pés à forcer le logis d'un gentilhomme et les avait complétement taillés en pièces, de sorte que les Allemands tenus constamment en éveil, et saisis de frayeur, n'osaient plus s'aventurer hors de leurs quartiers (1).

Cependant, quoique l'armée protestante fût déjà bien affaiblie, elle disposait encore d'un effectif assez considérable pour inspirer quelques inquiétudes, et le Balafré avec sa finesse d'intuition se rendait parfaitement compte des sérieux dangers que la marche des Allemands pouvait à un moment donné faire courir à la capitale, alors complétement dégarnie et laissée pour ainsi dire sans défense depuis le départ du roi.

Se pénétrant de ces difficultés et se plaçant à la hauteur de la responsabilité qui lui incombait, il écrivait le 19 octobre à Henri III :

« Je m'achemyne vers Auxerre pour me joindre « à mon frère, mettre les ennemis entre Vostre « Majesté et moy, les serrer contre la rivière, leur « ostant le bon païs et commoditez de vivres, et me « logeray, s'il m'est possible, de façon qu'à toutes « heures qu'il vous plaira ce m'ordonner, je seray « en deux traytes auprès de Vostre Majesté (2).

Le mouvement annoncé fut rapidement exécuté, dès le vendredi 23 octobre, le duc de Guise quittait Auxerre avec toutes ses troupes qui venaient d'être renforcées par celles de Mayenne, d'Aumale, d'Elbeuf et de Brissac, et pouvaient former un ensemble de 6000 arquebusiers et 1800 chevaux (3) ; il

(1) Lettre autographe du duc de Guise à Henri III, du 19 octobre 1587, *Bibl. Nat., fonds français 4734*, fol. 342.

(2) *Ibid.*

(3) Claude de la Châtre, *Discours sur les faits advenuz en 1587*, p. 97.

se proposait de prendre gîte à Château-Renard (1), mais dans la nuit du vendredi au samedi ayant entendu dire que les ennemis se disposaient à passer entre Gien et Montargis pour entrer dans le Gâtinais, il transporta immédiatement ses quartiers à Courtenay (3) et s'y établit dans son logis seigneurial, tandis que dans le camp opposé, François de Châtillon, avec un corps de sept à huit cents chevaux, s'installait dans son manoir patrimonial de Châtillon-sur-Loing, et faisant preuve d'un véritable esprit d'abnégation, laissait toute l'armée protestante vivre sur ses terres (3).

Comme l'on sait, Henri III était, par les soins du duc de Guise, informé jour par jour des moindres évolutions de l'armée allemande; dans ses dépêches des 25 et 29 octobre, le Balafré se plaint amèrement d'avoir, faute de vivres et de logis convenable, perdu l'occasion d'enlever un cantonnement de cinq cornettes de reîtres qui ne se gardaient point; il se borne à dire sans entrer dans aucun détail que si l'entreprise projetée échoua, ce fut par suite du « refus d'une villette et de l'incommodité de nos logis » (4). Claude de la Châtre est plus explicite (5), il nous apprend que durant le séjour des protestants dans les parages de Bleneau, le duc de Guise voulut à la faveur des bois et des haies qui couvraient le pays, tenter un coup de main sur leur logis, et donna rendez-vous à ses forces auprès de

(1) Château-Renard, Loiret, arr. de Montargis, ch. l. de canton.

(2) Courtenay, Loiret, arr. de Montargis, ch. l. de canton.

(3) Relation de Châtillon, dans les *Mémoires de la Ligue*, t. II, p. 217.

(4) Lettres autographes du duc de Guise à Pierre Brûlard et à Henri III, des 25 et 29 octobre 1587, *Bibl. Nat.*, *fonds français 4734*, fol. 349, 350.

(5) Claude de la Châtre, *Discours sur les faits advenuz en 1587*, p. 97.

Charny (1), petite place forte qui refusa de les recevoir et lui fit perdre un temps précieux, ses soldats errèrent dans les bois, et sans s'en douter se trouvèrent en quelque sorte côte à côte avec les reîtres. Aussi dans sa lettre à Pierre Brûlard (2), le prince lorrain exhale-t-il tout son mécontentement : « J'en suis, s'écrie-t-il, piqué jusques au ceur, et suis au desespoir de sentir les incommoditez qui m'enpeschent de bien faire, me trouvant arresté par faute de vivres. » Dépité et vexé de sa déconvenue, le Balafré se promit de bientôt prendre sa revanche, et il tint parole; ce brillant capitaine qui le 25 octobre demandait un délai de quatre jours pour accomplir ses desseins, infligeait, dès le 26, à l'armée allemande un sanglant échec, le premier depuis l'ouverture de la campagne.

Le combat de Vimory, que plusieurs historiens (3) placent à la date du 27 et même des 28 et 29 octobre, eut lieu le lundi 26 octobre.

L'armée confédérée, après avoir perdu quelques jours autour de Bleneau qu'elle dut enlever de vive force, s'était avancée vers Montargis à travers des routes marécageuses remplies de fondrières où s'embourbèrent les chariots qu'elle traînait à sa suite (4). Le 26 octobre, le baron de Dohna, avec quelques cornettes de reîtres, s'était arrêté dans le

(1) Charny, Yonne, arr. de Joigny, ch. l. de canton.

(2) Lettre du 25 octobre 1587, *Bibl. Nat.*, *fonds français 4734*, fol. 348.

(3) Dareste, *Histoire de France*, t. IV, p. 392, de Bouillé, *Histoire des ducs de Guise*, t. III, p. 233, donnent la date du 27 octobre 1587, de Thou, *Histoire universelle*, l. 87, t. X, p. 44, celle du 28 octobre, Pierre de l'Estoile parle du jeudi 29 octobre (nouv. éd., t. III, p. 74). Une dépêche reçue par la Reine Mère le jeudi 29 octobre, dit formellement que « lundy dernier, le sieur duc de Guyse et ses freres et parens chargerent les reistres en ung petit villaige nommé Vimorin. » *Arch. Nat.*, *Sect. Jud.*, *X^{1A} 1706*, fol. 266 v°.)

(4) Relation de Châtillon dans les *Mémoires de la Ligue*, t. II, p. 219.

bourg de Vimory à une lieue et demie au sud de Montargis, pendant que son infanterie prenait ses quartiers dans le village de Ladon (1) distant de Vimory d'environ une lieue et demie, et que le duc de Bouillon, avec l'artillerie et les Suisses, s'établissait à Corquilleroy (2). Le duc de Guise tenu au courant par La Châtre de la situation des ennemis dont les lignes étaient très-étendues, et croyant qu'il n'y avait à Vimory que sept ou huit cornettes de reîtres, jugea le moment favorable et, sans tenir compte des remontrances du duc de Mayenne au sujet de l'inégalité de ses forces (3), voulut frapper un coup décisif. Il partit le lundi matin de Courtenay avec 2000 arquebusiers et 400 cavaliers d'élite sans bagages, pensant attaquer les Allemands de jour et se retirer à la faveur de l'obscurité, mais par suite du mauvais temps, la concentration de ses troupes fut beaucoup plus longue et plus difficile qu'il ne comptait; six heures du soir étaient sonnées lorsqu'il parvint à rassembler ses forces à Villemandeur près de Montargis. et encore de l'aveu même du duc de Guise, sa compagnie d'hommes d'armes, celles de son frère et de son fils n'entrèrent en ligne que fort avant dans la soirée (4). Malgré ce contre-temps le Balafré résolut

(1) Ladon, Loiret, arr. de Montargis, cant. de Bellegarde, et non Châteaulandon, comme le disent de Thou, dans son *Histoire universelle*, (t. x, l. 87), et Zurlauben, *Histoire militaire des Suisses*, t, v, p. 179; cette seconde localité ne fut occupée par le baron de Dohna que quelques jours plus tard. Châtillon, (*Mémoires de la Ligue*, t. II, p. 218), et Claude de la Châtre, *(Discours sur les faits advenuz en 1587*, p. 103), indiquent Ladon pour les quartiers de l'infanterie. Voir aussi l'estat de ce qui s'est passé en l'armée de M. de Guise, du 20 au 26 octobre 1587, *Archives Nationales, fonds de Simancas, K 1565, n° 92.*

(2) Corquilleroy, Loiret, arr. et cant. de Montargis.

(3) Le duc de Guise répondit au duc de Mayenne que « ce qu'il ne resoudra pas en un quart d'heure, il ne le resouldroit pas en toute sa vie. (De Bouillé, *Histoire des ducs de Guise*, t. III, p. 233.)

(4) Lettre originale du duc de Guise à Henri III, du 29 octobre

d'aborder sur le champ les reîtres, et distribua son infanterie en trois corps commandés par les sieurs de Saint-Paul, du Cluseau, de Gyé et autres maîtres de camp, la cavalerie sous les ordres du duc de Mayenne, soutenu par MM. d'Aumale et d'Elbeuf, prit la tête (1). On arriva ainsi près du village vers huit heures du soir, sans donner l'éveil, les Allemands n'ayant comme d'habitude ni guet, ni garde. L'action commença aussitôt, les reîtres surpris dans leurs logis furent en un clin d'œil tués ou faits prisonniers. Au milieu d'un tumulte et d'un désordre indescriptibles, le baron de Dohna rallia six ou sept cornettes de reîtres et chargea les gens de pied catholiques occupés à mettre le feu dans le village et à pourchasser les malheureux Allemands de maisons en maisons.

Le duc de Mayenne entendant les gens de pied appeler la cavalerie à leur aide, accourut aussitôt avec un assez faible détachement, et à la lueur de l'incendie consumant le village engagea un combat très-meurtrier, où il se vit entouré par les reîtres qui le reconnurent à son cheval blanc ainsi qu'à son allure, et reçut du baron de Dohna un coup de pistolet dans la mentonnière de son casque; quinze ou seize gentilshommes de sa suite furent tués, entr'autres le baron de Saint-Vincent, le sieur de Sombernon, fils d'Antoine de Bauffremont, sieur de Listenois, dont la fin prématurée excita de vifs regrets dans toute la Bourgogne (2), et le sieur de Rouvray qui portait la cornette du duc de Mayenne. Un violent

1587, *Bibl. Nat., fonds français 4734*, fol. 350. — Estat de ce qui s'est passé en l'armée de M. de Guise, du 20 au 26 octobre 1587, *Archives Nationales, fonds de Simancas, K 1565, n° 92.*

(1) Claude de la Châtre, *Discours sur les faits advenuz en 1587*, p. 105-108.

(2) Joseph Garnier, *Analecta Divionensia, Livre de souvenance de Pépin*, p. 37.

orage et une pluie torrentielle mirent fin au combat, le baron de Dohna légèrement blessé à la tête d'un coup d'épée que lui asséna le duc de Mayenne, se fit jour au milieu des ennemis et s'échappa avec les débris de sa cavalerie, abandonnant aux mains des catholiques tous ses bagages et équipages. Le duc de Guise, resté maître du terrain, ne jugea pas à propos d'attendre l'arrivée de nouveaux assaillants et rentra à Montargis vers dix heures du soir, au petit pas, trompettes et tambourins sonnant, sans être inquiété dans sa marche (1).

Les ligueurs accueillirent avec des transports d'enthousiasme la nouvelle de ce succès, et les pertes très-sensibles qu'éprouvèrent les Allemands furent encore exagérées par les catholiques, ainsi une plaquette imprimée après la victoire d'Auneau (2), célèbre le combat de Vimory et parle de 15 à 1600 morts, sans compter les blessés et les prisonniers. Ce chiffre dépasse toutes les évaluations, cependant, bien que Châtillon prétende avoir vu sur le champ de bataille beaucoup plus de cadavres de Français que d'Allemands (3), il est certain qu'il y eut du côté des reîtres de 8 à 900 morts (4), tandis que les catholiques ne per-

(1) Estat de ce qui s'est passé en l'armée de M. de Guise, du 20 au 26 octobre 1587, *Arch. Nat., fonds de Simancas, K 1565, n° 92.*

(2) *La nouvelle deffaicte et surprinse des reistres, faicte par monseigneur le duc de Guyse, mardy matin 24e jour du present mois de novembre 1587 dedans Aulneau, chez Didier Millot, 1587*. p. 5.

(3) *Mémoires de la Ligue*, t. II, p. 220.

(4) Claude de la Châtre, *Discours des faits advenuz en 1587*, p. 108, Joseph Garnier, *Livre de souvenance de Pépin*, p. 37; Estat de ce qui s'est passé en l'armée de M. de Guise, du 20 au 26 octobre 1587, *Arch. Nat., fonds de Simancas, K 1565, n° 92*; Lettre du duc de Guise à Bernardino de Mendoça, du 30 octobre 1587, dans de Croze, *Les Guises, Les Valois et Philippe II*, t. II, p. 299.

dirent guère qu'une centaine des leurs; les Allemands eux-mêmes avouent deux cents morts et nombre de soldats grièvement blessés de coups de coutelas (1). Parmi les prisonniers se trouvèrent le colonel Bernsdorff et plusieurs rittmestres, notamment celui de Josse de Werden (2), le colonel Boock faillit être pris et laissa son fils aux mains de M. de Chevrières, qui avait, assurait-on, pour vingt mille écus de prisonniers (3). Les reîtres perdirent une notable partie de leurs bagages, environ 12 à 1300 chariots pillés ou brûlés et 1200 chevaux (4).

Henri de Guise, dans une lettre adressée au roi quelques jours après le combat (5), évaluait le butin à quatre-vingt ou cent mille écus, disant qu'il y avait profusion de chaînes d'or, de cordons de perles et d'autres objets de prix, et citait un soldat qui à lui seul avait recueilli pour sa part la valeur de 8000 écus.

Le baron de Dohna dut abandonner tous ses bagages, sa vaisselle d'argent, deux timbales de cuivre dont il se faisait précéder à la mode des pachas turcs, et jusqu'à deux chameaux que le

(1) Lettre de Dietrich Clotz au duc Julius de Brunswick, *Bibl. Nat., fonds français 4685*, fol. 84.

(2) C'est à tort que l'éditeur des *Mémoires de la Huguerye*, (t. III, p. 212) avance sur la foi d'une note des *Mémoires de la Ligue*, (t. II, p. 228) que Bernsdorff fut fait prisonnier quelques jours avant la bataille d'Auneau; Dietrich Clotz cite Bernsdorff au nombre des chefs restés entre les mains de l'ennemi lors du combat de Vimory.

(3) Lettre autographe du duc de Guise à Henri III, du 6 novembre 1587, *Bibl. Nat., fonds français 4734*, fol. 357.

(4) La lettre que reçut la Reine Mère le 29 octobre 1587 parle de 1200 chevaux de butin ramenés à Montargis, et évalue les pertes des reîtres à 1200 hommes (*Arch. Nat., Sect. Jud., X*[1A] *1706*, fol. 266 v°.)

(5) Lettre autographe du duc de Guise à Henri III, du 30 octobre 1587, *Bibl. Nat., fonds français 4734*, fol. 352.

Casimir destinait au roi de Navarre et dont le Balafré fit présent à la Reine Mère (1). Quant aux étendarts, les reîtres eurent à regretter la perte de six ou sept cornettes brûlées dans l'incendie du village, comme put le constater lui-même le duc de Guise en visitant le logis du baron de Dohna (2), mais celles que les catholiques conquirent à la pointe de l'épée ne représentaient que de pauvres trophées, c'était, paraît-il, des enseignes particulières aux goujats de l'armée, sur lesquelles on voyait figurés les attributs de leur profession, savoir, une étoile, une étrille, une éponge et un peigne (3). Aussi, quand le duc de Guise proposa l'échange des prisonniers et des drapeaux, les reîtres préférèrent-ils garder les trois cornettes tombées entre leurs mains, notamment celle du duc de Mayenne, voulant, disaient-ils, les envoyer au roi, et faisant bon marché des enseignes de leurs valets (4).

A la suite du combat de Vimory, les reîtres, pris d'une véritable panique, délogèrent précipitamment, abandonnant leurs chariots et jetant leurs armes, c'est à grand peine que Châtillon parvint à mettre en sûreté l'artillerie (5). L'armée allemande quoique toujours à cheval, mit trois jours pour faire trois lieues, et se trouvait le 30 octobre concentrée dans trois villages; les reîtres campaient autour de Pré-

(1) Claude de la Châtre, *Discours sur les faits advenus en 1587*, p. 109.

(2) Lettre autographe du duc de Guise à Henri III, du 30 octobre 1587, *Bibl. Nat., fonds français 4734*, fol. 352.

(3) Relation de Châtillon, dans les *Mémoires de la Ligue*, t. II, p. 220.

(4) *Ibid.*

(5) Lettre autographe du duc de Guise à Henri III, du 30 octobre 1587, *Bibl. Nat., fonds français 4734*, fol. 352.

fontaine (1), entourés de leurs chariots, l'infanterie française s'était barricadée dans ce village, la cavalerie du duc de Bouillon avait pris ses quartiers à Treilles, tandis que les Suisses et les lansquenets logeaient à Courtempierre. Ce même jour, les reîtres fort mécontents d'avoir perdu à Vimory leurs bagages, par conséquent le fruit de leurs rapines, d'être sans cesse exposés au premier choc de l'ennemi, se mutinèrent et, se plaignant non sans raison de n'avoir reçu qu'un mois de solde, réclamèrent de l'argent, « car, observaient-ils, le roy de Navarre n'est encore prez de nous, nous ne pouvons aller à luy et luy ne peult venir à nous » (2). A ce moment, leur furie était si grande qu'ils n'écoutaient plus la voix de leurs chefs, le baron de Dohna lui-même ne réussit point à les calmer; au milieu de ce désordre les Suisses, quoique fort mécontents eux-mêmes, s'interposèrent et rappelèrent aux reîtres le traité d'alliance conclu près de Châteauvillain, traité qui unissait leur fortune jusqu'à la fin de la guerre (3). Tout ce tumulte finit par s'apaiser grâce à l'intervention des Français qui promirent certaine somme pour remonter l'équipement dont la perte tenait tant à cœur aux Allemands, alors les reîtres se décidèrent, le 1er novembre, à patienter encore dix-huit jours (4).

(1) Préfontaine, Treilles, Courtempierre, Loiret, arr. de Montargis, cant. de Ferrières.

(2) Lettre de Jean Mélander, premier secrétaire de l'armée allemande, au duc Philippe de Brunswick, *Bibl. Nat., fonds français 3398*, fol. 165.

(3) Relation de Châtillon dans les *Mémoires de la Ligue*, t. II, p. 221.

(4) Lettre de Jean Mélander, premier secrétaire de l'armée allemande, au duc Philippe de Brunswick, *Bibl. Nat., fonds français 3398*, fol. 165.

Avant de pousser plus avant, François de Châtillon, de concert avec Clervant, voulut hasarder un coup de main sur Montargis, dont un gentilhomme normand de petite vertu, le sieur d'Espau, entièrement à la dévotion du duc de Guise, lui avait fait espérer la reddition (1); au moment où le capitaine huguenot se présentait devant les portes, croyant ne rencontrer aucun obstacle et entrer sans coup férir au moyen des intelligences ménagées dans la place, il devina le piège qui lui était tendu et se retira immédiatement, mais l'explosion d'une mine lui fit perdre quelques arquebusiers. Le danger auquel venait d'échapper Montargis, engagea le duc de Guise à demander l'envoi de troupes pour la défense de cette ville, car, écrivait-il à Pierre Brûlard le 8 novembre, « s'est une place quy en peu de tems se peut faire très-bonne, il y faut un soudain ordre et ne s'en remettre sur les habitans » (2). Du reste, le prince lorrain se plaignait beaucoup du peu de service que rendaient les garnisons des petites places du pays telles que Villeneuve-le-Roi, Cravant, et de la forte dépense qu'elles occasionnaient.

L'armée allemande, après trois jours d'un siège dérisoire, se fit ouvrir les portes de Châteaulandon que défendait une garnison de vingt hommes commandée par le capitaine Saint-Amour, et fière de ce succès, mit la ville au pillage (3) ; vers le 3 ou 4 novembre, elle poursuivit sa route se dirigeant du côté de Malesherbes. Pendant ce temps, le duc de

(1) Claude de la Châtre, *Discours sur les faits advenuz en 1587*, p. 111-115.

(2) Lettre autographe du duc de Guise à Pierre Brûlard, du 8 novembre 1587, *Bibl. Nat., fonds français 4734*, fol. 359.

(3) Claude de la Châtre, *Discours sur les faits advenuz en 1587*, p. 116.

Guise s'était porté sur Nemours, afin de surveiller la marche des ennemis, et de pouvoir, si le roi l'ordonnait, diriger contre eux une nouvelle attaque, bien que, disait-il, l'alarme fût encore bien chaude (1), mais dès les premiers jours de novembre, la difficulté toujours croissante de se procurer des vivres le contraignit à modifier ses projets, il dut abandonner sa ligne de bataille qui s'étendait de Nemours à Montargis, le long de la rivière du Loing, et transporter ses quartiers à Montereau où il se trouvait à la date du 6 novembre (2). Cette sorte de retraite effectuée par le duc de Guise sans que l'autorité royale en fût avertie, inquiéta l'esprit soupçonneux de Henri III qui envoya le sieur de Dinteville pour éclaircir ses doutes. Le Balafré répondit qu'en se retirant à Montereau, il n'avait voulu que « reculer pour mieux sauter » (3), que sa cavalerie harassée avait besoin de quelques jours de repos, qu'il craignait de s'aventurer dans la Beauce, pays entièrement dépourvu de rivières et de bois, et d'être investi dans son logis avec les faibles forces dont il disposait, encore diminuées depuis le départ du duc de Mayenne, rappelé dans son gouvernement « par les menées et pratiques qui s'y faisaient » (4).

D'après les informations que recevait à toute heure le duc de Guise et qu'il communiquait à

(1) Lettre autographe du duc de Guise à Henri III, du 30 octobre 1587, *Bibl. Nat., fonds français 4734*, fol. 352.

(2) Le duc de Guise écrivait au roi le 6 novembre 1587 : « La nessecyté de vivres m'a fait reculler de Nemours icy. » *Bibl. Nat., fonds français 4734*, fol. 357.

(3) Claude de la Châtre, *Discours sur les faits advenuz en 1587*, p. 118-120.

(4) D'après le *Livre de Souvenance de Pépin* (éd. Garnier, p. 38) le duc de Mayenne arriva à Dijon le 12 novembre 1587.

son souverain, l'armée protestante, loin de se remettre de son émoi, se désorganisait de plus en plus et marchait sans plan ni dessein arrêté, beaucoup de soldats n'avaient même plus d'armes. Schomberg, qui venait de traverser avec un renfort de reîtres le théâtre de la guerre, écrivait le 10 novembre au secrétaire Brûlart (1) : « J'ay faict en quatre jours, par le chemin que l'on m'a mené, vingt-cinq lieues, et depuis ces quatre jours je vous puis jurer que les chevaulx des reitres n'ont trouvé ny foing, ny avoine, ny grains quelconques, de façon qu'ils sont si harassez que c'est pitié de les voir. »

Effectivement, la plupart des gentilhommes qui servaient dans l'armée allemande, avaient perdu toutes leurs montures, le colonel Boock était réduit à deux chevaux (2). Les attelages manquaient pour l'artillerie; se voyant dans l'impossibilité de traîner leurs pièces les protestants furent obligés de les enterrer, le 12 novembre, ils abandonnèrent un canon qu'ils recouvrirent d'un peu de terre et qui fut ramené au camp du duc de Guise (3). Le même jour, les confédérés subirent une perte autrement regrettable, celle du grand maître de leur artillerie, Couvrelles, qui tomba aux mains des coureurs lorrains et mourut en arrivant dans le quartier du Balafré (4).

Tandis que l'armée allemande prenait position dans la Beauce, le duc de Guise avait à lutter contre des difficultés de tout genre, notamment contre les

(1) *Bibl. Nat., fonds français 4734*, fol. 361.

(2) Lettre de Jean Melander au duc Philippe de Brunswick, du 2 novembre 1587, *Bibl. Nat., fonds français 3398*, fol. 165.

(3) Lettres autographes du duc de Guise à Henri III et à Pierre Brûlard, des 9 et 13 novembre 1587, *Bibl. Nat., fonds français 4734*, fol. 363, 367.

(4) Lettre à Pierre Brûlard, du 3 novembre, *ibid.*

mauvaises dispositions et la sourde hostilité de Henri III qui cherchait à lui enlever tous moyens d'action. Ainsi, le duc adressa vainement dépêches sur dépêches à la Reine Mère (1) pour obtenir l'adjonction à ses forces des reîtres de Bassompierre conduits par Schomberg, qu'il ne demandait qu'à titre provisoire comme troupes de réserve, le roi ne se contenta pas de les faire venir à son camp, mais pour affaiblir encore plus le chef de la Ligue, il lui retira le régiment d'infanterie placé sous les ordres du maître de camp du Cluseau (2). Toutefois, voulant donner au duc de Guise un semblant de satisfaction, Henri III manda au maréchal de Retz de rejoindre ce prince avec 4000 Suisses, un régiment de gens de pied et quelque cavalerie, le maréchal de Retz allait partir, lorsqu'il reçut contre ordre et dut rester aux environs de Paris, où pour comble de disgrâce, ses troupes dévorèrent tous les vivres sur lesquels croyait pouvoir compter le duc de Guise.

Voici en quels termes le prince lorrain confiait à Pierre Brûlard ses déboires et tribulations (3).

« Nessecité n'a point de loy, et sans argent ny « moyens il faut avoir patience, j'en suis logé là et « l'essaye à bon escient apres y avoir mis ce que « j'ay peu. M. de Retz a pris mon pain à Melun,

(1) Notamment le 5 novembre, par cette lettre mentionnée dans une dépêche à Henri III, du 6 novembre 1587, le duc de Guise disait que si M. de Retz voulait avec un peu de cavalerie se placer à l'entrée de la forêt de Bière, pour couvrir sa retraite, il se ferait fort d'attaquer le camp des Allemands, *Bibl. Nat., fonds français 4734*, fol. 357.

(2) Mémoire envoyé de la part du duc Henri de Guise à Don Bernardino de Mendoça, dans de Croze, *Les Guises, Les Valois et Philippe II*, t. II, p. 309.

(3) Lettre autographe, *Bibl. Nat., fonds français 4734*, fol. 369.

« s'est saisy des magazins et dit en avoir charge, « ce que ayseement j'ay creu, et m'a faillu juner, « attendant du pain de Provins, Bray, Nogent « sur Sene et autres lieux de mon gouvernement, « que j'ay fait venir aveq moy du long de la riviere « d'Estampes. »

Ce cours d'eau était la seule voie de ravitaillement à la disposition du duc de Guise, qui n'avait pas seulement de quoi transporter un pain, aussi ne craignait-il pas de dire au roi qu'il lui serait impossible de faire vivre ses troupes s'il s'éloignait de la rivière d'Etampes, toujours en raison de cette pénurie de charrois qui entravait tous ses mouvements (1). Le duc de Guise, que Henri III faisait venir à Etampes, eut bien préféré suivre la route de Dourdan et de Châteaudun, le pays étant moins ravagé offrait plus de ressources à cause des petites villes qui pouvaient constituer une excellente base d'opérations, mais les ordres du roi étaient formels, et le 15 novembre, le duc de Guise quittait la Ferté-Aleps pour se rendre à Etampes, où il arrivait le 17 ou 18 novembre avec environ 1200 lances et 3 à 4000 arquebusiers (2).

Avant de transporter son quartier général à Etampes, le Balafré avait envoyé reconnaître la situation de l'armée confédérée, il apprit d'une part que les reîtres se tenaient à Authon (3), petite localité sise au-dessous de Dourdan, et d'autre part, que les Suisses étaient cantonnés dans deux villages à peu

(1) Lettre autographe du duc de Guise à Henri III, du 15 novembre 1587, *Bibl. Nat.*, *fonds français 4734*, fol. 373.

(2) Claude de la Châtre, *Discours sur les faits advenuz en 1587*, p. 120.

(3) Authon-la-Plaine, Seine-et-Oise, arr. de Rambouillet, cant. de Dourdan.

de distance d'Etampes, Saclas et Guillerval (1); fidèles à leurs habitudes ils ne prenaient pas la peine de se garder, dédaignant leur ennemi et comptant sur la solidité de leurs clôtures. Mais au moment où le duc de Guise se disposait à forcer leurs campements, ils délogèrent, trompant une fois de plus les espérances d'un adversaire implacable (2). La veille de leur départ, le vendredi 13 novembre, MM. de Châtillon et de Bouillon ayant eu vent du projet formé de concert par les reîtres et les Suisses pour se saisir de leurs personnes, vinrent au quartier des Suisses, accompagnés du baron de Dohna et de ses colonels, afin de réprimer ces tentatives d'insubordination qui prenaient un caractère de plus en plus menaçant. Les Suisses obéissant à des suggestions étrangères, réclamaient deux mois de solde ou leur congé, et ne voulaient plus se contenter de vaines promesses, surtout depuis le retour de leurs députés envoyés au camp de Henri III à Bonneval. Il y eut une vive altercation qu'on finit par apaiser en laissant aux Suisses pleine et entière liberté pour s'enquérir des intentions réelles du roi de Navarre (3).

Dès le 21 novembre, Henri de Guise informait le roi de la présence des ennemis à Auneau (4); les reîtres et les Français occupaient la région comprise entre Chartres et Auneau, les régiments de Dommartin et de feu Frédéric de Werden étaient logés à Orsonville (5), petit village à proximité

(1) Saclas et Guillerval, Seine-et-Oise, arr. d'Etampes, cant. de Méréville.

(2) Lettre originale du duc de Guise à Henri III, du 15 novembre 1587, *Bibl. Nat., fonds français 4734*, fol. 373.

(3) Relation de Châtillon dans les *Mémoires de la Ligue*, t. II, p. 224.

(4) Lettre originale du 21 novembre 1587, *Bibl. Nat., fonds français 4734*, fol. 375.

(5) Orsonville, Seine-et-Oise, arr. de Rambouillet, cant. de Dourdan.

d'Auneau sur la route de Dourdan, tandis que le colonel Schregel, avec ses lansquenets, se tenait non loin de là dans une petite localité nommée la Chapelle.

C'est donc à tort que l'un des historiens de la campagne des reîtres (1) prétend que le jour du combat d'Auneau, les cantonnements de l'armée allemande, placés sur une ligne trop étendue, embrassaient des points distants les uns des autres de trois et quatre lieues; Claude de la Châtre (2) parle bien de la dispersion des forces huguenotes, mais on voit par son récit qu'il s'agit des logis occupés du 15 au 20 novembre, alors que les Suisses campaient à Saclas et Guillerval et les reîtres à Authon. M. de Croze est également dans l'erreur (3), lorsqu'il avance que le baron de Dohna avait pris pour une nuit ses quartiers dans le bourg d'Auneau, puisque l'on sait que les reîtres s'y trouvaient établis depuis plusieurs jours.

Le duc de Guise voyant qu'il n'avait aucun secours à attendre de Henri III, voyant aussi que le duc d'Epernon, fidèle exécuteur des instructions royales, ne poursuivait qu'un seul but, la conclusion d'un traité avec les protestants, crut le moment venu de hasarder un nouveau coup de main et se résolut, comme en fit plus tard l'aveu, « à executer promptement l'entreprise d'Auneau, fermant les yeux à plusieurs difficultés qui paroissoyent contrayres, et qui eussent peult être bien merité de les regarder de près en une autre saison » (4). Avec cette

(1) De Bouillé, *Histoire des ducs de Guise*, t. III, p. 240.

(2) Claude de la Châtre, *Discours sur les faits advenuz en 1587*, p. 121.

(3) De Croze, *Les Guises, Les Valois et Philippe II*, t. II, p. 36.

(4) Mémoire envoyé par Henri de Guise à Don Bernardino de

rapidité de conception qui lui était familière, le Balafré se décida de tenter encore une de ces surprises dans lesquelles il excellait et d'exploiter la situation défavorable du baron de Dohna. Ce général s'était imprudemment logé dans le bourg d'Auneau, avec sept cornettes, avant de s'être rendu maître du château qui dominait ce bourg et qui donnait accès à l'une des portes; le capitaine de cette forteresse, en bon ligueur qu'il était, ayant reçu les reîtres à coups d'arquebuse et répondu au baron de Dohna qu'il ne craignait pas l'artillerie des huguenots (1), Dohna, avec ses seuls reîtres, fut bien obligé de s'en tenir à cette réponse, et il n'y eut, quoique la plupart des historiens affirment le contraire (2), aucune convention de neutralité. Claude de la Châtre (3), que son chef avait envoyé sonder le terrain, trouva moyen d'ouvrir des négociations avec ce capitaine et en avisa le duc de Guise, le priant de venir, sans plus tarder, d'Etampes à Dourdan. Henri de Lorraine fit son entrée à Dourdan, le vendredi 20 novembre, dans le milieu de la journée, avec 2500 arquebusiers et 500 corcelets, espérant mettre son projet à exécution le lendemain matin; mais par suite des difficultés qu'opposèrent plusieurs gentilshommes retirés dans le château avec leurs familles et leurs biens, les pourparlers entamés par les soins de La Châtre traî-

Mendoça, le 5 février 1588, dans de Croze, *Les Guises, Les Valois et Philippe II*, t. II, p. 311.

(1) Claude de la Châtre, *Discours sur les faits advenuz en 1587*, p. 128-129.

(2) Henri Martin, *Histoire de France*, t. x, p. 47. — De Croze, *Les Guises, Les Valois et Philippe II*, t. II, p. 36.

(3) Claude de la Châtre, *Discours sur les faits advenuz en 1587*, p. 129-133.

nèrent en longueur et l'entreprise fut différée. En attendant, l'un des lieutenants de Guise, le sieur de Vins, chargé d'opérer une reconnaissance aux portes même d'Auneau, se laissa poursuivre par 300 reîtres sortis de ce bourg qu'il fit tomber dans trois embuscades disposées au milieu de la plaine. Les reîtres furent écharpés et perdirent dans cette rencontre près de 200 des leurs, dont plusieurs officiers et grands seigneurs, entre autres un neveu de l'évêque de Cologne, un comte de Mansfeld, un feld-maréchal, deux lieutenants-colonels et deux capitaines (1).

Pendant que le baron de Dohna s'endormait dans une trompeuse sécurité et s'amusait, pour employer les expressions de La Châtre (2), à enterrer ses morts ou à s'enivrer de compagnie pour fêter la venue toute récente du prince de Conti, le duc de Guise qui avait craint un instant que l'éveil n'eût été donné au camp des reîtres, persista dans son dessein, vint en personne conférer avec le capitaine du château, et triompha de ses irrésolutions au moyen d'un riche présent. L'attaque fut fixée au mardi matin 24 novembre, le duc de Guise partit la veille de Dourdan et, après une marche forcée que la profonde obscurité et l'absence d'arbres et de buissons pouvant servir de point de repère rendirent très-pénible, il arriva sous les murs d'Auneau vers quatre heures du matin. Tandis que la cavalerie commandée par le duc de Guise en personne, cernait le bourg et gardait toutes les issues, l'infanterie, sous la conduite du sieur de Saint-Paul, prenait possession du château (3). Vers six ou sept

(1) Claude de la Châtre, *Discours sur les faits advenus en 1587*, p. 137-138.

(2) *Ibid.*, fol. 139-150.

(3) Ce ne fut point le duc de Guise, comme le prétend M. de Croze,

heures du matin, le signal de l'attaque fut donné, le sieur de Saint-Paul, avec le gros de ses forces, aborda la rue principale du bourg où logeait le baron de Dohna, pendant que le sieur de Ponsenac à la tête de 500 arquebusiers se portait sur une autre rue à main droite.

Entre la basse-cour du château et les maisons de la ville, au débouché des deux rues, les assaillants se heurtèrent à une barricade formée de chariots et de tonneaux que les reîtres, quoique pris au dépourvu, (on dit même qu'ils dormaient à la française), défendirent vaillamment sans reculer d'une semelle. Le sieur de Saint-Paul voyant ses troupes faiblir et lâcher pied, menaça de tuer de sa main tous ceux qui se déroberaient devant le fer de l'ennemi, et donna même l'ordre de recevoir les fuyards par des arquebusades; alors ses gens revinrent à la charge et emportèrent la barricade, passant au fil de l'épée tout ce qui se rencontra sur leur chemin. Les reîtres éperdus s'enfuirent dans toutes les directions, espérant gagner la campagne, mais ils trouvèrent toutes les portes gardées et succombèrent misérablement; quelques-uns des chefs, entre autres La Huguerye, réussirent à s'échapper en sautant par dessus les murailles. Le baron de Dohna lui-même se fraya un passage avec une douzaine de cavaliers, et rejoignit les autres quartiers de l'armée; son désir était de reprendre immédiatement l'offensive, mais il fut obligé d'y renoncer en présence du refus absolu qu'opposèrent les Suisses, décidés à ne plus se battre et à retourner dans leur pays.

(*Les Guises, Les Valois et Philippe II*, t. II, p. 36) qui se précipita avec ses arquebusiers dans le bourg, il se tint aux abords de la place et fit diriger l'attaque par un de ses lieutenants, le sieur de Saint-Paul.

Le combat d'Auneau fut un sanglant échec pour l'armée allemande, deux mille hommes, tant tués que blessés, restèrent sur le carreau (1), sans compter 3 ou 400 prisonniers.

Quant au butin, il fut considérable, les protestants pris au dépourvu avec leurs bagages et prêts à partir, ne purent rien sauver, près de 2000 chevaux tout harnachés et 400 chariots tombèrent au pouvoir des vainqueurs qui s'emparèrent également de neuf cornettes. Suivant le récit d'un chroniqueur bourguignon (2), on compta au nombre de ces trophées la cornette générale du baron de Dohna qui représentait un bras armé tenant une grande fleur de lis d'or, cependant, d'après la relation laissée par Châtillon (3), les Allemands seraient parvenus à mettre hors d'atteinte deux de leurs cornettes, entre autres la *renne fanne* ou cornette générale; d'autre part il est certain que la cornette du duc de Mayenne, perdue à Vimory, fut reconquise à Auneau. Le jeudi qui suivit la victoire, les étendards pris sur l'ennemi furent portés au roi qui se trouvait en ce moment à Artenay, Henri III reçut très-gracieusement Claude de la Châtre chargé de cette mission, ne tarit pas en éloges sur le compte de Henri de Guise, mais s'abstint de faire le moindre présent, particularité qui fut très-remarquée de tous ceux qui connaissaient la générosité, on peut même dire la prodigalité sans limites du monarque (4). Pendant deux jours, les catholiques fouil-

(1) Le Mémoire de La Huguerye sur les *causes de la ruine et dissipation de l'armée* indique le chiffre de 937 morts.

(2) *Livre de Souvenance de Pépin* (édit. Garnier), p. 39.

(3) *Mémoires de la Ligue*, t. II, p. 228.

(4) Claude de la Châtre, *Discours sur les faits advenuz en 1587*, p. 153.

lèrent les maisons du bourg d'Auneau sous prétexte de rechercher les Allemands qui pouvaient s'y être cachés, mais en réalité pour piller à leur aise, et s'en retournèrent à Etampes où ils firent une entrée à la fois triomphale et grotesque, costumés en reîtres allemands et de fantassins transformés en cavaliers (1). Le duc de Guise fit célébrer une messe solennelle dans l'église d'Etampes, partout les ligueurs chantèrent victoire et élevèrent jusqu'aux nues les mérites de leur chef en rabaissant l'autorité royale. Pierre de l'Estoile (2) ne fait point mystère de l'irritation de Henri III, profondément blessé d'apprendre « qu'il n'y avoit predicateur à Paris qui ne criast en chaire que Saül en avoit tué mille et David dix mille », et il ajoute : « Ainsi la victoire d'Auneau fut le cantique de la Ligue, la resjouissance du clergé, la braverie de la noblesse guisarde, et la jalousie du roy qui reconneust bien qu'on ne donnoit ce laurier à la Ligue que pour faire flestrir le sien. » Un autre chroniqueur, fervent ligueur bourguignon, termine son récit de la journée du 24 novembre par l'expression d'un vœu caractéristique : « Dieu veuille, dit-il, preserver et donner victoire à nos princes chrestiens, et veuille extirper et confondre le reste d'une vermine d'heretiques huguenots (3).

Le brillant succès que venait de remporter le duc de Guise, consomma la ruine de l'armée allemande commencée à Vimory, du reste, tout avait concouru à amener l'issue funeste de l'expédition engagée ; les chefs de cette armée commirent une faute capi-

(1) Claude de la Châtre, *Discours sur les faits advenuz en 1587*, p. 152.

(2) *Pierre de l'Estoile,* nouvelle édition, t. III, p. 75.

(3) *Livre de souvenance de Pépin* (édit. Garnier), p. 39.

tale en ne faisant point, en temps opportun, de tentative sérieuse pour passer la Loire et opérer leur jonction avec le roi de Navarre, ce qui eut été facile dans le moment de confusion qui suivit la défaite de Joyeuse à Coutras, ils commirent une plus lourde faute encore en venant s'enfermer dans la Beauce entre l'armée de Henri III et celle du duc de Guise, « mais, comme dit l'un des narrateurs de cette campagne (1), ils vouloient engresser leurs chevaux des avoynes de Beausse et manger des allouettes. » Aussi Chicot, le bouffon attitré de Henri III, prit-il un malin plaisir à faire remarquer au baron de Dohna, le jour où ce général, obligé de capituler, fut festoyé par le duc d'Epernon, qu'il n'avait pas mangé d'alouette qui ne lui eut coûté un reître.

Quel fut le sort de l'armée étrangère après la surprise d'Auneau, déjà désorganisée par suite des tiraillements perpétuels qui séparaient et qui déchiraient les Suisses, les Allemands et les Français, et ne battant plus que d'une aile, elle se disloqua tout-à-fait. La défection des Suisses, arrêtée dans leur esprit plusieurs jours avant le combat, devint un fait accompli; cette défection ne fut pas l'œuvre d'un jour, préparée de longue main par les intrigues du duc de Guise et du roi de France, elle coïncida en quelque sorte avec la défaite infligée aux reîtres allemands. Il n'est pas sans intérêt de parcourir les phases de ces négociations secrètes, qui s'ouvrirent beaucoup plus tôt qu'on ne le croit généralement et de reprendre les faits à leur origine.

(1) Claude de la Châtre, *Discours sur les faits advenus en 1587*, p. 171.

Dès le début de la campagne, la division s'était glissée dans les rangs de l'armée protestante, composée d'éléments mal équilibrés; par suite d'un vice d'organisation, le chiffre du contingent suisse n'était nullement en rapport avec la force numérique de toute l'armée. La Huguerye, secrétaire intime du prince Casimir de Bavière, qui défendit ses intérêts au sein du Conseil militaire durant l'expédition, laisse entendre dans un mémoire relatif aux fautes commises en la conduite des forces allemandes (1), qu'il y avait « trop de Suisses et trop peu de cavallerie. » L'importance de leur effectif rendit aussi plus sensibles les pertes que les maladies leur firent éprouver; un autre mémoire de La Huguerye mettant en évidence « les causes de la ruine et dissipation de l'armée, » nous apprend que M. de Clervant, lors de la dernière revue des Suisses, trouva 1900 malades et seulement 1600 hommes valides (2). Si, à ces causes de démoralisation l'on ajoute la difficulté toujours croissante de se procurer des vivres, l'inclémence persistante du temps, l'absence de payement de la solde promise, l'on comprendra que des symptômes de rébellion ne tardèrent pas à se manifester parmi les Suisses. Vers le 20 septembre, au moment où l'armée d'invasion campée à Saint-Blin attendait d'un instant à l'autre l'arrivée de Châtillon, les Bâlois, on ne sait trop pour quelle raison, se prirent à murmurer et manifestèrent leur mécontentement (3); quelques jours plus tard, les Bernois se mutinèrent à leur tour, menaçant de s'en retourner dans leur pays,

(1) Faultes que la Huguerye prétend avoir esté commises en la conduitte de l'armée, *Bibl. Nat.*, V^c *de Colbert*, vol. 401, fol. 136.

(2) *Bibl. Nat.*, V^c *de Colbert*, vol. 401, fol. 133 v°.

(3) A. de Ruble, *Mémoires de Michel de la Huguerye*, t. III, p. 192.

et nous voyons par une lettre du duc de Guise (1) que cette rébellion n'était pas sans importance, puisqu'il ne s'agissait pas moins de dix enseignes ou compagnies ; les Français, assistés d'un certain nombre de reîtres, accoururent en armes et les contraignirent à marcher.

Le roi de France et son lieutenant le duc de Guise, n'étaient pas étrangers à ce qui se passait chez les Suisses au service du roi de Navarre. Dès le mois de septembre, ayant oui dire qu'il ne serait pas difficile de corrompre et de débaucher une partie des Suisses enrôlés dans l'armée étrangère, ils avaient chargé quelques prisonniers dûment stylés et congédiés à cet effet, d'insinuer à leurs compatriotes que, s'ils voulaient se retirer dans leur pays, non isolément, mais en corps de 5 à 6000 hommes, ils obtiendraient libre passage avec vivres et escorte jusqu'à la frontière du royaume, et recevraient un mois de solde. Les correspondances échangées entre le duc de Guise et Henri III ou ses secrétaires, nous renseignent de la manière la plus précise sur le réseau d'intrigues dans lequel on chercha à envelopper les Suisses. Vers le milieu du mois de septembre, un émissaire venant de Constance, muni d'un passeport et d'instructions de M. de Bellièvre, tomba entre les mains du duc de Guise au moment où il essayait de pénétrer dans le camp des réformés, le prince lorrain se hâta de profiter de l'occurrence, et de concert avec M. de Schomberg, lui fit la leçon, « pour esseier à y barbouller quelque chose et d'ocmenter leur mescontentement quy n'est petit » (2). Le Balafré, il faut bien le dire, s'en-

(1) Lettre originale du duc de Guise à Henri III, du 26 septembre 1587, *Bibl. Nat., fonds français 4734*, fol. 314.

(2) Lettre autographe du duc de Guise à Pierre Brûlard, du 14 septembre 1587, *Bibl. Nat., fonds français 4734*, fol. 312.

tendait merveilleusement à brouiller les cartes et à souffler la discorde, aussi, lorsqu'il apprit la sédition des Bernois, il se demanda tout aussitôt si elle n'était pas « l'effect de quatre ou cinq Suisses que nous leur avions renvoyés, avec charge et instruction pour traicter, ou de cet émissaire venu de Constance » (1).

A la fin du mois de septembre expirait le délai de trois mois fixé par la capitulation des Suisses pour le payement de leur solde, et ils n'avaient rien reçu depuis leur entrée en campagne; par conséquent, les causes de mécontentement non-seulement subsistaient, mais allaient s'aggravant de jour en jour, et les prisonniers amenés au camp du duc de Guise, s'accordaient tous à signaler la division qui régnait non moins chez les Allemands que parmi les Suisses, division que ne pouvait manquer d'entretenir le Balafré au moyen de tous les artifices suggérés par son esprit pénétrant.

On sait que dans les derniers jours de septembre, l'armée coalisée resta plusieurs jours aux environs de Châteauvillain pour goûter un repos nécessaire avant de se diriger du côté de la Bourgogne, Claude de la Châtre nous apprend que d'autres considérations l'obligèrent à s'arrêter (2); cette armée fut retenue par les graves dissentiments qui surgirent au sujet du manque de solde, et qui s'accentuèrent dans de telles proportions que l'un des régiments suisses fit volte-face et déploya ses enseignes pour regagner ses foyers, ce fut à grand peine qu'on parvint à l'empêcher de partir, La Châtre ajoute: « Ilz ont rabillé cela le mieux qu'ilz ont peu, et

(1) Lettre originale du duc de Guise à Henri III, du 26 septembre 1587, *Bibl. Nat., fonds français 4734*, fol. 314.

(2) Lettre de Claude de la Châtre à Henri III, du 5 octobre 1587, *Bibl. Nat., fonds français 4734*, fol. 322.

marchent toutesfois à grand regret. » Toujours est-il certain que les Suisses aigris par leurs déceptions, ne tendaient plus désormais qu'à un seul but, le retour dans leur pays; lors du passage de l'Yonne vers la mi-octobre, quatre mille d'entre eux refusèrent d'avancer et restèrent en arrière (1).

Quand les Suisses incorporés dans l'armée protestante arrivèrent sur les bords de la Loire et se virent en présence des forces royales qui leur furent opposées à dessein, parce qu'elles comprenaient bon nombre de Suisses catholiques, le terrain se trouva admirablement préparé pour entamer de sérieux pourparlers. Si les Suisses protestants, pensait-on avec quelque raison, n'éprouveraient aucune répugnance à combattre les ligueurs, il ne devait pas en être de même en ce qui concernait leurs compatriotes catholiques au service du roi de France. Aussi Henri III et ses conseillers jugèrent-ils le moment opportun pour ouvrir des négociations avec les chefs des Suisses enrôlés sous la bannière du roi de Navarre. Dès le 19 octobre, et non après la rencontre de Vimory, comme le dit M. de Croze (2), Henri III d'après l'avis d'Epernon, Bellièvre et autres « mauvais ministres » de son Conseil (3), adressa une lettre aux colonels, capitaines et gens de guerre des ligues suisses faisant partie de l'armée du duc de Bouillon pour dissiper les illusions qui avaient pu les égarer, pour leur montrer qu'ils portaient

(1) Lettre originale du duc de Guise à Henri III, du 5 octobre 1587, *Bibl. Nat.*, *fonds français 4734*, fol. 334.

(2) De Croze, *Les Guises, Les Valois et Philippe II*, t. II, p. 34.

(3) C'est ainsi que le duc de Guise qualifie les secrétaires d'Etat d'Henri III, qui lui donnèrent le conseil de traiter avec l'armée étrangère, (Mémoire envoyé par Henri de Guise à Don Bernardino de Mendoça, le 5 février 1588, De Croze, t. II, p. 308).

les armes contre le roi de France en personne, au mépris de la paix perpétuelle jurée avec les cantons suisses, et pour leur offrir enfin tous moyens de s'en retourner dans leur pays (1). Cette lettre, que devait porter l'un des hérauts de l'armée royale, fut transmise aux Suisses par un de leurs fourriers, fait prisonnier quelques jours auparavant, parce que l'on craignit d'exposer ce héraut à la fureur des huguenots français exaspérés par cet échange de communications (2).

Bien que les Suisses et les Allemands eussent contracté à Orges (3) l'engagement mutuel de faire cause commune durant toute la campagne jusqu'à la conclusion de la paix et jusqu'à leur licenciement, les chefs des régiments suisses, à l'instigation des hauts personnages dont parle La Huguerye à mots couverts (4), n'hésitèrent point à séparer leur fortune de celle des Allemands, et prêtèrent l'oreille à ces ouvertures. D'après le mémoire justificatif de François de Châtillon au roi de Navarre (5), ce fut Ulrich de Bonstetten, appelé au commandement du régiment de Berne après la mort du colonel Thielman, qui prit l'initiative des négociations (6).

(1) *Bibl. Nat., fonds français 3975*, fol. 129.

(2) C'est ce qui résulte d'une note qui accompagne la teneur de lettre du 19 octobre 1587, note ainsi conçue : « Ced. placart fust fait à Gien le 25 octobre 1587 et baillé à l'un des fouriers pris prisoniers qui le apporta aux Suisses, parce que l'on doupta sy les hughenaux feroint tort au herault, s'il y alloit. *(Bibl. Nat., fonds français 3975*, fol. 129.)

(3) Orges, Haute-Marne, arr. de Chaumont, cant. de Châteauvillain.

(4) A. de Ruble, *Mémoires de Michel de la Huguerye*, t. III, p. 212-214.

(5) *Mémoires de la Ligue*, t. II, p. 217.

(6) Les phases diverses de ces négociations ont été indiquées par M. de Ruble *(Mémoires de Michel de La Huguerye*, t. III, p. 200).

Le 4 novembre, les Suisses déléguèrent auprès du roi de France Ulrich de Bonstetten, avec le capitaine Michel Beldy au nom du régiment de Berne, Jean Ulrich Grebel au nom du régiment de Zurich et Conrad Martin, lieutenant-colonel, au nom du régiment de Bâle, avec pleins pouvoirs pour traiter des conditions de leur retour (1).

Les députés suisses se rendirent au camp royal de Jargeau et y conférèrent le jeudi 5 novembre avec les secrétaires d'Etat, Nicolas de Neufville, seigneur de Villeroy, Pierre Brûlard, et le duc de Nevers, assistés du capitaine Balthazar de Grissach, interprète du roi de France auprès des Cantons. Dans cette entrevue, les conseillers de Henri III exploitant fort habilement la situation, représentèrent aux Suisses qu'aux termes de leur capitulation la solde promise devait leur être payée mois par mois, que cet engagement n'avait pas été tenu, que le roi de Navarre, d'un côté, se trouvait en Béarn, le prince de Condé, de l'autre, à Saint-Jean-d'Angely, et qu'ils ne songeaient nullement à se rapprocher de leurs alliés, que si le roi de Navarre n'avait moyen de leur payer les cinq mois de solde actuellement échus, il lui serait encore plus difficile de régler les neuf ou dix mois de service que les Suisses pourraient encore lui faire; on ne pouvait croire d'ailleurs que le Bearnais disposât du moindre crédit, ce prince n'ayant plus aucune garantie à offrir, depuis que ses domaines avaient été saisis et confisqués au profit de la couronne de France.

mais le savant éditeur n'a point pris garde à l'emploi de l'ancien calendrier par les Suisses, en retard de dix jours, tandis que le roi de France suit le nouveau style, ce qui brouille toutes les dates et introduit quelque confusion.

(1) Instruction et charge donnée aux députés vers Sa Majesté très chrestienne de la part des seigneurs collonelz et cappitaines des

Les secrétaires d'Etat ajoutèrent qu'il n'y avait rien à espérer de la reine d'Angleterre, fort embarrassée elle-même à cause de la formidable invasion que préparait contre elle le roi d'Espagne; déclarant au surplus que si les Suisses prolongeaient d'un ou deux mois leur séjour en France, ils trouveraient toutes les granges dégarnies de grains et ne pourraient au cœur de l'hiver se procurer de quoi subsister, aussi, en admettant même que le roi de France ne disposât point de forces suffisantes pour les réduire, il était certain que la nécessité et la famine se chargeraient de les faire périr en moins de deux mois.

Par toutes ces considérations, disaient en terminant les conseillers de Henri III, les Suisses pouvaient assez « cognoistre les tromperies que ces miserables Françoys, rebelles à leur roy et bannys de leur patrye, leur avoient faict, et par ce devaient-ils donner garde de se laisser induyre et persuader à courir la fortune de telles miserables personnes » (1).

En réponse aux propositions développées dans cette conférence par Ulrich de Bonstetten et autres députés, Henri III, par une lettre du 6 novembre, déclara qu'il ne pouvait en aucun point souscrire à leurs conditions « rudes et desraysonnables », et leur exprima tout son déplaisir de voir

trois régiments des cantons evangeliques de Suysse estant de present en l'armée du roy de Navarre, 4 novembre 1587 (25 octobre, v. st.), copie sur papier, *Bibl. Nat., fonds français 3975*, fol. 131.

(1) Memoire faict aux deputez des Suisses estans au camp des ennemis pour communiquer à leurs collonels et capitaines, selon qu'il a esté aresté verballement avec eulx à Gergeau le jeudy 5 novembre 1587, par mess. de Villeroy, Brullart et moy, aussy la forme du passeport pour s'en retorner en leur camp et revenir trouver le roy. Copie sur papier, *Bibl. Nat., fonds français 3975*, fol. 136-139.

ses intentions méconnues et la résistance opposée à ses volontés (1).

Les conditions offertes par le roi de France étaient les suivantes :

1° Payement de quatre mois de solde, savoir un mois de suite, moitié en argent, moitié en drap et souliers pour l'habillement et équipement des soldats; les trois autres mois payables en Suisse en trois termes, ainsi échelonnés; le premier payement devait s'effectuer le 1er janvier 1589, le second, le 1er janvier 1590, et le dernier, le 1er janvier 1591.

2° Promesse d'une escorte de cavalerie suffisante pour conduire sûrement les Suisses à la frontière.

Les chefs de l'armée protestante, surtout Clervant, colonel général des Suisses, n'ignoraient point ces négociations ouvertes sans leur assentiment et sans leur participation; à la date du 13 novembre, un capitaine de la garde suisse de Clervant, fait prisonnier et amené auprès du duc de Guise, lui apprit que son maître faisait tous ses efforts pour empêcher les alliés de Henri de Navarre, déjà fort ébranlés par les promesses royales, de traiter verbalement, et les engageait à ne répondre que par écrit, parce qu'il avait à sa dévotion le secrétaire de Berne. D'autre part, le duc de Guise se gardait bien de rester inactif et annonçait à Brûlard « qu'il barboullait quelque chose de son couté parmy eux, » mais qu'il n'en parlerait que lorsqu'il y verrait clair, c'est-à-dire prochainement (2).

Le 19 novembre, Henri III, de son camp de Beaugency, adressa aux Suisses une lettre commina-

(1) *Bibl. Nat., fonds français 3975*, fol. 135.

(2) Lettre autographe du duc de Guise à Pierre Brûlard, du 13 novembre 1587, *Bibl. Nat., fonds français 4734*, fol. 367.

toire (1) où il leur donnait à entendre que, s'ils ne se hâtaient pas d'accepter ses propositions, il les traiterait « comme ses cappitaulx ennemys » et les poursuivrait comme tels « par toutes voyes de guerre. »

A cette lettre était jointe une réponse sommaire aux articles présentés par les négociateurs helvétiques.

Le roi, y était-il dit, ne pouvait admettre que les reîtres, Suisses et lansquenets venus dans son royaume, sans y avoir été appelés, ainsi que les Français qui marchaient en leur compagnie, tous pillant et ruinant son peuple, ne voulussent rien entreprendre contre sa couronne et son autorité.

Le roi refusait le passeport demandé.

Refusait pareillement toute suspension d'armes, résolu qu'il était « d'exploicter ses forces sans user d'aucun temporisement. »

Dans l'entourage de Henri III on considérait en ce moment les négociations sinon comme terminées au moins comme bien avancées, ainsi à la date du 25 novembre, le roi écrivant de Bonneval au duc de Nevers pour le tenir au courant des événements militaires, disait en parlant de l'armée ennemie : « Le duc de Guise leur a encores deffait sept cornettes de reistres, les Suisses les quittent aussi, de sorte qu'ils sont fort escourtez, et espere que nous en aurons bon compte » (2). A cette même date, les protestants d'Allemagne eux-mêmes regardaient la situation comme très-aventurée ; au rapport d'un émissaire envoyé en Suisse par le sieur de Villeroy pour savoir ce qui se passait dans les cantons réformés, le duc Casimir avait écrit à

(1) Copie sur papier, *Bibl. Nat., fonds français 3975*, fol. 156.
(2) Lettre originale, *Bibl. Nat., fonds français 3975*, fol. 150.

ses alliés que l'armée des reîtres entrée en France se trouvait fort engagée, la plupart de leurs chefs étant morts, qu'un secours immédiat était nécessaire et, en conséquence, les priait de consentir à une nouvelle levée de 10,000 hommes (1).

Le 23 novembre, c'est-à-dire la veille du combat d'Auneau, les Suisses avaient remis leurs pouvoirs au colonel Ulrich de Bonstetten, au capitaine Michel Beldi du régiment de Berne, au capitaine Félix Scheuchzer et Henri Urgel du régiment de Zurich, et aux capitaines Henri Irmensee et Christ Bertsch du régiment de Bâle, à l'effet de conclure la capitulation avec le roi de France (2).

A partir de ce moment, la défection des Suisses, arrêtée dans l'esprit de leurs chefs, était chose résolue, et la surprise d'Auneau, comme l'observe le duc de Guise dans sa lettre du 5 décembre à Bernardino de Mendoça (3), ne fit que hâter la conclusion du traité qui se négociait depuis un mois. Le 27 novembre, et non le 22, ainsi que l'imprime M. de Ruble (4), les chefs des régiments suisses capitulèrent au camp d'Artenay, et faisant connaître à Henri III qu'ils n'avaient jamais eu l'intention « d'emploier la poincte de leurs picques ny le trenchant de leurs espées » contre lui, ils signèrent l'engagement de ne plus prendre les armes contre le roi de France et de rester désormais

(1) Lettre de Balthazar de Grissach au duc de Nevers, du 20 novembre 1587, *Bibl. Nat., fonds français 3975*, fol. 152.

(2) Procuration donnée par les Suisses au camp de Ronville, le 13 novembre 1587 (v. st.). Copie sur papier, *Bibl. Nat., fonds français 3975*, fol. 158.

(3) De Croze, *Les Guises, Les Valois et Philippe II*, t. II, p. 300.

(4) A. de Ruble, *Mémoires de Michel de la Huguerye*, t. III, p. 200, note.

étrangers à toutes levées qui pourraient se faire dans leur pays sans l'ordre exprès du souverain. Par déclaration du même jour (27 novembre) (1), Henri III prit acte de cette promesse et rendit ses bonnes grâces aux Suisses redevenus ses bons amis, alliés et confédérés; il fit parvenir en même temps aux trois cantons protestants une longue lettre explicative pour leur notifier la soumission et le prochain retour des régiments levés au début de la campagne (2).

Le Reine Mère avisée le soir même de l'heureuse issue des négociations conduites par d'Epernon, envoya le 28 novembre le sieur de Villequier, gouverneur de Paris, annoncer au Parlement que les Suisses protestants étaient venus se jeter aux pieds du roi et lui demander pardon et miséricorde, en jurant de ne plus jamais porter les armes contre Sa Majesté, et que par suite de cette capitulation, l'armée des reîtres, prise d'épouvante, battait en retraite après avoir enterré son artillerie et brûlé ses chariots, « chose qui valloit le gain d'une bataille » (3). Pour célébrer ce brillant succès dont Henri III s'attribuait tout l'honneur, sans tenir le moindre compte de ce qu'avait fait le vainqueur de Vimory et d'Auneau, la Reine Mère fit chanter à Notre-Dame un *Te Deum*, auquel assistèrent les reines, les dames de Nemours et de Montpensier, au milieu d'un concours empressé de populaire, dont l'église était pleine, et dans laquelle,

(1) Copie sur papier, *Bibl. Nat.*, *fonds français 3975*, fol. 158 r°.

(2) La lettre aux trois cantons, qui se trouve en copie dans le même manuscrit *(fonds français 3975*, fol. 158 v°) a été imprimée dans Zurlauben, *Histoire militaire des Suisses*, t. v, p. 210.

(3) *Arch. Nat.*, *Sect. Jud.*, *Parlement de Paris*, *X[1a] 1707*, fol. 57 v°.

dit l'Estoile, « resonnoient plus les louanges du duc de Guise que celles de Dieu » (1).

La convention passée avec les Suisses ne tarda pas à recevoir son exécution, une dépêche importante de Brûlard au duc de Nevers (2) nous renseigne à cet égard et entre dans les détails les plus précis.

A chacun des régiments helvétiques fut délivrée une obligation stipulant le montant des trois payements qui devaient leur être faits dans leur pays; en échange de cette obligation, les colonels et capitaines durent reconnaître par écrit qu'en s'associant à la campagne des Allemands, ils avaient été induits en erreur, et signer l'engagement de rester désormais étrangers à toutes levées qui ne seraient pas demandées, conformément aux traités, par lettres spéciales du roi de France. D'après le journal de l'Estoile (3), ces mercenaires auraient été gratifiés par Henri III de 50,000 écus de drap, tant de laine que de soie, pour l'habillement des soldats et de leurs capitaines, habillement qui avait grand besoin d'être renouvelé après les fatigues et les misères de quatre mois de campagne. Le chiffre qu'indique l'Estoile nous semble un peu exagéré, en effet nous voyons par la lettre de Brûlard, citée plus haut, que les Suisses devaient recevoir à Etampes les premiers 20,400 écus de leur solde d'un mois, moitié en argent comptant, moitié en drap; dès le principe, ils avaient sollicité quelques avances d'argent et des

(1) Pierre de l'Estoile, *Mémoires-Journaux*, nouv. édit., t. III, p. 76.

(2) Lettre originale du 28 novembre 1587, *Bibl. Nat., fonds français 3975*, fol. 170.

(3) Pierre de l'Estoile, *Mémoires-Journaux*, nouv. édit. t. III, p. 76.

chariots, le tout leur avait été accordé, mais par à-compte. L'autorité royale se montra du reste de fort bonne composition à leur égard, elle accepta sans contrôle l'effectif numérique que les chefs des trois régiments voulurent bien indiquer, se résignant à ce sacrifice pécuniaire; « c'est, comme l'observait Brûlard, ung peu d'argent davantaige qu'il couste, mais le marché est fort utile aux affaires du roy. »

Le mouvement de retraite de ces bandes indisciplinées ne s'opéra point sans quelques désordres, difficiles à éviter dans une armée privée de solde depuis son entrée en campagne et dénuée de toutes ressources; sur les réclamations des habitants d'Angerville (1) qui eurent à se plaindre de la licence des gens de guerre, leur colonel, à qui Brûlard avait envoyé par ordre du roi *une bonne depesche,* répondit qu'ils feraient toute diligence pour s'en retourner, pourvu qu'on leur fournit le nécessaire. Les Suisses devaient passer à Etampes le 29 novembre, escortés par le baron de Dinteville chargé de les conduire jusqu'à la frontière; ils poursuivirent leur route sans interruption à travers la Bourgogne, se dirigeant du côté de la Franche-Comté. Arrivés à Saint-Jean-de-Losne du 20 au 25 décembre, les Suisses dépêchèrent auprès du Parlement siégeant à Dôle, un capitaine bernois, le sieur de Diesbach, qu'ils chargèrent de moyenner leur retour par la Franche-Comté; le 26 décembre, le Parlement donna audience à ce gentilhomme, porteur de lettres écrites au nom des trois régiments suisses, et répondit que le comte de Champlitte, gouverneur de la province, pouvait seul

(1) Angerville, Seine-et-Oise, arr. d'Etampes, cant. de Méréville.

accorder le passage demandé (1), faisant observer que la présence du marquis de Pont, actuellement avec son armée aux environs de Pontarlier, constituait un danger pour les Suisses qui ne pouvaient sans risques suivre cette route, et qu'ils agiraient plus sagement en se dirigeant par voies détournées du côté de Montbéliard (2). Antoine d'Oiselay, seigneur de la Villeneuve, présent à la délibération, écrivit le jour même au comte Frédéric de Wurtemberg pour lui donner avis de ce prochain passage des régiments suisses qui, disait-il, pouvaient bien être au nombre de 6 ou 7000 hommes, « bien dehallés et mal en ordre » (3). Le sieur de Diesbach prit note de l'itinéraire qu'on lui indiquait pour s'acheminer vers le gué de la Saône en passant par Apremont, Gy et Villersexel, et fit demander en même temps à M. de la Villeneuve, l'autorisation de déposer en lieu sûr vingt-quatre chariots de bagages qui pourraient retarder la marche de ses compatriotes, malgré ses instances, cette requête ne fut point accueillie (4). Le 28 décembre, le Parlement se réunit de nouveau pour prendre connaissance de lettres qu'il venait de recevoir du comte de Champlitte et, se préoccupant surtout d'éviter toute collision entre les Suisses et les troupes du marquis de Pont, s'arrêta aux mesures suivantes :

Commission serait délivrée à Jacques Tabel, ser-

(1) Philippe II, roi d'Espagne, avisé par le comte de Champlitte de la prochaine arrivée des Suisses, l'invita par une lettre du 7 janvier à prendre les mesures nécessaires pour que le passage de ces Suisses, « qui ne pouvait estre dénié, vu leur povre estat », s'effectuât sans dommage pour le pays. V. *Documents*, n° LXXXIX.

(2) Délibérations secrètes du Parlement de Dôle, du 26 décembre 1587, *Documents*, n° III.

(3) Lettre missive du 26 décembre 1587, *Documents*, n° XXI.

(4) Délibérations secrètes du Parlement de Dôle, du 27 décembre 1587, *Documents*, n° IV.

gent de la garnison de Dôle, pour conduire ces compagnies et les fournir de munitions.

M. de Charlieu, qui exerçait le commandement à Pesmes en l'absence du comte de Montrevel, recevrait mandat de les faire passer sur les ponts de cette ville, en prenant par les faubourgs d'en bas (1).

Après cette délibération, le Parlement de Dôle ne s'occupa plus des Suisses qui ne perdirent pas un instant et se hâtèrent de traverser la Franche-Comté sans être inquiétés par le marquis de Pont, plus désireux de couper la retraite aux reîtres de l'armée allemande qu'aux Suisses incorporés dans cette armée; le duc de Guise déclara lui-même au retour de cette campagne que, déterminé en principe à combattre les Suisses herétiques (2), s'il ne pouvait mettre la main sur les reîtres, par respect pour Sa Majesté catholique il renonça à leur poursuite, le comte de Champlitte lui ayant fait entendre « qu'il importoit grandement qu'ils ne feussent chargez dans le conté » (3). Lorsqu'ils eurent effectué le passage de la Saône, bon nombre de traînards désarmés et malades, par conséquent sans défense, tombèrent entre les mains de quelques « rouleurs français » qui les massacrèrent sans pitié (4). Furent tués et dévalisés dans cette retraite un colonel et plusieurs capitaines.

Aux termes d'une lettre que le docteur Jean Bauhin adressait le 7 janvier 1588 au comte Frédéric de Wurtemberg (5), partie du contingent suisse arriva

(1) V. *Documents*, n° V.

(2) V. *Documents*, n° XX.

(3) Mémoire envoyé par le duc Henri de Guise à Don Bernardino de Mendoça, le 5 février 1588, dans De Croze, *Les Guises, Les Valois et Philippe II*, t. II, p. 313.

(4) Lettre missive à l'évêque de Bâle, du 2 janvier 1588. V. *Documents*, n° XXIII.

(5) V. *Documents*, n° XXIX.

à l'improviste à Montbéliard le 1er janvier, et le lendemain il en passa de 1000 à 1500, la plupart de Bâle et de Zurich, mais on ne vit point de Bernois qui suivirent une autre direction. Au sortir de Montbéliard, ils s'acheminèrent paisiblement à travers l'évêché de Bâle sans donner lieu à aucune plainte (1).

De ces trois régiments qui au début de la campagne formaient un effectif de 15 à 16,000 hommes, que restait-il? S'il faut ajouter foi au témoignage du baron de Dinteville, chargé de protéger leur retraite (2), à peine 3000 hommes valides parvinrent à regagner leur pays, ces malheureux alliés du roi de Navarre, exténués de fatigues et de privations, semèrent de leurs cadavres la route parcourue (3).

Pour comble de disgrâce, à peine rentrés dans leurs foyers, trois officiers du régiment de Zurich, régiment dont la levée s'était faite clandestinement, payèrent de leur tête l'inobservation de leur capitulation et la violation de leur serment; à Berne, on se montra moins sévère, et les mécomptes et déboires de la campagne furent considérés comme une expiation suffisante des fautes qui avaient pu être commises durant cette néfaste expédition (4).

Revenons maintenant aux reîtres de l'armée allemande, leur situation, gravement compromise depuis le combat de Vimory, devint très-critique après la victoire remportée par le duc de Guise à Auneau. Se voyant abandonnés par les Suisses, les reîtres

(1) V. *Documents*, n° XXIII.

(2) Lettre originale de Pierre Brûlart au duc de Nevers, du 27 décembre 1587, *Bibl. Nat., fonds français 3975*, fol. 194.

(3) Nous croyons que le chiffre de 6 à 7000 hommes donné par Antoine d'Oiselay, dans sa lettre du 26 décembre 1587, *(Documents* n° XXI) se rapproche plus de la vérité.

(4) Zurlauben, *Histoire militaire des Suisses*, t. v, p. 119.

décampèrent immédiatement et battirent en retraite dans la direction de Lorris et de Gien. Ils se retirèrent avec une telle précipitation qu'ils jetèrent leurs armes, abandonnèrent une partie de leur artillerie, leurs chariots et même leurs bagages, sans lesquels, observe le duc de Guise, « les reistres ne peuvent estre ni durer » (1). La fuite fut si désordonnée et si éperdue, le désarroi si grand, que les lansquenets de Schlegel se laissèrent charger et mettre en déroute par quelques éclaireurs de l'armée royale; vingt-cinq arquebusiers à cheval suffirent pour désarmer 1200 lansquenets, François de Châtillon eut grand peine à recueillir les fuyards qu'il reçut à la Bussière (2) et dirigea sur Bonny. Ce vaillant homme de guerre, avec un sang-froid remarquable, voulait encore tenir tête à l'ennemi, mais l'un des chefs huguenots, Beauvoir-la-Nocle, l'épée à la main, retint ceux qui voulaient suivre Châtillon, et, d'après le témoignagne de cet héroïque capitaine, on criait partout qu'il voulait perdre la noblesse française. Dès lors, la retraite se changea en déroute, c'est ainsi que cette armée, ou plutôt le troupeau chassé par les troupes catholiques, entra dans le Morvan, ce fut une débandade générale, Châtillon avoue lui même (3) « qu'il n'y avoit plus moien de tenir ordre de gens de guerre, ni entre les Allemands, ni entre les François, tout le régiment de Villeneuve s'était dispersé, il ne restait pas 200 arquebusiers.» Les malheureux reîtres s'arrêtaient soit dans les bois, soit dans les premières maisons qu'ils rencontraient,

(1) Lettre du duc de Guise à Don Bernardino de Mendoça, du 11 décembre 1587, dans De Croze, *Les Guises, les Valois et Philippe II*, t. II, p. 301.

(2) La Bussière, Loiret, arr. de Gien, cant. de Briare.

(3) Relation de François de Châtillon, dans les *Mémoires de la Ligue*, t. II, p. 230 et suivantes.

sans pain pour les hommes et sans fourrage pour les chevaux. Les paysans massacrèrent plus de 1500 de ceux qui erraient à l'aventure au milieu de la campagne ; on connaît, sur la foi d'un contemporain (1), ce trait caractéristique de dix-huit de ces misérables réfugiés dans une grange, incapable de se défendre et de se mouvoir, qui se laissèrent égorger par une femme, tous avec le même couteau.

Un Conseil militaire fut tenu et jugea la situation tellement grave que l'on résolut de discuter sérieusement les propositions royales.

Des les premiers jours qui suivirent le combat d'Auneau, les chefs des reîtres songeaient déjà à obtenir une capitulation honorable qui leur permît de sauver ce qui restait de leurs forces et de rentrer en Allemagne. Brûlard, dans sa dépêche du 28 novembre au duc de Nevers (2), laissait pressentir cette capitulation, il nous apprend que les vaincus avaient déjà, au moins les étrangers, sollicité un sauf-conduit pour sortir de France, et que les protestants français, faisant partie de cette armée, demandaient, en se soumettant à l'édit de pacification, la permission de vivre tranquilles chez eux avec la jouissance de leurs biens, ou dans le cas contraire, la faculté de sortir du royaume, tout en conservant ce qu'ils possédaient. Brûlard ajoutait que l'autorité royale exigeait l'abandon de leurs cornettes et de leur artillerie, et que s'ils étaient vivement poursuivis, *ils feraient tout ce que l'on voudrait.* C'est aussi ce que donnait à entendre le duc de Guise à la date du 5 décembre (3), lorsqu'il annonçait à

(1) Davila, *Historia delle guerre civili di Francia*, t. I. p. 499.

(2) *Bibl. Nat., fonds français 3975*, fol. 170.

(3) V. *Documents*, n° XVII.

Bernardino de Mendoza la conclusion du traité avec les Suisses : Il ne sera pas difficile, disait-il, « d'en fayre de mesme avec le reste de reystres qui se trouvent miserables et desnuez de toutes choses. »

Tandis que le duc de Guise s'efforçait de consommer la défaite des Allemands qu'il voulait exterminer jusqu'au dernier, Henri III, de son côté, « faisait tout ce qu'il pouvait » pour gagner de vitesse les débris de cette armée débandée à un point incroyable, et transportait son camp d'Artenay à Chilleurs-aux-Bois, de Chilleurs à Lorris et de Lorris à Bonny (1). L'un des secrétaires attachés à

(1) A cette occasion, Henri III, de son camp de Bony, adressait au Parlement de Paris la lettre suivante :

De par le Roy,

Noz amez et feaulx, nous avons receu en tres bonne part l'office de conjouissance que vous nous avez faict par vostre lettre du 28e du mois passé sur l'occasion de la retraicte des Suisses protestans qui estoyent entrez en nostre royaulme contre nostre volonté, nous asseurans icelles vous estre procedé d'une tres fidele et cordiale affection et bon zele que vous portez à l'honneur de Dieu, à nostre service et au bien publicq de nostre royaulme. Veritablement il faut que nous recognoissions et tenions, comme nous faisons, par dessus touttes aultres choses de l'infinie et singuliere bonté de Dieu l'advantage qu'il nous a donné sur les ennemis de son sainct nom et les nostres ; car estans entrez en nostredit royaulme en nombre de trente quatre ou trente cinq mil hommes estrangers, tant à cheval que à pied, et passez jusques à la riviere de Loire, il nous a faict la grace de leur avoir deffendu le passage d'icelle miraculeusement, les forces desquelles nous estions assistez n'estant esgalles aux leurs, et lad. riviere s'estant trouvée guayable en plusieurs endroictz, et est certain que l'empeschement dud. passage a esté seul cause de la perte et ruine de lad. armée, laquelle estant auparavant formidable à tous, fuit maintenant devant nous au grand contentement de tous noz bons subjectz, ce qui ne fut advenu, si nous ne nous fussions acheminez en personne en nostre armée et n'eussions mis nous mesmes la main à l'œuvre, car nostre presence a faict partir et monter à cheval nostre noblesse, de laquelle nous recongnoissons avoir esté tres bien et fidellement serviz en

sa personne, de Neufville, assurait au duc de Nevers que le roi avait « résolu d'aller jour et nuit plustost que de les faillir » (1); ses lieutenants, les ducs de Nemours, de Mercœur et surtout le duc d'Epernon, marchaient en avant pour rejoindre les reîtres, avec le dessein avéré non d'achever ces malheureux que la faim et les mauvais chemins réduisaient à la plus rude extremité, mais de les préserver d'une ruine totale en leur imposant une capitulation. Les ménagements gardés par le duc d'Epernon, ménagements calculés et résultant des instructions secrètes de Henri III, indisposèrent fortement le duc de Guise qui, dans la correspondance échangée avec l'ambassadeur espagnol, se plaint avec amertume « des estranges faveurs et ouvertes conivences que Espernon faict paroistre à l'endroict des enemis » (2). En effet, pendant onze

ceste occasion, comme nous l'esperons estre encores en la poursuitte que nous avons entreprise du reste de lad. armée estrangere, pour laquelle advancer nous n'espargnons chose aucune qui soit en nostre puissance, n'ayans rien tant à cueur que de mettre du tout dehors nostredict royaulme lesd. forces estrangeres, affin de delivrer nostre pauvre peuple des maux qu'il reçoit par icelle et à leur occasion, et pouvoir après reunir tous noz subjectz au gyron de l'Eglise catholique, apostolicque et romaine, pour les faire jouir d'une paix entière et perdurable, pour à laquelle parvenir nous nous promettons aussy d'estre tousjours tres fidellement assistez de vostre compagnie en ce qui se presentera, et vous employerons, comme nous vous avons escript par noz dernieres lectres, ausquelles vous nous donnerez tres grand contentement d'obeyr et satisfaire, affin que nous ayons plus de moyen d'executer nostre bonne intention.

Donné au camp de Bony, le 11e jour de decembre mil cinq cens quatre vingtz et sept. Signé : Henry, et plus bas sur le reply : De Neufville. Et sur le doz de la lettre : A noz amez et feaux les gens tenans nostre Cour de Parlement à Paris. (*Arch. Nat., Sect. Jud., X*[1A] *1707*, fol. 98 r°.)

(1) Lettre originale du 30 novembre 1587, *Bibl. Nat., fonds français 3975*, fol. 172.

(2) Lettre du 16 décembre 1587, dans De Croze, *Les Guises, Les Valois et Philippe II*, t. II, p. 303.

jours, le duc d'Epernon suivit les reîtres, se tenant constamment à deux ou trois lieues de distance, les voyant pour ainsi dire tous les jours sans tirer une arquebusade, sans rompre une lance, et sans faire le moindre exploit, refusant même le concours de MM. de Mercœur et de Nemours qui offraient de joindre leurs forces aux siennes pour achever les ennemis; on pouvait croire que d'Epernon n'était là que pour couvrir la retraite des Allemands et leur servir en quelque sorte de garde du corps contre le duc de Guise (1). Enfin, comme le Balafré, accompagné du marquis de Pont, gagnait insensiblement du terrain et se rapprochait des reîtres, (il n'en était plus qu'à six lieues), le duc d'Epernon lui fit dépêcher le sieur de Liancourt avec défense expresse de poursuivre ni d'attaquer ce reste d'ennemis que le roi de France prenait sous sa protection et sauvegarde (2). Henri de Lorraine, la rage dans le cœur, fut obligé d'interrompre la « pourchasse » des reîtres et de dévorer ce nouvel affront; pour comble d'humiliation, ses adversaires attribuant à des causes futiles, pour ne pas dire ridicules, l'échec infligé au chef de la Ligue, firent circuler des vers satyriques où l'on disait :

Mais sans un méchant clou qui lui vint à la fesse
Et qui le garde encore de monter à cheval,
Il les eust tous tuez ou fait bien plus de mal (3).

Les chefs de l'armée allemande arrivés dans le Mâconnais, se voyant enserrés de toutes parts,

(1) Lettre du duc de Guise à Don Bernardino de Mendoça, du 11 décembre 1587, dans de Croze, *Les Guises, Les Valois et Philippe II*, t. II, p. 301.

(2) Mémoire envoyé par le duc de Guise à Don Bernardino de Mendoça, le 8 février 1588, *ibid.*, t. II, p. 312.

(3) Cette pièce de vers est publiée in-extenso d'après la collection

sachant qu'ils avaient derrière eux les duc de Guise et marquis de Pont et devant eux le sieur de Mandelot, gouverneur de Lyon, qui leur barrait la route, craignirent d'être pris entre deux feux et se résolurent à traiter. Le duc d'Epernon, qui leur avait inutilement envoyé après la défaite d'Auneau un gentilhomme français fait prisonnier dans les derniers jours de la campagne, le sieur de Cormont, ouvrit par l'intermédiaire de Claude de l'Isle, seigneur de Marivaux, de nouvelles négociations, cette fois couronnées de succès (1). Malgré la résistance énergique opposée par François de Châtillon dans le conseil de guerre, où il chercha vainement à démontrer à ses coreligionnaires qu'avec un peu d'énergie ils réussiraient à gagner le Vivarais, comme il le fit lui-même, les prince de Conti, duc de Bouillon et baron de Dohna signèrent le 8 décembre la capitulation générale de l'armée allemande (2).

Cette convention passée à Marcigny-les-Nonnains (3) entre le duc d'Epernon d'une part et les principaux chefs de l'armée protestante d'autre part, stipulait tout d'abord la remise entre les mains du duc d'Epernon des cornettes sous lesquelles les Français avaient combattu.

Dupuy, dans l'ouvrage de M. de Bouillé, *Histoire des ducs de Guise*, t. III, p. 246.

(1) Relation de François de Châtillon, dans les *Mémoires de la Ligue*, t. II, p. 233.

(2) Cet acte se trouve en copie *Bibl. Nat.*, *fonds français 17990*, fol. 122 v° et a été publié par les frères Haag (*France protestante*, t. x, p. 200), un texte latin de ce traité existe dans le fonds V^c^ de *Colbert 402*, fol. 226). L'original portait les signatures de François de Bourbon, de Robert de la Marck, de Clervant, de Guitry, de Jean de Lafin, de François d'Angennes, de Bontillac, de Cl. de Cossé, de Couvrelles, du baron de Dohna, et de Frantz de Dommartin.

(3) Marcigny, Saône-et-Loire, arr. de Charolles, ch. l. de canton

Par une clause spéciale Henri III accédait aux demandes formulées dès le début des négociations par les Français et leur laissait la liberté de rester dans le royaume, à charge de régler leur conduite d'après l'édit de pacification, ou de se retirer, s'ils ne voulaient s'y conformer (1).

L'autorité royale accordait aux reîtres allemands libre passage et toutes facilités pour s'en retourner dans leur pays, enseignes ployées, à condition de n'emmener avec eux aucuns prisonniers et sous la promesse de ne plus prendre de service en France sans l'ordre exprès du roi.

On remarquera qu'il n'est pas question dans cet acte de l'artillerie dont parlait Brûlard dans sa lettre du 28 novembre, mais le mémoire de La Huguerye sur les « causes de la ruine et dissipation de l'armée (2) » nous apprend que les reîtres eurent soin d'enterrer cette artillerie avant leur départ,

(1) Nombre de gentilshommes français qui avaient pris part à l'expédition, donnèrent leur adhésion et signèrent l'engagement de ne porter les armes que pour le service du roi et par son exprès commandement et d'obéir à ses édits, le manuscrit 15,574 du fonds français renferme toute une série de promesses, les unes entièrement écrites de la main de ces seigneurs huguenots, les autres simplement revêtues de leurs signatures, mais toutes conçues dans les mêmes termes; nous citerons celles du sieur de Montmartin, (fol. 40), celles de Jean de Bontillac, seigneur de Maserny, (fol. 44), de Claude de Cossé, seigneur de Lurbigny, (fol. 46), qui déclare se conformer au commandement à lui fait par le sieur de l'Isle de Marivault, d'Hérard Bouton, seigneur de Chamilly, (fol. 50), de Guy de Salins, seigneur de la Nocle, (fol. 51), de Bastien de Rosmadec, (fol. 55), d'Antoine Damas, seigneur de Digoine, (fol. 61), des sieurs de Couvrelles, de Nogentel, des Coutures, (fol. 62, 69, 70), qui promettent de faire profession de foi catholique, de Louis de la Taille, seigneur d'Hermeray, (fol. 80), d'Antoine de Cormont, seigneur des Bordes, (fol. 83), de Jacques Dauvet, seigneur d'Arènes, (fol. 95). Le sieur de Raynval seul, tout en promettant de ne plus servir contre Henri III, annonce son intention de quitter le royaume dans le délai de trois semaines.

(2) *Bibl. Nat., Vc de Colbert* 401, fol. 133 v°.

et qu'elle fut retrouvée dix ou douze jours après, grâce à quelques-uns des officiers qui en avaient la charge, demeurés prisonniers, lesquels indiquèrent l'endroit où elle avait été cachée.

Le traité garde également le silence sur les facilités que l'autorité royale mettait à la disposition des reîtres pour les aider à regagner leur pays; le duc de Guise, au courant de tout ce qui se passait, fait allusion dans une de ses lettres (1) aux clauses de ce *beau traicté,* comme il l'appelle ironiquement, et ne manque pas de dire que d'Epernon, afin de conserver intact auprès des étrangers le crédit des hérétiques, ne se contenta pas de leur faire remettre de l'argent mais qu'il leur donna mille arquebusiers de la propre garde du roi avec dix compagnies de gens d'armes pour protéger leur retraite. Deux gentilshommes français, François de Casillac de Cessac et Michel de Castelnau, seigneur de Mauvissière, furent investis du commandement de cette escorte et chargés de conduire les reîtres hors de France.

Henri III éprouva une telle satisfaction de la capitulation des reîtres et de la déconvenue du duc de Guise qu'il ordonna de chanter un nouveau *Te Deum* à Notre-Dame, et fit allumer des feux de joie dans tous les quartiers de Paris, indépendamment d'un grand feu d'allégresse sur la place de Grève; les bourgeois de Paris obéirent. Ceux qui suivaient le parti de la Ligue ne craignirent pas de répéter que « c'estoit grande honte de renvoier telles canailles de brigands, vies et bagues sauves, après

(1) Lettre du duc de Guise à Don Bernardino de Mendoça, du 16 décembre 1587, dans de Croze, *Les Guises, Les Valois et Philippe II*, t. II, p. 303.

avoir si miserablement ravagé le plat pays, volé et destruit la meilleure partie de la France; » on allait même jusqu'à dire « que le reistre avoit esté levé, renvoié et soudoié par le roi » (1).

Certains historiens ont avancé que les chefs de l'armée allemande faussèrent compagnie à leurs soldats et se dérobèrent, le duc de Bouillon d'un côté, Clervant et Dommartin de l'autre, ce n'est pas exact, leur départ ne s'effectua qu'après la signature de la capitulation générale, et encore le duc de Bouillon alors très-gravement malade, prolongea son séjour dans le Charollais jusqu'au milieu du mois de décembre.

A cette époque, le sieur de Cessac vint le trouver à Sarry (2) et lui communiqua les instructions royales qui enjoignaient de conduire les Allemands à Mâcon, de leur faire franchir la Saône et de les diriger par la Bresse sur Genève. Le duc de Bouillon objecta à ce gentilhomme que, suivant les promesses faites par le duc d'Epernon, on devait les mener dans le haut de la Saône, pour passer à Montbéliard entre les frontières de Lorraine et de Bourgogne. Sur ce, François de Casillac répondit que le roi, avisé de la présence des duc de Guise et marquis de Pont avec leur armée qui attendaient les Allemands dans ces parages pour les tailler en pièces, modifiait, dans l'intérêt de leur sûreté, l'itinéraire primitivement adopté, et qu'ils prendraient par la Bresse, où ils recevraient le meilleur accueil du duc de Savoie (3).

(1) Pierre de l'Estoile, *Mémoires-Journaux*, nouv. éd., t. III, p. 77.

(2) Sarry, Saône-et-Loire, arr. de Charolles, cant. de Semur.

(3) A. de Ruble, *Mémoires de Michel de la Huguerye*, t. III, p. 202-203.

Pendant que les reîtres faisaient semblant « de tirer droict au hault de la Saône pour amuser l'armée du marquis de Pont, » qui n'eût pas manqué de venir les chercher jusqu'en Bourgogne et en Bresse, La Huguerye, au nom du baron de Dohna, se rendait à Chambéry pour y négocier le passage des Allemands. Il s'aboucha les 24 et 25 décembre avec le sieur de Jacob, secrétaire du duc de Savoie qui fut assisté du président Pombal, exposa sa requête et obtint gain de cause. Charles-Emmanuel, duc de Savoie, loin de s'opposer à la retraite de l'armée allemande, la favorisa de tout son pouvoir et s'empressa d'écrire une lettre fort courtoise au baron de Dohna et à ses officiers. Toutefois, afin de continuer à donner le change au marquis de Pont qui était aux aguets dans l'attente du passage des reîtres, ce qui restait des bandes allemandes se divisa en deux corps, l'un fort de 2 à 3000 hommes, sous les ordres du baron de Dohna, avec le duc de Bouillon et les protestants francais, passa la Saône à Mâcon, traversa la Bresse du côté de Saint-Amour et les terres de l'abbaye de Saint-Claude, franchit la rivière d'Ain à Poncin et, après avoir évité l'armée du marquis de Pont qui à la date du 1er janvier devait se trouver non loin de Gex, gagna le passage de l'Ecluse, ce qui lui permit d'entrer à Genève au commencement de janvier (1). Le duc de Bouillon rendit le dernier soupir dans cette ville le 1er janvier, pendant que Clervant allait mourir à Châteauvieux chez le sieur de Vauvillers, son

(1) Le correspondant de l'évêque de Bâle, qui trace cet itinéraire de l'armée allemande, exprimait la crainte de voir cette armée entrer dans le pays de Vaud, ce qui eut lieu en effet ; les reîtres retournèrent en Allemagne en traversant ce canton. *Documents*, n° XXIII.

neveu (1); c'est donc à tort que le baron de Zurlauben (2) prétend que ce capitaine accompagna les Suisses dans leur retraite et arriva avec eux à Bâle. L'autre corps, plus faible que le premier, commandé par le colonel Boock, réussit à s'esquiver du côté de l'Alsace, en passant par la Franche-Comté sur les confins du pays de Montbéliard (3).

Tandis que les Suisses et les Allemands, grâce aux capitulations consenties par l'autorité royale, échappaient à une destruction complète et parvenaient tant bien que mal à regagner leur patrie, le duc de Guise ne pouvait se consoler d'avoir manqué une si belle occasion d'anéantir les protestants, et dans sa correspondance avec Bernardino de Mendoça, laisse percer tout son mécontentement et le secret espoir de prendre bientôt sa revanche; il termine sa lettre du 11 décembre par cette phrase significative : « Toutefois, je me rejouis, s'ils (les reitres) passent par mon gouvernement ou en Lorrayne, par quelque prix que ce soit, et sans avoir esgard à nulle parole donnée, de les ataquer et parachever » (4). A ce moment, le duc de Guise ignorait encore la direction que suivrait l'armée allemande, incertain qu'il était des intentions du duc de Savoie, « lequel, dit-il, je ne sçay s'il vouldra permetre que des hereticques ayent leur salut par son moyen » (5). Néanmoins dans l'éventualité du passage des reîtres à travers la Bresse, Henri de Lorraine en informait le comte de Champlitte, gouverneur

(1) A. de Ruble, *Mémoires de Michel de La Huguerye*, t. III p. 208, 211.

(2) Zurlauben, *Histoire militaire des Suisses*, t. v, p. 195.

(3) Davila, *Historia delle guerre civili di Francia*, t. I, p. 499.

(4) De Croze, *Les Guises, Les Valois et Philippe II*, t. II, p. 302.

(5) *Archives Nationales, fonds de Simancas, K 1565, n° 134.*

de la Comté de Bourgogne, « afin qu'il y prît garde de bonne heure. »

Le 15 décembre, le duc de Guise confie à la duchesse de Montpensier (1) qu'il est venu rendre visite au marquis de Pont, pour l'engager à se conformer à la volonté royale, ce que son neveu fera à coup sûr, mais avec l'arrière-pensée d'éluder les instructions de Henri III. « Me doubte, ajoute-t-il, sy les reistres luy viennent passer devant le nez hors la France, luy ou eulx s'en repentiront. » C'est probablement à la suite de cette entrevue que le duc de Guise prit le parti de renvoyer ses troupes ou plutôt de les faire passer sous le commandement du marquis de Pont, selon toute apparence, afin d'avoir ses coudées franches et de poursuivre, sans aucune entrave, l'armée allemande. Le Balafré fait connaître cette résolution dans une dépêche adressée le 16 décembre à l'ambassadeur espagnol où il dit : « Je me suis mis avec M. le marquis du Pont, ayant licentié mes troupes, je me suis mis simple soldat pour l'accompagner » (2). Huit jours après le prince lorrain découvre complètement ses projets, et il écrit le 23 décembre à Bernardino de Mendoça « qu'il a admené le marquis de Pont, pour soubz son nom, m'i couvrant et aydant, de parachever et defayre ce qui reste des reystres ennemis, » annonçant à l'ambassadeur de Philippe II qu'il allait les attendre dans le comté de Montbéliard, et qu'à cet effet il se mettait en marche à travers la Franche-Comté, malgré les difficultés suscitées par François de Vergy, gouverneur de cette province (3). La Comté de Bourgogne et surtout le

(1) *Archives Nationales, fonds de Simancas, K 1565, n° 135.*

(2) De Croze, *Les Guises, Les Valois et Philippe II*, t. II, p. 303.

(3) De Croze, *ibid.*, p. 304.

pays de Montbéliard devaient bientôt connaître toutes les péripéties d'un invasion terrible, qui, malgré sa courte durée, allait jeter partout la ruine et l'épouvante.

CHAPITRE III.

L'INVASION DU COMTÉ DE MONTBÉLIARD PAR LES PRINCES LORRAINS.

I. Irruption des troupes lorraines en Franche-Comté.

Au début du mois de décembre 1587, François de Vergy, gouverneur de la Comté de Bourgogne, instruit par le duc de Guise du prochain passage des reîtres licenciés et renvoyés en Allemagne, s'empressait d'en informer le Parlement de Dôle qui s'émut d'aussi graves nouvelles de nature à troubler la tranquillité de la province. Après avoir pris connaissance des dépêches adressées par le comte de Champlitte, la Cour pria ce personnage de s'enquérir en toute hâte de la route que devaient suivre les reîtres, afin de modifier, s'il était possible, leur itinéraire, puis d'ordonner aux capitaines des villes et châteaux de faire bonne garde, enfin de convoquer les milices du pays ainsi que les vassaux (1). Pendant que le Parlement délibérait, François de Vergy, sans perdre un instant, essayait par tous les moyens en son pouvoir d'empêcher l'entrée imminente des troupes lorraines lancées à la poursuite des reîtres, et non content d'écrire lettres sur lettres au marquis de Pont, il envoyait auprès de sa personne un gentilhomme, porteur d'instructions spéciales, à l'effet « de le divertir de telle entreprinse. » Toutes remontrances demeu-

(1) Délibérations secrètes du Parlement de Dôle, du 18 décembre 1587, *Documents*, n° I.

rèrent inutiles, le 22 décembre le comte de Champlitte annonçait au Parlement de Dôle, réuni en assemblée extraordinaire, le résultat négatif de ses démarches et l'entrée dans le pays du marquis de Pont, accompagné du duc de Guise, à la tête d'un corps de six mille cavaliers et de deux mille fantassins. La Cour reconnaissant l'impossibilité matérielle de s'opposer au passage de forces aussi imposantes, fut d'avis d'expédier deux gentilshommes auprès du marquis de Pont, afin de prévenir toutes exactions et violences, et de renouveler l'édit qui interdisait le port des armes hors du pays, sauf pour le service de Sa Majesté catholique (1).

Les nouvelles communiquées par François de Vergy n'étaient que trop exactes; à la date du 22 décembre, l'armée des princes lorrains, forte de 5 à 6000 chevaux et de 2000 fantassins d'élite, tant français qu'allemands et italiens, venait de faire irruption dans les villages voisins de Dôle (2), se dirigeant rapidement du côté de Saint-Amour et de Saint-Claude pour barrer le chemin aux 3000 reîtres allemands qui après avoir passé la Saône à Mâcon, traversaient la Bresse dans l'espoir d'atteindre Genève. Cette armée arrivait chargée de dépouilles conquises sur les protestants; de l'aveu même des reîtres, les chevaux, prisonniers, argent et bagages pris par les catholiques, représentaient une valeur de 500,000 écus (3). On citait un gentilhomme, le

(1) Délibérations secrètes du Parlement de Dôle, du 22 décembre 1587, *Documents*, n° II.

(2) Lettres d'un correspondant anonyme de la ville de Bâle, des 22 et 23 décembre 1587, *Documents*, n°s XVIII et XIX.

(3) Lettre du capitaine Balthasar de Grissach à la ville de Soleure, du 23 décembre 1587, traduction française, dans Zurlauben, *Histoire militaire des Suisses*, t. v, p. 207.

sieur de Rochebaron qui à lui seul étalait un butin estimé 60,000 écus, tant en or, vaisselle d'argent, pierreries, qu'autres objets précieux provenant de Robert de la Marck, duc de Bouillon, beaucoup d'autres soldats en avaient pour 5 à 6000 écus (1). Pour ne point traîner dans les montagnes tous ces bagages qui eussent gêné leur marche, le duc de Guise et le marquis de Pont les firent conduire en Lorraine par 200 de leurs reîtres (2). Malgré toute leur diligence, ils ne purent rejoindre les Allemands, à qui la peur donnait des aîles, et ne parvinrent à empêcher leur entrée à Genève. Le Balafré arrivé à Saint-Claude, ne manqua point de faire ses dévotions au saint vénéré dans la contrée et voulant consacrer par un monument durable à la fois le souvenir de son passage et des victoires remportées sur les Allemands, fit placer dans l'église abbatiale de cette ville une inscription votive, dont Pierre de l'Estoile nous a conservé le texte sous cette rubrique :

« Ce qui fut gravé en l'eglise Saint Clode lorsque le duc de Guise y fust paier son vœu après la routte des reistres à la fin de 1587 (3).

Cette inscription latine célèbre dans un langage hyperbolique les hauts faits accomplis par le duc de Guise qui, y est-il dit, avec 3000 hommes tailla en pièces et anéantit une armée de 45,000 Allemands Suisses et Français, venus dans le royaume de France pour arracher les clefs de Saint-Pierre.

(1) Lettre d'un correspondant de la ville de Bâle, du 22 décembre 1587, *Documents*, n° XVIII.

(2) Lettre missive écrite de Dôle à l'évêque de Bâle, du 2 janvier 1587, *Documents*, n° XXIII.

(3) Pierre de l'Estoile, *Mémoires-Journaux*, t. III, p. 113.

Henri III ne voulant pas rester en arrière, fit frapper une médaille commémorative non moins significative, représentant d'un côté le portrait du roi, avec la légende : *Henricus Pius D. G. Francorum et Pol. Rex, 1588,* et au revers, entre autres sujets allégoriques, une main sortant des nuages qui sème de l'argent sur une troupe d'infanterie, et en regard des officiers désarmés sortant d'une ville pour aller au devant d'une troupe de cavalerie armée qui figure les reîtres (1).

Voyant l'insuccés de leur entreprise, les princes lorrains rebroussèrent chemin, dirigeant leur course du côté de la Chaux-des-Crotenay, de Nozeroy et de Pontarlier. Le 3 janvier, ils se trouvaient à Nozeroy ainsi que dans les villages voisins et devaient prendre leur gîte le lendemain à la Rivière, le surlendemain à Pontarlier, se proposant de passer par Montbenôit et Morteau pour regagner la Lorraine (2).

Bien que la Comté de Bourgogne, alors sous la domination espagnole, fût considérée par les Guises comme pays ami, quoi que les princes lorrains eussent promis de passer « légièrement » sans s'arrêter (3), les troupes placées sous leurs ordres, avides de rapines, n'en traitèrent pas moins la Franche-Comté en pays ennemi; reîtres, français et albanais rivalisant d'ardeur, commencèrent par

(1) La description complète de cette médaille se trouve dans l'ouvrage du baron de Zurlauben, *Histoire militaire des Suisses*, t. v, p. 196-197.

(2) Lettre missive d'un correspondant de la ville de Bâle, du 4 janvier 1588, *Documents*, n° XXVI.

(3) Lettre du duc de Guise à Don Bernardino de Mendoça, du 23 décembre 1587, *Documents*, n° XX. — Délibérations secrètes du Parlement de Dôle, du 3 janvier 1588, *Documents*, n° VII.

piller et par livrer aux flammes tous les villages qu'ils rencontrèrent sur leur route (1). Dès la fin de décembre, la présence de ces aventuriers autour de Besançon ne laissa pas que d'inspirer quelques inquiétudes à la bourgeoisie de cette ville qui, « considérant que les gens de guerre françoys soub la conduytte de M. de Guyse passans par ce pays, à couleur de vouloir donner sur les reystres et ennemys retornans de France, ne s'advançoient gueres, ravageoient, pilloient et brusloient, » décida de renforcer de quatorze hommes la garde de la cité et d'en donner avis à M. de Raulcourt (2). Le 2 janvier, les officiers de Quingey et d'Abbans, qui avaient avisé le Parlement de Dôle des désordres commis dans leur ressort par les reîtres au service des marquis de Pont et duc de Guise, recevaient des instructions à l'effet de procéder à des enquêtes sur ces exactions, tandis que François de Vergy était prié d'adresser des représentations aux marquis de Pont et duc de Guise au sujet de ces actes d'hostilité, en les invitant à y mettre bon ordre (3).

Le dimanche 3 janvier, le Parlement de Dôle, informé par le comte de Champlitte des excès auxquels se livraient les gens de guerre entre Saint-Claude et Pontarlier, s'assemblait pour donner son avis au gouverneur de la province. D'une voix unanime, la Cour décida l'envoi auprès des princes lorrains « d'ung personnaige de respect pour leur représenter les grandz excès et insolences que commectaient leurs gens en ce peïs, leur disant,

(1) Délibérations secrètes du Parlement de Dôle, du 28 décembre 1587, *Documents*, n° V.

(2) Délibérations municipales de Besançon, du 29 décembre 1587, *Archives de la ville de Besançon*.

(3) Délibérations secrètes du Parlement de Dôle, du 2 janvier 1588, *Documents*, n° VI.

que les ennemys n'y eussent pas tant fait de maulx ». Antoine d'Oiselay, seigneur de la Villeneuve, devait se transporter auprès de François de Vergy et le prier de se rendre à Salins, où il serait plus à même de surveiller les troupes lorraines et pourrait hâter leur rapatriement (1).

Toutes ces mesures restèrent inefficaces, les « voleries, larrecins et saccagemens » continuèrent de plus belle, et les malheureux habitants des campagnes, laissés sans défense, eurent grandement à souffrir du passage de ces reîtres catholiques qui ne valaient pas mieux que les reîtres protestants; c'est avec raison qu'un correspondant de la ville de Bâle pressentait que l'entrée du marquis de Pont dans le pays serait « une mirable foulle et perte pour le pouvre peuple » (2). Certain habitant de Dôle, dans une lettre adressée le 2 janvier à l'évêque de Bâle, mentionne les« grandz desgatz et foules » faits dans les villages avoisinant Besançon, et ajoute que le seul remède à une situaiton aussi lamentable était le départ des Lorrains qu'il fallait presser « pour eviter l'entiere ruine des pauvres vilageois. » (3).

Il résulte des délibérations secrètes du Parlement de Dôle que la Franche-Comté, prise au dépourvu par une invasion aussi soudaine, ne put non-seulement opposer la moindre résistance, mais encore n'eut même pas le temps d'adopter les mesures nécessaires afin de procurer un abri aux gens dés campagnes, qui restaient, eux et leurs biens, à la merci de soudards indisciplinés; il fallut subir tous les excès de cette armée qui mal-

(1) Délibérations secrètes du Parlement de Dôle, du 3 janvier 1588, *Documents*, n° VII.

(2) Lettre missive du 22 décembre 1587, *Documents*, n° XVIII.

(3) Lettre d'un correspondant dôlois, *Documents*, n° XXIII.

heureusement ne se borna point à un simple passage, mais rançonna le pays à loisir. A la date du 12 janvier 1588, alors que le gros des forces lorraines se trouvait déjà dans le comté de Montbéliard, le Parlement franc-comtois eut à examiner la requête présentée par les officiers du siège de Pontarlier au sujet des exactions de toute nature sous lesquelles gémissait cette région et dépêcha les conseillers Marceret et Clément auprès des princes lorrains; ces deux conseillers partirent le 13 janvier et revinrent le 22 à Dôle (1).

Ils allaient, selon toute vraisemblance, solliciter le remboursement des vivres et munitions fournis aux troupes lorraines pendant leur passage et réclamer la restitution des larcins de tout genre dont s'étaient rendus coupables les gens de guerre marchant sous la conduite du marquis de Pont, il y a tout lieu de croire que leur voyage n'amena aucun résultat. A cette époque, si les armées en campagne prenaient volontiers tout ce qui était à leur convenance, il n'entrait guère dans leurs habitudes de rendre le produit de leurs extorsions.

Non contents de ravager la Franche-Comté, ces pillards franchirent les montagnes et se jetèrent sur les villages des comtés de Neufchâtel et de Valangin qu'ils saccagèrent et incendièrent, mais devant l'attitude résolue du Sénat de Berne qui prit aussitôt des mesures énergiques pour réprimer ces actes de brigandage, les bandes lorraines ne tardèrent pas à évacuer le territoire suisse (2).

(1) Délibérations secrètes du Parlement de Dôle, des 12 et 23 janvier 1588, *Documents*, nos IX et X.

(2) Histoire du saccagement des comté et terres de Montbéliard, par André Duvernoy, publiée par Ch. Duvernoy dans le *Journal de l'Institut historique*, 1835, p. 21.

Au retour de la poursuite infructueuse des reîtres, le duc de Guise s'arrêta quelques jours au château d'Usie, qui appartenait à Gérard de Watteville (1), et, s'il faut en croire des relations contemporaines (2), y tint conseil avec le marquis de Pont pour examiner la situation et prendre un parti.

En effet, l'embarras des Guises était grand, alors que la campagne, brusquement finie, n'avait point répondu aux espérances que ces princes avaient conçues, ils ne savaient plus que faire de leurs troupes. La Franche-Comté, épuisée par le fréquent passage des gens de guerre, notamment des compagnies albanaises et italiennes au service du duc de Lorraine, n'avait ni grains, ni argent, et se trouvait hors d'état de subvenir à l'entretien d'une armée; dans ces conditions, les princes lorrains ne pouvaient songer à éterniser dans ce pays les mercenaires enrôlés sous leur bannière, qui n'avaient reçu aucune solde depuis longtemps et dont les désordres provoquaient des plaintes générales. D'un autre côté, la saison était mauvaise, des pluies torrentielles qui tombaient sans interruption depuis quinze jours, avaient amené le débordement des rivières et ralentissaient considérablement la marche d'une armée en campagne; avant de rentrer en Lorraine, il devenait nécessaire de laisser reposer les troupes dont les Guises

(1) Le duc de Guise s'y trouvait dès la fin de décembre, suivant une lettre de Guillaume de Vaux, capitaine de Clerval, à Frédéric de Wurtemberg, du 29 décembre 1587, *Documents*, n° XXII.

(2) Histoire du saccagement des comté et terres de Montbéliard publiée par Ch. Duvernoy, *Journal de l'Institut historique*, 1835, p. 20. — Histoire veritable et espouvantable des voleries, brigandages incestes sodomies, meurtres, saccagemens et aultres nouvelles cruautez non ouyes par cy devant, commises es terres du comté de Montbeliard par le marquis du Pont et par le duc de Guise et leur troupes es mois de décembre 1587 et de janvier de l'an suyvant 1588, etc., p. 4. *(Arch. Nat., fonds Montbéliard, K 1966.)*

avaient la charge, et de leur faire prendre en quelque sorte des quartiers d'hiver. Le marquis de Pont qui n'oubliait point les excès commis naguère en Lorraine par les reîtres allemands et qui tenait avec raison le comte Frédéric de Wurtemberg pour l'un des alliés et partisans du roi de Navarre, proposa de faire irruption dans le comté de Montbéliard, pays encore inexploré par les gens de guerre, et où par conséquent il était sûr de trouver les greniers remplis des récoltes de l'année et de faire vivre largement ses soudards aux dépens des huguenots, combinaison qui lui souriait d'autant plus qu'il entrevoyait la perspective de terribles représailles.

Le plan tracé par le marquis de Pont fut adopté, et l'invasion du comté de Montbéliard décidée. Maintenant cette décision fut-elle prise au château d'Usie, comme le laissent entendre les relations citées plus haut? rien n'est moins certain. Un fait incontestable, c'est que l'invasion du comté de Montbéliard était arrêtée dans l'esprit du duc de Guise le jour où les bandes lorraines pènètrèrent en Franche-Comté, car dès le 23 décembre, dans une dépêche adressée à Bernardino de Mendoça, il annonçait sa marche sur Montbéliard.

Bien que les princes lorrains eussent résolu de tenir secrète leur entreprise pour ne pas laisser aux paysans le temps de mettre leurs biens en lieu sûr, le projet qu'ils avaient formé s'ébruita, et vers la fin du mois de décembre, le comte Frédéric de Wurtemberg, désireux et même anxieux de savoir quelles étaient les intentions du duc de Guise, chargeait l'un de ses officiers, Guillaume de Vaux, capitaine de Clerval, de se rendre auprès du Balafré qu'il croyait à Besançon. Guillaume de Vaux répondit le

29 décembre que le duc se trouvait non à Besançon, mais du côté d'Usie, pour y attendre le passage des reîtres, que son plan de campagne n'était pas connu, « telz secrès ne se communiquant à ung chacun », et pour s'acquitter de la mission délicate que son maître voulait bien lui confier, à l'effet de remettre les lettres dont il était porteur, le capitaine de Clerval faisait timidement observer qu'il ne lui semblait pas inutile d'obtenir un sauf-conduit du duc de Guise, de crainte d'en recevoir déplaisir et dommage (1).

Dès les premiers jours de janvier 1588, la direction suivie par l'armée des Guises n'était un mystère pour personne, le 4 janvier, un correspondant anonyme de la ville de Bâle écrivait de Morteau que les troupes des marquis de Pont et duc de Guise avant de regagner la Lorraine se proposaient de séjourner quelque temps dans le comté de Montbéliard, ce fait ne pouvait être révoqué en doute, le capitaine d'une compagnie de cent chevaux logée dans un village du pays venait de lui annoncer qu'il prenait le chemin de Montbéliard, ainsi que toute l'armée (2). Deux jours après, l'un des capitaines au service des Guises, le sieur de la Rochette, ayant demandé le passage par Besançon pour lui et sa compagnie, le corps municipal assemblé le 6 janvier refusa de laisser entrer ces gens de guerre, « encoires que l'on les tenoit amys, pour eviter quelque pernicieuse consequence, à raison que aultres pourroient cy après requerir le semblable, à couleur du passage de ceulx icy » (3).

(1) *Documents*, n° XXII.
(2) *Documents*, n° XXVI.
(3) *Archives de la ville de Besançon*, registre de délibérations municipales, 6 janvier 1588.

Avant de suivre le marquis de Pont dans le comté de Montbéliard, voyons quelle était la force de son armée. La plupart des historiens en exagèrent l'importance et parlent d'un effectif de 12 à 15,000 hommes, elle ne comptait en réalité que 6000 cavaliers et 2000 fantassins. Cette armée n'avait point d'artillerie et fort peu de munitions de guerre, on voit que dès son arrivée en Franche-Comté, c'est-à-dire le 24 décembre 1587, le marquis de Pont fut obligé d'envoyer l'un de ses valets de chambre à Besançon pour y acheter 800 livres de poudre d'arquebuse et 600 livres de plomb, la bourgeoisie bisontine, heureuse d'être agréable aux Lorrains qu'elle considérait comme ses amis, prêta les mains à cette opération (1).

La plupart des éléments qui entrèrent dans la composition de l'armée du marquis de Pont faisaient déjà partie des forces que le duc de Lorraine mit sur pied au mois de juillet 1587 pour la défense de son pays. Un état (2) dressé le 12 juillet 1587 nous fournit les indications suivantes; nous y relevons une compagnie de 200 chevau-légers attachée à la personne du marquis de Pont, quatorze compagnies de chevau-légers lorrains formant un total de 840 chevaux, dix compagnies de chevau-légers italiens se montant à 1000 chevaux, 500 Albanais, quatre compagnies d'arquebusiers à cheval, fortes chacune de 50 hommes, quatre mille reîtres et huit régiments d'infanterie. Or, l'armée conduite par le marquis de Pont comprenait plusieurs régiments de reîtres sous les ordres des colonels Charles de Mansfeld, Gérard de Reinach, seigneur de Saint-Baslemont, et Jean-Rodolphe

(1) *Archives de la ville de Besançon*, registre de délibérations municipales, 24 décembre 1587.

(2) Déclaration de l'armée que Son Altesse (le duc de Lorraine), faict lever pour la seureté et deffence de son pays, *Bibl. Nat., fonds français 3975*, fol. 81,

Schlégel; elle comptait aussi un certain nombre d'Albanais, plusieurs compagnies de chevau-légers italiens qui suivaient la cornette du colonel Ferrand Cavalquin avec le marquis de Malespine pour lieutenant; une compagnie italienne sous le commandement de Charles de Lenoncourt servait d'escorte au marquis de Pont, sans préjudice d'une autre compagnie de gardes du corps dont André de la Routte était capitaine. Le baron Adolphe de Schwartzemberg, qui prit une part des plus actives à la campagne contre les reîtres allemands, avait sous ses ordres cinq compagnies de lanciers et carabins, quant à Chrétien de Savigny, sieur de Rosne, il conduisait avec le titre de maître de camp dix compagnies de chevau-légers, de même que Chrétien d'Artigotty était colonel d'un régiment d'infanterie. Tels étaient les principaux chefs des bandes qui allaient saccager le comté de Montbéliard. Henri de Lorraine, marquis de Pont-à-Mousson, fils du duc Charles III, se réserva le commandement suprême et la direction de toute l'armée, pendant que le duc de Guise, restant volontairement à l'écart, ne gardait qu'un rôle effacé et se contentait de remplir les fonctions de lieutenant-général du marquis de Pont.

Si dès le 4 janvier la rumeur publique en Franche-Comté faisait connaître l'objectif des troupes lorraines, par contre, à cette même date, le comte Frédéric de Wurtemberg en était encore à scruter les intentions des Guises et à se demander si réellement ils nourrissaient quelques projets hostiles à l'égard de ses domaines.

Le 5 janvier, l'un des colonels de reîtres au service du duc de Lorraine, Gérard de Reinach, cantonné dans le village de Pompierre, fut grâcieusement invité par Jean de Gilley, seigneur de Marnoz, « avec lequel il avoit bien bonne cognoissance », et vint dîner à Clerval. Guillaume de Vaux, investi par le comte de Montbéliard du commandement de cette petite place, se trouva au nombre des convives, et chercha dans la conversation à pénétrer les desseins des duc de Guise et marquis de Pont. Au sortir du repas, l'un des capitaines de Gérard de Reinach, prenant à part Guillaume de Vaux, lui fit comprendre que personne ne pouvait mieux renseigner le comte de Montbéliard que le seigneur de Saint-Baslemont, tant à cause de ses relations personnelles avec les princes lorrains qu'en raison de son désir de rendre service et d'être agréable au comte Frédéric (1).

Quoique rien dans les propos échangés ne trahît des projets hostiles, le capitaine de Clerval, voyant de jour à autre se succéder de nouvelles troupes dans le pays, n'était pas rassuré, et il écrivait le 6 janvier au secrétaire Thevenot que dans son opinion les princes lorrains, conformément aux instructions du roi de France, tâchaient d'entretenir leurs compagnies dans ces quartiers en attendant meilleure occasion, aussi lui recommandait-il d'ouvrir les yeux sur ce qui allait se passer autour de Montbéliard, ajoutant en matière de conclusion: *Vigilate, nescitis diem, neque horam.* Sa lettre se terminait par l'annonce du départ de Gérard de Reinach dans la direction de Granges (2).

Les craintes exprimées par Guillaume de Vaux n'étaient que trop fondées, peu de jours avant l'arrivée des troupes lorraines, le chapelain de Mont-

(1) Lettre missive de Guillaume de Vaux au comte Frédéric de Wurtemberg, du 5 janvier 1588, *Documents*, n° XXVII.

(2) *Documents*, n° XXVIII.

joie recevait de la dame de Franquemont un avis relatif à l'invasion imminente des terres et seigneuries de Montbéliard, où les duc de Guise et marquis de Pont se promettaient, disait-on, « de faire une belle picquorée »; ce prêtre s'empressa d'envoyer l'avis en question aux officiers de Blamont qui le transmirent immédiatement au comte Frédéric (1).

Sur ces entrefaites, le marquis de Pont quittait Orchamps-Vennes où il avait passé les 6 et 7 janvier, et en partant signait des lettres de sauvegarde pour la maison de Charles et Martin Viet qui lui avait servi de demeure pendant deux jours, faveur précieuse entre toutes que cette exemption du logement des gens de guerre et cette décharge de toutes contributions et exactions (2). D'Orchamps-Vennes le marquis de Pont transporta son quartier-général à Pierrefontaine-les-Varans, petit village de la terre de Passavant, où il séjourna du 7 au 8 janvier dans le logis seigneurial de Pierre de Maizières, l'un des vassaux du comté de Montbéliard pour le petit fief de Pierrefontaine; ce logis eut l'honneur de recevoir successivement les principaux chefs de l'armée lorraine, ainsi le condottière Ferrand Cavalquin y passa le 9 janvier, comme on le voit par l'attestation signée de sa main qu'il y délivra en date de ce jour (3). Voici, d'après un témoin oculaire (4), dans quel ordre les troupes lorraines firent leur entrée à Pierrefontaine. On vit d'abord arriver les reîtres du comte de Mansfeld, dont les pages

(1) Déposition d'Antoine Oudot, prêtre chapelain de Montjoie, du 7 février 1591, *Documents*, p. 226.

(2) *Documents*, n° XXX.

(3) *Documents*, n° XXXV.

(4) Déposition de Pierre de Maizières, seigneur de Pierrefontaine-les-Varans, du 26 février 1592, *Documents*, n° LXXIX.

portaient sur leurs casques les armes du duc de Lorraine, c'est-à-dire la croix double, vinrent ensuite les gens de Charles de Lenoncourt, lieutenant de la cavalerie italienne du marquis de Pont, puis Chrétien d'Artigotty, chef de quatorze compagnies de gens de pied, le colonel Ferrand Cavalquin avec ses Italiens, enfin le baron de Viteau et le sieur de Laforest, quartier-maître chargé d'assurer le cantonnement des troupes, qui au nom du général en chef de l'armée, donna ordre aux maréchaux des logis et fourriers de ne loger personne dans la maison de M. de Maizières (1). Au moment de leur passage à Pierrefontaine, les Lorrains ne se gênaient pas pour dire qu'aussitôt entrés dans le comté de Montbéliard « ilz feroient ripaille et du pis qu'ilz pourroient ». Charles de Lenoncourt offrit même au sieur de Pierrefontaine de venir à sa suite et de le dédommager largement du tort qu'on pourrait lui faire, en lui donnant sa part du butin.

Pendant six jours consécutifs, les bandes lorraines effectuant leur passage, prirent leur gîte à Pierrefontaine et ne se firent aucun scrupule d'enfoncer à coups de haches les portes des maisons abandonnées par leurs habitants, d'où ils enlevèrent tout ce qui était à leur convenance. Non content de ces déprédations, un capitaine du nom de Vistarin trouva moyen d'extorquer douze écus pour faire avancer sa compagnie, et les reîtres de Gérard de Reinach emportèrent comme souvenir trois calices d'argent pris dans l'église de ce pauvre village (2). Ni la présence de Pierre de Maizières, seigneur de

(1) *Documents*, n° XXXI.

(2) Enquête sur les dommages causés et les excès commis dans la seigneurie de Passavant, *Documents*, n° LXXXVII, p. 324.

Pierrefontaine, ni l'hospitalité reçue par le marquis de Pont et les chefs des compagnies n'empêchèrent l'incendie du village allumé par les derniers occupants, vingt maisons devinrent la proie des flammes (1). Les mêmes excès furent commis par les troupes lorraines dans les autres villages de la seigneurie de Passavant qui relevait du comté de Montbéliard; Domprel, Grandfontaine, la Sommette, Landresse, Vellevans et Cervin hébergèrent pendant plusieurs jours les compagnies françaises, et virent partout se renouveler les mêmes scènes de désolation. La seigneurie de Clerval, autre fief appartenant au comte de Montbéliard, n'eut point le privilège d'échapper aux exactions des gens de guerre; malgré l'insigne honneur que reçut Guillaume de Vaux, capitaine de Clerval, admis à la table du seigneur de Saint-Baslemont, reîtres et Français exercèrent en toute liberté leurs brigandages, ils arrivèrent pêle-mêle à Viethorey et Anteuil où ils couchèrent deux nuits, dévorant la substance et vidant les maisons des malheureux villageois, dont les dépositions recueillies par ordre du comte de Montbéliard, énumèrent longuement les vivres consommés et les objets volés. (2).

II. Occupation du comté de Montbéliard et de la châtellenie de Porrentruy.

Au sortir de Pierrefontaine, le marquis de Pont accompagné du duc de Guise, obliquant du côté de

(1) Enquête sur les excès commis dans la seigneurie de Passavant, *Documents*, p. 323, lettre de Jean Bauhin, *Documents*, n° XXIX, p. 67-68.

(2) Enquêtes sur les dommages causés dans la seigneurie de Clerval, *Documents*, n° LXXXVI.

la Franche-Montagne, vint établir son quartier général à Neuvier, petit village du canton de Saint-Hippolyte, où il se trouvait dès le 9 janvier. C'est donc à tort que les historiens de Montbéliard (1), sur la foi de deux relations contemporaines, dont les auteurs, au moins pour l'une d'elles, vivaient à Montbéliard et ne pouvaient savoir exactement ce qui se passait, font entrer le marquis de Pont dans le comté par le Magny-d'Anigon, village de la seigneurie d'Etobon. A la date du 28 décembre (vieux style) indiquée par ces récits, date qui correspond au 7 janvier, le marquis de Pont sortait d'Orchamps-Vennes pour se rendre à Pierrefontaine et prenait une direction diamétralement opposée à celle du Magny-d'Anigon, puisqu'il se rapprochait de la frontière suisse. Les troupes lorraines, avec les marquis de Pont et duc de Guise en personne, passèrent par Chaux-les-Châtillon et Saint-Hippolyte, « lieux fort montagneux et quasi inaccessibles » (2), où l'on ne s'attendait guère à voir une armée, et, si l'on en croit diverses dépositions recueillies après l'invasion (3), suivirent des chemins qui de mémoire d'homme n'avaient été fréquentés ni visités.

C'est ainsi que les Lorrains arrivèrent à Pont-de-Roide qui dépendait alors de la seigneurie de Neufchâtel en Bourgogne; d'après le témoignage d'habitants du pays (4), le duc de Guise, paraît-il, ne se

(1) Ch. Duvernoy, *Invasion du comté de Montbéliard par les princes lorrains*, dans le Journal de l'Institut historique, 1835, p. 21. — Ed. Tuefferd, *Histoire des comtes souverains de Montbéliard*, p. 436.

(2) Déposition de Ligier Brisard, de Bondeval, dans l'enquête instruite à Blamont le 2 février 1591, *Documents*, p. 208.

(3) Memoires des poincts et articles sur lesquelx les tesmoings debvront estre interroguez, *Documents*, n° LXXI.

(4) Déposition d'Etienne Molard, habitant de Clerval, du 8 août 1589, *Documents*, n° LXXV.

souciait pas beaucoup de franchir le Doubs, et ce fut le marquis de Pont qui insista pour passer outre. Au moment où ses troupes se disposaient à traverser le pont jeté sur cette rivière, le pont se rompit et les soldats durent attendre une grande heure avant de pouvoir effectuer leur passage (1); il ne faut pas oublier que tous les cours d'eau qui sillonnent le pays étaient alors débordés, aussi est-il permis de croire que la crue du Doubs ne fut probablement pas étrangère à cet accident.

La présence des marquis de Pont et duc de Guise à Pont-de-Roide est établie d'une manière indiscutable par de nombreux témoins. L'un d'eux, Pierre de Maizières, seigneur de Pierrefontaine, se faisant l'écho d'un bruit répandu en Franche-Comté, rapporte que le marquis de Pont, pendant son séjour à Pont-de-Roide, aurait interdit de brûler partout ailleurs qu'aux terres et seigneuries du comte Frédéric de Wurtemberg (2). Un autre, Claude de Vallengin, seigneur de Mathay, vint se jeter aux genoux des duc de Guise et marquis de Pont, et les pria, mais en vain, de vouloir bien lui rendre ses sujets faits prisonniers, le duc ayant donné l'ordre de ne mettre en liberté que ceux des gentilshommes catholiques (3).

Suivant le récit d'un habitant du village d'Ecurcey tombé au pouvoir des ennemis et conduit à Pont-de-Roide lors du passage des Lorrains, le fils du duc Charles III aurait répondu à Claude de Vallen-

(1) Déposition d'Adrien Gurnel, de Pont-de-Roide, *Documents* p. 228.

(2) Déposition de Pierre de Maizières, *Documents*, n° LXXIX, p. 259.

(3) Déposition de Claude de Valangin, *Documents*, n° LXXX.

gin, prosterné à ses pieds, et le suppliant de ne point livrer aux flammes le pays de Montbéliard, « que par Dieu il le feroit, attendu que Chastillon avoit bien bruslé le pays de son pere » et en dépit des remontrances du duc de Guise, « marry, comm' il sembloit », aurait persisté dans son dessein et commandé aux troupes « de mettre tout à feug » (1).

Le marquis de Pont ne s'arrêta que vingt-quatre heures à Pont-de-Roide et transféra son quartier général à Vandoncourt, village du comté de Montbéliard sur la frontière de la principauté de Porrentruy, où il demeura cinq jours avec le duc de Guise (2). C'est de son camp de Vandoncourt que par un ordre du jour signé de sa main, en date du 12 janvier (3), il interdit expressément à ses soldats, sous peine de mort, de quitter leurs quartiers, de fourrager hors des terres du comté de Montbéliard, enfin de démolir ou d'incendier les maisons. Ces défenses de brûler édictées par le marquis de Pont, au moment même où des villages entiers en vertu de ses ordres, devenaient la proie des flammes, eussent été la plus odieuse des mystifications, si l'on ne devait considérer cet ordre du jour comme un document destiné à donner le change au comte de Montbéliard et à prévenir ses revendications futures. Comment s'expliquer la présence dans les archives souveraines des comtes de Montbéliard de cet acte original, portant la signature et le cachet aux armes du marquis de Pont, s'il n'eût pas

(1) Déposition d'Henri Colard, d'Ecurcey, dans l'enquête instruite à Blamont le 2 février 1591, *Documents*, p. 215.

(2) Déposition d'Huguenin Henri de Vandoncourt, forestier de Blamont, dans l'enquête instruite à Montbéliard le 21 juin 1589, *Documents*, p. 190.

(3) *Documents*, n° XXXVIII.

été transmis officiellement et intentionnellement aux officiers du comte Frédéric, car rien ne nous permet de croire qu'un document de cette importance ait été intercepté au passage. L'interdiction de faire aucune incursion en dehors du comté de Montbéliard pourrait tout au plus se justifier par le désir qu'avait le marquis de Pont de ménager les domaines de l'évêque de Bâle déjà explorés et par conséquent exploités par les bandes lorraines, peu soucieuses de respecter les frontières et non moins ardentes au pillage au milieu des terres catholiques que dans les terres huguenotes. Dès son arrivée dans le voisinage de l'évêché de Bâle, c'est-à-dire à la date du 9 janvier, le marquis de Pont envoyait à M. de Rosne l'état nominatif des villages limitrophes du comté de Montbéliard qu'il entendait affranchir de tout logement et de toutes contributions de guerre, le priant d'y envoyer quatre de ses gardes avec ceux du duc de Guise pour assurer l'exécution de ses ordres. Les villages en question au nombre de dix-neuf, étaient tous situés dans le rayon de Porrentruy (1).

Ces mesures furent prises à la suite de l'envoi d'une députation par l'évêque de Bâle, députation que le marquis de Pont reçut à Neuvier; pour donner toute satisfaction à Jacques-Christophe de Blarer, le général en chef des troupes lorraines, non content de faire publier un ban dans son armée, défendant de loger ou de fourrager dans les villages ci-dessus mentionnés, s'empressa d'accorder à ce prélat une exemption générale pour tous ses domaines. Malgré les ordres sévères donnés à M. de Rosne par le marquis de Pont, la prin-

(1) Lettre missive de Henri de Lorraine, marquis de Pont, à M de Rosne, du 9 janvier 1588, *Documents*, n° XXXIV.

cipauté de Porrentruy fut envahie et ses habitants eurent à subir toutes sortes de vexations et de déprédations; les soldats lorrains poussèrent l'insolence jusqu'à dévaliser complétement non-seulement les officiers de l'évêque, mais encore une députation envoyée auprès des chefs de l'armée catholique (1). Nous lisons dans une relation contemporaine (2) le récit plaisant de la mésaventure dont fut victime cette ambassade conduite par le sieur de Milandre, parent et vassal de l'évêque:

« Les ambassadeurs, rapporte l'auteur de cette relation, arrivèrent à Vandoncourt, « fort bien montez et parez de carquans, chaines et joyaux d'or, « comme pour aller à quelque grand festin s'esjouir « avec leurs amis, furent apperceus par les gens de « garde desd. duc et marquis, lesquelx s'avancent « vers ces legauts qui les saluent humainement et « demandent à parler à mons. de Guise, declarent « quelz ilz sont. L'un des soldatz se feinct estre le « grand secretaire du duc et requiert qu'on leur « monstre les lectres de credances, ce que fut faict « incontinent, lesquelles leues, ce faux secretaire et « ses compagnons empoignent messieurs les ambassadeurs, les font mettre pied à terre, se saisissent de leurs chevaux, leur ostent leurs joyaux « et les despouillent quasi tout nuds, puis les renvoyent sans plus effectuer en cuilleurs de poires. »

Jacques-Christophe de Blarer fit parvenir aussitôt ses doléances au marquis de Pont, et comme il apprit que ce prince était absent, il les renouvela

(1) Lettre missive de Jacques-Christophe de Blarer, évêque de Bâle, à M. de Rosne, *Documents*, n° XLII.

(2) Histoire véritable des voleries, brigandages, commises es terres du comté de Montbéliard par le marquis de Pont, fol. 34, *Archives Nationales, fonds Montbéliard, K 1966.*

dans une lettre très-explicite à l'adresse de M. de Rosne, investi du commandement général de l'armée (1) et demanda la restitution de la boîte d'argent à ses armes enlevée à son messager, ainsi que des chevaux et objets de prix saisis par les soldats lorrains, rappelant à ce capitaine qu'il était prince du Saint Empire, allié des cantons catholiques, le priant enfin d'envoyer de son camp quelque personnage de distinction pour remédier à de tels désordres et faire respecter ses terres. L'évêque ne craignit point de déclarer que ses sujets, dans l'espace de quelques jours, avaient été plus malmenés par les catholiques qu'ils ne le furent par les huguenots qui passèrent sous la conduite de Clervant, et avaient reçu plus de dommages de ceux qu'ils considéraient comme leurs amis que de leurs ennemis. Effectivement les habitants des villages compris dans la seigneurie de Porrentruy et même ceux de la châtellenie de Saint-Ursanne, déjà très-éprouvés par une année de disette et le passage successif des gens de guerre, eurent fort à se plaindre des actes de pillage commis par les soldats des Guises qui emmenèrent tous les chevaux dont ils purent s'emparer, les chassant devant eux comme un vil troupeau (2). L'évêque de Bâle, tant en personne que par ses mandataires, se plaignit de ces incursions aux chefs de l'armée lorraine, et les pria de vouloir bien cantonner leurs troupes (3). Le 14 janvier, le même prélat, qui atten-

(1) *Documents*, n° XLII.

(2) Attestation délivrée par Jacques-Christophe de Blarer, évêque de Bâle, le 13 janvier 1588, et plaintes de ses sujets de la châtellenie de Porrentruy, *Documents*, n°s XLIII, XLIV.

(3) Lettres des députés de l'évêque de Bâle aux capitaines de l'armée lorraine, du 14 janvier 1588, *Documents*, n° XLV.

dait ce jour même une députation des cantons catholiques envoyée aux princes lorrains, écrivait à M. de Savigny pour le prier de faire accompagner par un trompette ces ambassadeurs, et profitant de cette occasion, élevait de nouveau la voix en faveur de ses pauvres sujets (1).

Lorsqu'on apprit en Suisse que le comté de Montbéliard était mis à feu et à sang par les mercenaires à la solde du marquis de Pont, l'inquiétude s'empara des esprits, les magistrats de Bâle craignant de subir le même sort, s'adressèrent à Nicolas Brûlart, ambassadeur du roi de France auprès des cantons, et réclamèrent son intervention pour empêcher l'invasion de s'étendre sur leur pays (2). L'évêque de son côté, voyant justifiées les appréhensions qu'il manifestait le 2 janvier dans une lettre au nonce apostolique (3), alors que le duc de Guise venait d'entrer avec son armée dans la Comté de Bourgogne, annonçait le 27 janvier à un prélat de ses amis (4) l'invasion et la ruine du comté de Montbéliard par les troupes lorraines qui venaient de se retirer après avoir tout brûlé et saccagé sur leur passage, et déplorait les pertes considérables éprouvées par ses propres sujets, pillés tour à tour par leurs ennemis et par leurs amis.

Nous avons vu que les ducs de Guise et marquis de Pont, entrés dans le comté de Montbéliard par Pont-de-Roide, avaient fixé leur quartier général à Vandoncourt. Dans les villages voisins s'établirent quelques-uns des chefs de corps marchant à leur

(1) *Documents*, n° XLVI.

(2) Lettre missive du 10 janvier 1588, *Documents*, n° LXXXX.

(3) *Documents*, n° XXIV.

(4) *Documents*, n° LXIII.

suite, ainsi le baron Adolphe de Schwartzemberg vint s'établir avec ses carabins à Audincourt, et le colonel Ferrand Cavalquin à la tête de ses Italiens, prit ses cantonnements dans le village d'Etupes. De l'autre côté du Doubs, M. de Rosne, maréchal de camp de l'armée lorraine, fut chargé de prendre possession de la seigneurie du Châtelot; il envoya pendant la nuit un détachement de 80 cavaliers qui arrivèrent à Saint-Maurice au petit jour, la torche au poing, et cernèrent le château où résidait le forestier du comte de Montbéliard, alors absent, ainsi que le presbytère, pensant se saisir de la personne du ministre nommé Jean Deverny. Ce brave homme était assis au coin de son feu sans se douter de rien, lorsque sa servante effarée vint l'avertir que des gens armés le cherchaient, il n'eut que le temps de s'échapper, à peine vêtu, par une porte de derrière, et vint tomber sur trois ou quatre hommes à cheval placés là en vedette, mais par l'effet d'un hasard providentiel, « le Seigneur les esblouit, en sorte qu'ilz ne l'apperceurent, et se sauvat » (1).

M. de Rosne s'empara également du pont fortifié de Vougeaucourt, y mit une forte garnison et fit élever de nouveaux remparts, afin de s'assurer la possession de ce poste important qui lui donnait libre accès dans les villages voisins de Montbéliard.

(1) Histoire veritable et espouvantable des voleries, brigandages commises es terres du comté de Montbéliard par le marquis du Pont, p. 9-10, *Archives Nationales, fonds Montbéliard, K 1966.*

III. Occupation de la baronnie de Granges et capitulation d'Héricourt.

La partie de la principauté de Montbéliard qui confine à la Haute-Saône, comprenant la baronnie de Granges, les seigneuries d'Etobon et d'Héricourt, eut certainement moins à souffrir de l'invasion que le comté de Montbéliard proprement dit et les seigneuries de Blamont et de Clémont; si elle fut pillée et ravagée par les compagnies allemandes, italiennes, albanaises, françaises et lorraines qui se succédèrent dans le pays, au moins elle ne fut point dévastée et ruinée par l'incendie.

La baronnie de Granges fut occupée par Charles de Mansfeld qui avait sous ses ordres le colonel Schlégel; d'après les historiens de Montbéliard (1), le capitaine du château de Granges leur ouvrit lâchement les portes à la première sommation. On possède le récit officiel de l'occupation de cette petite forteresse par les reîtres, écrit jour par jour, sous forme de journal (2), par le capitaine de la place, Nicolas Liégeard; or ce récit montre avec la dernière évidence que la capitulation était inévitable.

Le 8 janvier, arriva à Granges le colonel Jean-Rodolphe Schlégel qui manda Nicolas Liégeard et lui fit subir un interrogatoire en règle; il commença par lui confier qu'il était saxon d'origine, qu'autrefois il avait cherché à négocier le mariage du comte

(1) Ch. Duvernoy, *Invasion du Comté de Montbéliard par les princes lorrains*, dans le Journal de l'Institut historique, année 1835, p. 30. — Edm. Tuefferd, *Histoire des comtes souverains de Montbéliard*.

(2) *Documents*, n° XXXIII.

de Montbéliard avec une princesse de la maison de Condé, et que, malgré la guerre, il se considérait comme de ses amis, observant qu'il était venu à la seule fin d'empêcher l'entrée des Albanais qui eussent tout saccagé. Le colonel Schlégel termina l'entretien en priant le capitaine du château de lui procurer quelque chose de bon pour son dîner du lendemain, parce qu'il attendait son compagnon, le comte de Mansfeld, logé avec ses reîtres à Arcey et à Montenois. Pour obéir à cette injonction, Nicolas Liégeard envoya un bœuf avec des poules et chapons. Ce fut le lundi 11 janvier que le colonel Schlégel demanda la remise du château, dont la défense était impossible, il n'y avait pour toute garnison que trois ou quatre hommes chargés de faire le guet, sans autres armes que quelques vieilles hallebardes et sans artillerie; pouvaient-ils opposer la moindre résistance aux 600 cavaliers qui se présentèrent sous les murs de la place? Après quelques pourparlers, Nicolas Liégeard, craignant l'incendie du château confié à sa garde, se résigna à en ouvrir les portes au colonel Schlégel qui se disait représenter la personne du roi d'Espagne et avoir lettres du prince de Parme.

Dès que François de Vergy, gouverneur de la Comté de Bourgogne, apprit la reddition du château de Granges, qu'il attribua « à la faulte et culpe du capitaine d'illec », il s'empressa de protester (1) et fit entendre aux princes lorrains que la seigneurie de Granges, possédée par le comte de Montbéliard, était un fief de Franche-Comté relevant du roi d'Espagne, et que Sa Majesté catholique ne pren-

(1) Lettre de François de Vergy au duc de Wurtemberg, du 30 janvier 1588, *Documents*, n° XCIII.

drait en bonne part ce qui aurait été fait au préjudice de son autorité souveraine. Ces observations ne produisirent que peu d'effet, cependant le château fut momentanément évacué le 13 janvier par suite du départ du colonel Schlégel dans la direction de Montbéliard, mais presque aussitôt les reîtres revinrent précipitamment en grand nombre, et se pressant aux portes du château, le pistolet à la main, demandèrent à rentrer. Sur l'assurance qui lui fut donnée par un officier du prochain retour de leur colonel, Nicolas Liégeard consentit à recevoir les reîtres. Le soir même, sur les cinq heures, arriva Schlégel, qui, le lendemain 14, fit venir le capitaine, et lui demanda si ses soldats avaient causé quelques dégâts, Nicolas Liégeard ayant répondu qu'ils n'avaient fait que boire et manger, le colonel allemand lui dit qu'il avait été « fort bien advisé de les laisser entrer, et que s'estoient de malvaises gens, comme Brunschwig et aultres nations », laissant ainsi paraître cette antipathie de races qui, déjà à cette époque, divisait profondément les populations des diverses parties de l'Allemagne.

L'occupation du château de Granges touchait à son terme, le 22 janvier, le colonel Schlégel sortit, se dirigeant vers Belfort, après avoir passé en revue le misérable mobilier que les paysans avaient retiré dans le château et après avoir complètement vidé les caves, par une distribution générale du vin à ses officiers, prenant soin d'en réserver deux tonnelets pour le comte de Mansfeld et son lieutenant.

Gérard de Reinach, seigneur de Saint-Baslemont, colonel de l'un des régiments de reîtres au service du marquis de Pont, sous les ordres immédiats de Charles de Mansfeld, fut chargé de la seule opération militaire de quelque importance entreprise par les Guises durant leur invasion, il reçut l'ordre de s'emparer d'Héricourt. Cette petite ville fut investie de toutes parts, elle n'avait qu'une faible garnison de 120 hommes, presque tous gens du pays, commandée par le capitaine Etienne Saige, réfugié bisontin, et manquait de provisions de bouche et de munitions. Les ennemis commencèrent par se rendre maîtres des moulins de la ville à proximité des remparts et adressèrent quatre sommations successives aux habitants pour obtenir la reddition de la place (1). La première sommation fut faite au nom du duc de Lorraine par un Albanais qui ne faisait que passer dans le pays, le capitaine Marlot (2), la seconde, deux jours après, par un gentilhomme nommé La Roche, accompagné d'un trompette et se donnant comme envoyé de Gérard de Reinach. Comme le capitaine Saige et les bourgeois ne tinrent aucun compte de ces mises en demeure, Gérard de Reinach en personne revint deux fois à la charge, invoquant le nom du roi d'Espagne, et se présenta à la porte de Brevilliers, en compagnie d'un archer des gardes du duc de Lorraine, le sieur Besançon de Belfort, qui, paraît-il, proféra les plus épouvantables blasphèmes, « baillant son « corps et son âme à tous les diables, jurant par la « mort, par la chair, par le ventre-Dieu que sy l'on « ne se rendoit, l'on brusleroit entierement la ville « et mectroit on le tout à feug et à sang, criant « contre les femmes et filles que l'on les chevaul- « cheroit devant leurs propres marys et usant

(1) Réponses aux articles envoyés à monseigneur le duc de Wurtemberg de la part de M. le duc de Bavière, 1588, *Documents*, n° XCVII, p. 369.

(2) M. Ch. Duvernoy l'appelle à tort le capitaine Nicolas (*Invasion du comté de Montbéliard*, p. 29.)

« d'aultres plus vilains et détestables propos que « l'on n'osait repeter » (1). Terrifiés par ces menaces et redoutant l'arrivée des cinq pièces d'artillerie que les reîtres, disaient-ils, attendaient de Besançon, les habitants d'Héricourt, joints aux paysans qui composaient la garnison et tremblaient de voir leurs villages réduits en cendres, consentirent à entrer en pourparlers et envoyèrent quatre des leurs à Argiesans pour discuter les conditions de la remise de la place. La capitulation fut conclue le 14 janvier entre Gérard de Reinach, seigneur de Saint-Baslemont, assisté de Jean de Cobreville, grand prévôt des Ardennes, qui prétendait représenter le duc de Parme, d'une part, et les maîtres bourgeois d'Héricourt, au nom des habitants de cette ville, d'autre part. Aux termes de ce traité (2), revêtu des signatures originales des contractants, le capitaine Saige, ainsi que les soldats sous ses ordres, pouvaient se retirer librement sans être inquiétés, le capitaine avec sauf-conduit et une escorte; la place rendue aux Lorrains ne recevrait qu'une garnison de 25 arquebusiers qui devaient coopérer à sa défense avec les bourgeois; tous les habitants de la ville seraient maintenus dans leurs anciennes franchises et immunités, et placés, eux et leurs biens, sous la protection et sauvegarde du roi d'Espagne, à la condition de prêter serment comme ses sujets en présence du sieur de Saint-Baslemont, gouverneur de la ville, au nom de Sa Majesté catholique; ils n'auraient à supporter aucune charge de guerre et ne payeraient aucune contribution. Pleine et entière liberté de circulation était accordée aux bourgeois, tant à ceux de la ville qu'aux forains, qui pouvaient

(1) Mémoire adressé au comte Frédéric de Wurtemberg par les maîtres bourgeois d'Héricourt le 18 mars 1588, *Documents*, n° LXVIII.

(2) *Documents*, n° XLVIII.

s'en aller où bon leur semblait et emporter leurs meubles en toute sécurité. Le même jour, les principales clauses de ce traité reçuren t leur exécution pendant que Gérard de Reinach avec sa suite faisait; son entrée à Héricourt, le capitaine Saige se retirait ainsi que la garnison, et arrivait le lendemain matin à Montbéliard. Le 15 janvier, le seigneur de Saint-Baslemont accordait un sauf-conduit à plusieurs soldats de la garnison d'Héricourt qui s'en retournaient à Seloncourt, et délivrait des sauvegardes signées de sa main aux habitants des villages de Bussurel, Byans et Semondans qui avaient fait leur soumission entre ses mains (1); ces sauvegardes absolument illusoires ne servirent pas à grand chose et n'empêchèrent nullement le pillage. Quant à la prestation du serment de fidélité à Sa Majesté catholique, stipulée lors de la reddition de la place, elle s'accomplit le deuxième jour après la signature du traité sur la place du château, où les habitants de la ville furent convoqués à cet effet par Gérard de Reinach.

L'occupation d'Héricourt eut une durée de neuf jours, et, malgré les promesses solennelles contenues dans l'acte de capitulation, les Lorrains y menèrent « une vie insolente », rétablirent le culte catholique, firent chanter quelques messes, et le jeudi matin, veille de leur départ, brûlèrent publiquement la Bible en langue vulgaire et autres livres religieux qu'ils offrirent à la risée de la soldatesque (2). A peine les reîtres étaient-ils partis que Laurent de Willermin et le capitaine Saige, accompagnés de 500 mousquetaires et ar-

(1) *Documents*, n° XLIX et L.

(2) Mémoire adressé au comte Frédéric de Wurtemberg par les maîtres bourgeois d'Héricourt, en date du 13 mars 1588, *Documents*, n° LXVIII.

quebusiers, se présentèrent devant la ville et en reprirent possession au nom du comte Frédéric de Wurtemberg. Dès le 23 janvier, Etienne Saige, rétabli dans le commandement de la place, écrivait au bailli de Montbéliard pour lui demander de la poudre, du plomb et du vin, et en transmettant la réponse à une lettre que les maîtres bourgeois d'Héricourt avaient écrite à Gérard de Reinach, appelait l'attention sur ce point, savoir, que nombre d'habitants persistaient dans leurs sentiments, cherchaient par tous moyens à remédier à la reprise de leur ville, et entretenaient même des relations avec le gouverneur de la Comté de Bourgogne (1). Le comte Frédéric, indigné de la conduite pusillanime des habitants d'Héricourt, qui n'avaient même pas fait un simulacre de défense, et ne voyant pas sans appréhension ce mouvement de sympathie pour la domination espagnole, prit des mesures extrêmement rigoureuses; non content d'obliger ces malheureux à démolir eux-mêmes leurs portes et leurs remparts, il les priva de toutes franchises et libertés municipales, et pour servir d'exemple fit pendre, après jugement sommaire, sept bourgeois des plus coupables à un cerisier non loin de la ville, pendant que plusieurs autres étaient traînés dans les prisons du château de Montbéliard. Frédéric de Wurtemberg vint en personne à Héricourt, le 12 février, avec son Conseil et les officiers principaux de sa cour, réunit la population sur la place du château, se fit remettre les originaux des franchises de la ville, les lacéra et les foula aux pieds en prononçant ces paroles : « Ce n'est à vous autres rebelles d'avoir des privileges, ains à mes bourgeois de Montbeliard qui les ont

(1) *Documents*, n° LXII.

mieux mérités que vous » (1). Ce prince, protestant rigide et fanatique, voulait surtout punir la population de ses dédains pour le culte réformé et de ses préférences pour la religion catholique, et ne pouvait oublier qu'elle s'était en quelque sorte associée à la profanation des saints livres, crime irrémissible à ses yeux, c'est ce que fit comprendre son chancelier Antoine Carray dans une allocution adressée à la population assemblée (2).

Les habitants d'Héricourt essayèrent à plusieurs reprises de rentrer en grâce et de recouvrer leurs anciens privilèges, ainsi que l'administration de leurs biens communaux. Une première requête fut adressée au comte de Montbéliard le 28 mai 1588; ses sujets le supplièrent de pardonner la faute qu'ils avaient commise et de l'imputer « à l'extreme cruaulté de ces temps si pernicieulx, à laquelle impossible leur estoit d'y remedier en aultre fasson, prevoyans, comme simples et pauvres gens ne scachans rien de guerre, les susjours, bruslemens, cruaultez inhumaines et estranges envers hommes, femmes et filles, desquelles usoyent les trouppes ravageans en tel temps par ces peys » (3). Le comte Frédéric fit la sourde oreille, peu de temps après, à l'occasion du baptême « d'un beau jeune prince » que venait de lui donner Sibylle d'Anhalt, les bourgeois de cette petite ville, si cruellement châtiée, renouvelèrent leurs instances, espérant obtenir la restitution de leurs

(1) Ch. Duvernoy, *Invasion du comté de Montbéliard par les princes lorrains*, dans le *Journal de l'Institut historique, 1835*, p. 29.

(2) Extrait d'un procès-verbal notarié dressé le 12 février 1588, *Bibliothèque publique de Besançon, Papiers Duvernoy*.

(3) Cette requête, en date du 28 mai 1588, et celles qui furent adressées subséquemment font partie d'un dossier relatif aux franchises d'Héricourt, *Archives Nationales, fonds Montbéliard, K 2304*.

franchises et surtout de leurs petits revenus, sans lesquels ils ne pouvaient subvenir à l'entretien de leurs ponts, communaux, et guets ordinaires; par une note mise en marge de la requête et signée de sa main, Frédéric de Wurtemberg remit à deux mois la réponse à cette supplique, et au mois d'août suivant les ajourna encore, en attendant la solution du débat engagé avec le duc de Lorraine.

Les bourgeois d'Héricourt, quoique toujours rebutés, ne perdirent point courage et présentèrent le 10 janvier 1590 de nouvelles doléances que le comte Frédéric renvoya au Conseil de régence, pour, suivant la formule consacrée, après y ordonner ce que de raison. Ce conseil réuni le 26 janvier examina la demande soumise à son appréciation, déclara d'abord que « les bourgeois s'estoient grandement oubliez et avoient par trop temerairement rendu aux ennemis, dépourvus d'artillerie, leur ville bien close, entourée de bonnes murailles, remplie de personnes pour y faire guet et garde, » mais reconnut que la population n'etait guère composée que d'artisans et laboureurs, « peu entendus au faict de la guerre, mal instruits dans la religion reformée et encore desireux de retourner à l'ancienne religion papisticque enracinée chez eux, » qu'à toute heure l'ennemi les menaçait de livrer aux flammes la ville et toute la seigneurie d'Héricourt, et qu'ils avaient sous les yeux les incendies qui dévoraient les villages du comté de Montbéliard et de la seigneurie de Blamont. Toutes ces considérations semblaient de nature à atténuer la gravité de la faute commise, aussi le Conseil croyait-il devoir appuyer la supplique adressée par ces malheureux, et pensait-il que le comte Frédéric pouvait sans inconvénient rétablir les habitants de cette pauvre ville dans leurs franchises, leur rendre la jouissance des revenus communaux constitués par certains impôts sur le sel et sur le vin, leur permettre enfin de relever leurs fortifications, à charge de payer une faible somme ou une légère redevance annuelle.

Rien ne put apaiser le ressentiment du comte Frédéric, qui, s'il faut en croire M. Ch. Duvernoy (1), aurait répondu : « Ce que nous avons acquis par droit de conquête, nous ne le restituerons jamais. » C'est en vain qu'au mois de septembre 1602, les bourgeois d'Héricourt revenant à la charge, exposèrent à leur souverain maître et seigneur qu'à la suite de fortes pluies, leur rivière ayant subi une crue extraordinaire avait causé de grands ravages, ruiné leur communal près du moulin et entraîné tous les ponts, et représentèrent à leur bénin prince que la privation de leurs revenus rendait impossible la réparation de tous ces dégâts, c'est en vain que le bailli et les officiers de la seigneurie, en même temps que le Conseil de régence, supplièrent le comte de Montbéliard de se laisser fléchir, lui faisant remarquer que bon nombre de bourgeois du temps de l'invasion des Guises étaient morts et remplacés par des jeunes gens, qu'on ne pouvait rendre responsables de la faute de leurs pères, tout fut inutile, jusqu'à sa mort, Frédéric de Wurtemberg refusa de rien entendre et demeura implacable. Son fils et successeur, Jean-Frédéric, se montra plus miséricordieux, et par une charte du 24 février 1609 rendit à ces infortunés bourgeois, la libre et entière jouissance de leurs franchises et revenus.

IV. Investissement de Montbéliard.

A la première nouvelle de l'invasion, Frédéric de

(1) Ch. Duvernoy, *Invasion du comté de Montbéliard par les princes lorrains*, p. 30.

Wurtemberg, cédant aux instances du bailli, du Conseil de régence et du corps de bourgeoisie de Montbéliard, se retira avec sa famille au château d'Horbourg en Alsace, non pour échapper au danger, mais pour concerter avec son cousin Louis, duc de Wurtemberg, la levée d'une armée de secours, et en attendant l'organisation de cette armée, envoya deux compagnies d'arquebusiers destinées à renforcer la garnison de Montbéliard. Le comte Frédéric, plein de confiance dans le dévouement et le courage de ses bourgeois, leur laissa le plus jeune de ses fils, Louis-Frédéric, âgé de deux ans à peine, qui était malade et recevait les soins d'une illustration médicale du temps, Jean Bauhin; nous voyons par une lettre que ce docteur adressait le 7 janvier au comte Frédéric (1), que le jeune prince avait « une apostume » en la cuisse, ce qui ne l'empêchait nullement de dormir, manger et cheminer. D'après le récit de contemporains, pendant l'investissement de la place, cet enfant se plaisait à entendre le bruit du canon et manifestait sa joie par des cris et des gestes enfantins que le peuple interprétait à sa façon, les considérant comme présages infaillibles de sa délivrance (2).

En présence du péril imminent que l'approche des Guises faisait courir à ses domaines, Frédéric de Wurtemberg se hâta de convoquer ses vassaux de Franche-Comté et d'exiger le service militaire personnel qu'ils lui devaient pour leurs fiefs; l'un d'eux, Jean de Gilley, seigneur de Marnoz, qui possédait plusieurs terres relevant des seigneuries du

(1) *Documents*, n° XXIX.

(2) M. Ch. Duvernoy, dans les additions qui accompagnent l'*Histoire du saccagement du comté de Montbéliard*, relate ce m   ais sans indiquer la source qu'il a consultée.

Châtelot et d'Héricourt, fut mandé au commencement de janvier et ne sut trop quel parti prendre ; il se souciait d'autant moins de servir en armes le comte de Montbéliard qu'il entretenait des relations amicales avec plusieurs seigneurs lorrains, et connaissait particulièrement Gérard de Reinach, l'un des colonels de reîtres au service du marquis de Pont. Dans son embarras, Jean de Gilley demanda conseil au Parlement de Dôle qui se réunit le 5 janvier pour délibérer à ce sujet, le jour même où ce gentilhomme franc-comtois recevait à sa table le seigneur de Saint-Baslemont (1). La Cour fut d'avis que M. de Marnoz pouvait, sans se compromettre, ne tenir aucun compte des injonctions de son suzerain, en se retranchant derrière l'édit du roi d'Espagne qui défendait, sous peine de rebellion, de porter les armes hors du pays pour tout autre que Sa Majesté catholique, et derrière la convocation du ban et de l'arrière-ban adressée par le comte de Champlitte à tous les gentilshommes du pays (2). L'auteur d'une relation publiée par extraits dans les *Mémoires de la Ligue* (3), fait observer que la plupart des vassaux du comte Frédéric, tant ceux de ses seigneuries de Franche-Comté que ceux d'Alsace, se gardèrent de répondre à son appel, et cependant les années précédentes ils avaient été festoyés par ce prince; toutes les fois qu'ils étaient conviés à quelque banquet de noces ou de baptême, on les voyait accourir en foule, aussi le narrateur anonyme flétrissant la conduite de ces

(1) Ce n'est pas le seul gentilhomme lorrain que Jean de Gilley honora d'une invitation, M. de Savigny dîna également chez ce seigneur franc-comtois. — Déposition de Pierrot Ambert de Colombier-Châtelot, *Documents*, p. 194.

(2) Délibérations secrètes du Parlement de Dôle, du 5 janvier 1588, *Documents*, n° VIII.

(3) *Mémoires de la Ligue*, t. III, p. 667.

gentilshommes, leur décoche ce trait acéré: « Ce n'est pas à tort que l'on a tousjours dit avec verité qu'au besoin on voit l'ami, ceux qui avoient plusieurs fois tourné le ventre devers les tables de ce bon prince en prosperité, furent ceux qui luy tournerent le doz en ceste calamité » (1).

Quelques-uns de ces seigneurs comblés de bienfaits par le comte de Montbéliard, poussèrent l'ingratitude jusqu'à servir de guides aux ennemis à travers ses domaines, et jusqu'à semer l'épouvante au milieu de la population rurale qu'ils empêchèrent de mettre ses biens en lieu sûr.

En quittant Montbéliard, Frédéric de Wurtemberg avait délégué son autorité au bailli Samuel de Reischach, et remis le commandement de la garnison chargée de défendre le château et la ville au colonel Paul de Beaujeu, dont l'énergie et le courage étaient à la hauteur d'une mission pleine de périls. La garnison placée sous les ordres immédiats du colonel de Beaujeu avec le sieur de Franquemont pour lieutenant, se composait d'une compagnie de 200 arquebusiers à cheval, de deux compagnies de lansquenets, fortes chacune de 300 hommes, de quatre compagnies d'infanterie française, de 200 hommes chaque, la première commandée par Laurent de Willermin, la seconde par le capitaine Saige qui fut détaché à Héricourt, la troisième par le sieur de Saint-George, et la quatrième par le capitaine Simonin; indépendamment de ces compagnies, il y avait un détachement de 50 cavaliers lanciers conduits par le capitaine de Beaujeu, quarante artilleurs et six maîtres artilleurs, toutes ces forces réunies formaient un total de

(1) Histoire veritable et espouvantable des voleries, brigandages commis par le marquis de Pont, p. 6, *Arch. Nat., fonds Montbéliard, K 1966.*

1700 hommes (1). A la garnison proprement dite vint se joindre la milice bourgeoise qui fut passée en revue le 18 décembre 1587 par le maire et les neuf bourgeois jurés (2). Ces miliciens au nombre de 350, armés les uns d'arquebuses, les autres de hallebardes, quelques-uns de piques, et tous coiffés du morion, formaient neuf compagnies distribuées par guets ou quartiers de la manière suivante: *Le Bourg,* compagnie de 39 hommes, dont le point de ralliement était près de la porte du Bourg; *le guet de la Neuve Rue,* compagnie de 40 hommes; *le guet de la rue de l'Estuve et de la rue Sur l'eau,* compagnie de 90 hommes qui devaient se réunir à la porte de la Rouchotte; *les guets des rues des Fevres et St Martin,* compagnie de 74 hommes, tenus de se trouver devant la maison de ville; *le guet de Brevatier ou d'Aiguillon,* compagnie de 22 hommes, convoquée sur la place du Bourg-Vautier; enfin *les guets Devant et Derrière,* comprenant 86 hommes, qui se rassemblaient au coin du logis de la Cigogne. Le maître de l'artillerie était un bourgeois du nom de François Jaloux. Cette milice bourgeoise ainsi organisée, seconda la garnison de tout son pouvoir et contribua, dans la mesure de ses moyens, à préserver Montbéliard.

Dès la fin du mois de décembre, on se hâta de mettre la ville en état de défense, la plupart des portes furent condamnées, l'artillerie fut placée sur les remparts que l'on garnit de gabions. Les habitants sans distinction d'âge ni de sexe offrirent leurs bras pour travailler à de nouvelles fortifications ou réparer les anciennes, matin et soir, les

(1) Etat dressé par M. Ch. Duvernoy et faisant partie de sa collection historique, *Bibliothèque de Besançon.*

(2) Le rôle de cette montre d'armes existe aux *Archives Nationales, fonds Montbéliard, K 2235.*

ministres du culte allaient sur les remparts faire des prières publiques afin de relever les courages.

Aussitôt que l'armée ennemie fut annoncée, des patrouilles de cavalerie sortirent de la ville et battirent la campagne; le 6 janvier, à la suite d'une de ces reconnaissances, fut ramené un cavalier allemand qui prétendit appartenir aux reîtres de Berne, mais après avoir contrôlé son dire, on reconnut qu'il faisait partie des compagnies allemandes et lorraines cantonnées à Pompierre entre Clerval et l'Isle-sur-le-Doubs (1).

Ce fut le 9 janvier, (30 décembre, vieux style), que les princes lorrains investirent Montbéliard, occupant solidement tous les villages d'alentour, entre autres Exincourt, Etupes, Audincourt, Bart, Courcelles et Sainte-Suzanne, de sorte que toutes communications avec le dehors furent entièrement coupées; mais ils tombèrent au milieu d'un pays complétement inondé, ce qui rendit les approches beaucoup plus difficiles.

Trois jours après son arrivée, le marquis de Pont, escorté de 300 cavaliers, s'en vint dans le bois du Chénois, qui domine toute la ville de Montbéliard et se rendit compte des positions ennemies. Ce prince ne fut que médiocrement satisfait de cet examen, la place lui parut beaucoup plus forte qu'il ne pensait, ayant constaté la présence de « beaucoup d'yeulx de chouettes », c'est-à-dire de canons (2). Une autre fois, les Lorrains firent une reconnaissance du côté du Parc pour tâcher de découvrir quelque point vulnérable qui leur permît

(1) Lettre du docteur Jean Bauhin à Frédéric de Wurtemberg, du 7 janvier 1588, *Documents*, n° XXIX.

(2) Enquête instruite à Blamont le 2 février 1591, Dépositions de Girard Monnin et de Jean Japy, de Beaucourt, *Documents*, p. 213.

de diriger une attaque (1). Certain habitant de Bussurel, emmené prisonnier à Audincourt par les reîtres du baron de Schwartzemberg, rapporte que tout le long de la route ces cavaliers devisaient des moyens à employer pour réduire Montbéliard, et trouvaient que « le chasteau de la Croste sur la montagne proche la ville estoit ung œuil de bœuf que descouvroit partout, que l'on ne pourroit bonnement miner la ville, d'autant qu'il y avoit trop d'eaue deans et allentour d'icelle » (2).

Du reste, la place de Montbéliard tenait fort à cœur aux Lorrains qui voyaient avec regret une aussi belle proie leur échapper, dans leurs conversations avec les gens du pays, ils revenaient sans cesse sur ce sujet et adressaient force questions. Ils demandaient si la ville possédait une grosse garnison, si elle était bien fournie de poudre et de canons, si le prince Frédéric s'y trouvait, s'il y avait de riches marchands, ils s'enquéraient des voies et moyens à mettre en œuvre pour surprendre la ville et pour traverser les eaux qui étaient grandes, ajoutant que le duc de Guise et le marquis de Pont devaient se rendre auprès du duc de Lorraine et se procurer de l'artillerie afin de battre en brèche Montbéliard, se vantant même d'en avoir raison avec un seul canon (3); ces soudards ne cachaient nullement leur intention de tout piller et de tout brûler, s'ils parvenaient à se rendre maîtres de l'objet de leurs convoitises. En attendant les dé-

(1) Enquête instruite à Blamont le 2 février 1591, déposition d'Adrien Cupillard d'Autechaux-lès-Blamont, *Documents*, p. 217.

(2) Enquête instruite à Blamont le 2 février 1591, déposition de Claudot de France de Bussurel, *Documents*, p. 218-219.

(3) Enquête instruite à Blamont en 1591, *Documents*, p. 209, 214, 215, 216, 220. — Enquêtes et dépositions non datées, *Documents*, p. 267.

fenseurs de Montbéliard faisaient si bonne garde que l'ennemi n'osait s'approcher des remparts à portée du canon; si parfois quelques cavaliers venaient par bravade voltiger autour de la place, c'était toujours avec une prudente réserve, de crainte des salves d'artillerie, surtout depuis l'accident arrivé à un gentilhomme de la suite du duc de Guise, qui eut la tête emportée par un coup de canon et fut enterré dans le temple de l'un des villages voisins de Montbéliard (1).

Nombre de pillards et d'incendiaires surpris par la garnison furent pendus sans autre forme de procès à un cerisier transformé en gibet sur la citadelle connue sous le nom de la *Croste* (2), et la vue de ces cadavres se balançant au gré des vents n'était pas faite pour calmer l'exaspération de tous ces aventuriers, qui montrèrent d'autant plus d'acharnement à tourmenter les malheureux habitants des campagnes.

Dès le début de l'investissement, les Lorrains firent courir le bruit en Allemagne et en France que la ville de Montbéliard était tombée entre leurs mains, grâce à un stratagème inventé par l'esprit subtil du duc de Guise. Voici ce que l'on racontait partout: le Balafré, sachant que les habitants de Montbéliard pratiquaient volontiers l'hospitalité et recevaient charitablement les Suisses qui s'en retournaient en pauvre état dans leur pays, avait déguisé 200 de ses soldats et s'était avisé de les envoyer en éclaireurs, ces soldats arrivés aux portes de Montbéliard, après avoir massacré les portiers s'étaient rendus maîtres de toutes les issues,

(1) Histoire véritable des voleries... commises par le marquis de Pont, p. 31 v°, *Archives Nationales, fonds Montbéliard, K 1966.*
(2) *Documents*, p. 121, note.

ce qui avait permis au Guisart de s'y introduire avec toute son armée (1). Si l'on considère que le prince Frédéric ne savait plus ce qui se passait à Montbéliard et que ses messagers ne pouvaient plus pénétrer dans la ville étroitement bloquée, on comprendra quelles inquiétudes ces bruits mensongers devaient faire naître dans son esprit.

A cette époque, les fausses nouvelles se propageaient et s'accréditaient avec une extrême facilité, nous citerons comme exemple cette prétendue prise de Blamont, dont parle Claude de la Châtre (2), dans son récit de la campagne de 1587, comme d'un fait certain et avéré; s'il est dans le vrai en ce qui concerne l'occupation d'Héricourt, il se trompe absolument au sujet de Blamont. Le château et le bourg de Blamont, défendus par une faible garnison de 316 hommes sous les ordres du châtelain Gaspard Tanchard (3), tombèrent si peu entre les mains des envahisseurs, que ceux-ci n'en approchèrent jamais à plus d'un quart de lieue (4), et cependant ils avaient grande envie de cette petite forteresse, puisqu'ils ne cessaient d'interroger leurs prisonniers, pour savoir comment l'on pourrait miner le château de Blamont (5); les Lorrains y envoyèrent même un parlementaire portant un tambourin à son col demander

(1) Histoire veritable et espouvantable des voleries... commises par le marquis de Pont, p. 31.

(2) Claude de la Châtre, *Discours sur les faits advenuz en 1587*, p, 162.

(3) Cette garnison comprenait une compagnie d'infanterie de 300 hommes, une escouade d'arquebusiers à cheval sous les ordres du capitaine Paul avec un maître artilleur, *(Bibliothèque de Besançon, Collection Duvernoy.)*

(4) Histoire veritable et espouvantable des voleries... commises par le marquis de Pont, p. 31 v°.

(5) Enquête instruite à Audincourt le 1er février 1591, déposition de Pierre Druhot d'Audincourt, *Documents*, p. 204.

une rançon de cent écus par village que l'on voudrait sauver de l'incendie, mais ils essayèrent un refus (1).

En somme, les princes lorrains dépourvus d'artillerie et ne se proposant d'ailleurs que la ruine pure et simple d'un pays, occupé temporairement par leurs troupes, ne firent aucune tentative sérieuse pour obtenir la reddition de Montbéliard; ils laissèrent leurs soldats vivre à leur guise aux dépens des pauvres laboureurs, quant à eux ils se considéraient comme en villégiature et passaient leur temps le plus agréablement possible. M. Ch. Duvernoy, dans la notice qui accompagne l'*histoire du saccagement des comté et terres de Montbéliard,* rapporte que le marquis de Pont se livrait avec passion aux plaisirs de la pêche (2); nous croyons qu'il s'est trompé et qu'il veut parler de certain gentilhomme lorrain, improprement appelé le marquis de Savigny, lequel s'était installé à Colombier-Châtelot, et prenait grand plaisir à la pêche, au point de demeurer des journées entières au bord du Doubs pour voir des pêcheurs réquisitionnés par l'un de ses amis, le sieur de Marnoz, jeter et retirer leurs filets (3). Le marquis de Pont s'adonnait plutôt à la chasse, il s'en allait tuer quelques cerfs dans le parc du comte de Montbéliard aux portes de la ville, et laissait le reste du gibier s'échapper à travers champs (4). Ce gibier d'ailleurs n'était point perdu, on voit en

(1) Enquête instruite à Blamont le 2 février 1591, déposition de Jean Quaile, dit Baislot, de Bondeval, *Documents*, p. 207.

(2) Ch. Duvernoy, *Invasion du comté de Montbéliard par les princes lorrains*, p. 31.

(3) Enquête instruite à Montbéliard le 21 juin 1589, Déposition de Pierrot Ambert de Colombier-Châtelot, *Documents*, p. 193-195.

(4) Histoire véritable et espouvantable des voleries..., commises par le marquis de Pont, p. 34.

effet que le seigneur de Saint-Baslemont profita de cette occasion pour emmener en Alsace des charretées de venaison, et que ses reîtres s'en donnèrent à cœur joie (1).

Le temps que les princes lorrains ne consacraient pas à la chasse, ils le passaient à courir le pays de côté et d'autre et à visiter les demeures seigneuriales de leurs amis. Certain jour, le duc de Guise et le marquis de Pont, en compagnie de Gérard de Reinach, vinrent avec leur suite au château de Morvillars, possédé par Jean-Sébastien de Reinach. Ce gentilhomme, malgré toutes les protestations et doléances exprimées dans une lettre du 4 mars 1588 à l'adresse de M. de Willermin (2), fit très cordiale réception aux princes lorrains et se montra impitoyable à l'égard des misérables paysans, réfugiés dans son château, qu'il voulait pendre de sa propre main (3); l'un deux raconte qu'il vit tous ces seigneurs tenir une carte sur laquelle était figuré le comté de Montbéliard, et demander aux gens du village de Morvillars, « si tel villeage estoit bon ou nom, s'il estoit bien loing dud. Montbeliard, et s'il falloit passer l'eaue pour y aller » (4).

Pendant que l'invasion accomplissait son œuvre néfaste et que les gens des campagnes, abandonnés à une soldatesque effrénée, étaient traités avec une cruauté sans exemple, une armée de secours, levée par les soins du duc de Wurtemberg, s'approchait de Montbéliard.

(1) Deposition de Jean Recepveur, *Documents*, p. 265.

(2) *Documents*, n° LXVI.

(3) Enquête instruite à Blamont le 6 février 1588, déposition de Jean Vurpillot, maire d'Autechaux, *Documents*, p. 174.

(4) Enquête instruite à Montbéliard le 3 juillet 1589, déposition de Pierrot Penel de Dâle, *Documents*, p. 198-199.

Le prince Frédéric arriva dans le comté d'Horbourg le 24 janvier à la tête de 4000 chevaux, précédé de 6000 hommes de pied (1). Vers la même époque, le capitaine Saige, à propos de 15 ou 20 maraudeurs restés dans le château de Magny-d'Anigon, annonçait au bailli de Montbéliard que toute l'armée du marquis de Pont avait déjà passé outre et s'était avancée jusqu'en Lorraine, et que les reîtres qui faisaient route du côté de l'Allemagne s'acheminaient à grandes journées, tellement ils craignaient la rencontre des forces commandées par Frédéric de Wurtemberg (2), mais, si rapide que fût leur retraite, ils ne décampèrent pas assez vite pour empêcher la défaite de la majeure partie des Albanais qu'atteignirent les reîtres du comte Frédéric (3). Une partie des troupes lorraines se retira par Buc, Plombières et Epinal (4).

Le retour de cette armée excita les plus vives appréhensions en Alsace, où l'on craignait à juste titre leurs dévastations et l'on présumait qu'ils passeraient par Benfeld et viendraient déposséder l'évêque de Strasbourg; heureusement ces craintes étaient exagérées, les soldats du marquis de Pont devaient se borner à regagner leurs foyers. A la date du 11 janvier 1588, le sieur de Rosne écrivait de Rambervillers au capitaine Stephen, gouverneur de Phalsbourg, à l'effet de réquisitionner 2000

(1) Ch. Duvernoy, *Invasion du comté de Montbéliard par les princes lorrains*, p. 31.

(2) *Documents*, n° LXII.

(3) Enquête instruite à Montbéliard le 22 juin 1589, déposition de Thibaud de Frye, de Saint-Maurice, *Documents*, p. 195.

(4) Enquête instruite à Montbéliard le 14 février 1592, Déposition de Jacques Cuvier, de Poset, *Documents*, p. 245.

livres de pain, 800 livres de viande; une lettre du 20 janvier, datée de Lutzelstein, annonçait l'arrivée du duc de Guise à Phalsbourg, à la tête d'un corps de 500 chevaux, et son prochain départ pour Château-Salins; dès le début du mois de février, le Balafré était rentré à Nancy (1).

V. Négociations avec la Lorraine.

Vers la fin du mois de décembre 1587, Frédéric de Wurtemberg, quoique informé de part et d'autre de l'invasion qui se préparait, se faisait encore illusion, mais il fut bien obligé de se rendre à l'évidence, lorsqu'il apprit dans les premiers jours de janvier, la direction suivie par le marquis de Pont et son armée. Se berçant d'un vain espoir, il crut qu'une démarche auprès du duc de Lorraine suffirait pour détourner l'orage sur le point d'éclater, et le 3 janvier 1588 (24 décembre 1587, vieux style), se hâta d'adresser à ce prince une lettre où il demandait quelques éclaircissements au sujet du danger qui semblait menacer ses domaines. Le duc Charles III répondit le 12 janvier (2), et, tout en se défendant d'aucun projet hostile contre la principauté de Montbéliard, déclara qu'après avoir vu ses états pillés, ravagés et incendiés par les reîtres, il avait envoyé son fils à leur poursuite, et qu'en conséquence le marquis de Pont se trouvait dans la nécessité de traverser les terres de Montbéliard, mais qu'il s'y comporterait tellement que le comte

(1) Bossert, *Der Einfall der Franzosen zu Mompelgard, Wurtembergische Jahrbucher*, 1880, 2e vol, 1re partie, p. 16.

(2) *Documents*, n° LXXXXI.

Frédéric n'en recevrait aucun déplaisir. La dépêche de Charles III se terminait par force protestations d'amitié et de bonne voisinance, auxquelles le prince, dont il se disait « le bien bon et affectionné cousin », ne se laissa point prendre, comme le démontre la note suivante inscrite en marge de cette lettre : « Bonnes paroles, mais le faict tout contraire. » On était alors au début de l'invasion, la plupart des villages du comté de Montbéliard venaient d'être livrés aux flammes par ordre exprès du marquis de Pont, qui, selon toute vraisemblance, n'agissait qu'en vertu des instructions spéciales de son père, aussi les faits dans leur brutale réalité se chargeaient de démentir les paroles fallacieuses du duc de Lorraine. En présence de la dévastation systématique d'un malheureux pays envahi au mépris du droit des gens par des hordes furibondes, Louis, duc de Wurtemberg, vint aussi élever la voix, et par une lettre en date du 9 janvier (31 décembre, vieux style), adressa des remontrances au duc Charles III au sujet de cette invasion du comté de Montbéliard que rien à ses yeux ne semblait justifier. Dans sa réponse datée du 19 janvier (1), le duc de Lorraine ne put nier les faits accomplis, mais rappela fort à propos « les brulemens, saccagemens, concussions, pilleries et actes d'hostillité plus que barbares et inhumains » exercés au détriment de ses sujets par l'armée du roi de Navarre, et en même temps crut devoir exprimer tous ses regrets des excès commis dans le comté de Montbéliard par les bandes du marquis de Pont, lesquelles, de son propre aveu, « s'etaient comportées trop licentieusement », ajoutant qu'au premier avis de ces désordres, il avait enjoint à son fils de faire évacuer

(1) *Documents*, n° LXXXXII.

immédiatement les terres occupées par ses troupes, et qu'au surplus il s'était empressé d'ordonner la restitution du bétail et des quelques hardes enlevées par quatre compagnies d'Albanais, restitution dérisoire et insultante après les brigandages de toute une armée qui n'avait rien laissé debout sur son passage, qui avait tout emporté à sa suite ou détruit ce qu'elle ne pouvait emporter.

Louis de Wurtemberg, de concert avec son cousin, fit également parvenir ses plaintes au gouverneur de la Comté de Bourgogne, représentant la personne du roi d'Espagne. François de Vergy répondit le 30 janvier (1) que l'irruption du marquis de Pont en Franche-Comté avait été si soudaine et si violente, qu'il n'avait pu s'y opposer de vive force, ni préserver le pays du pillage. Il fit observer qu'il n'avait rien épargné pour empêcher le passage de l'armée ennemie, en adressant lettres sur lettres au duc Charles III, en lui envoyant de ses gentilshommes, ainsi qu'auprès des princes lorrains, que le Parlement de Dôle avait aussi usé de son influence, mais que toutes leurs démarches étaient demeurées infructueuses, et que si, malgré ses efforts, le gouvernement confié à sa garde s'était trouvé exposé à tous les brigandages des bandes lorraines, à plus forte raison n'aurait-il pu protéger le comté de Montbéliard. Enfin le comte de Champlitte déclara au duc de Wurtemberg qu'il avait formellement protesté contre l'occupation du château de Granges, et notifié aux envahisseurs que la seigneurie de ce nom appartenait, il est vrai, au comte de Montbéliard, mais sous la souveraineté du roi d'Espagne, et ne manqua point de rappeler que, dès le début de l'in-

(1) *Documents*, n° XCIII.

vasion, il avait fait publier les édits de Sa Majesté, défendant à tous les vassaux et sujets de son gouvernement de s'enrôler dans l'armée des Guises et de sortir du pays, faisant remarquer en dernier ressort que le comte de Montbéliard n'avait plus besoin de secours et pouvait se passer de ses vassaux, puisque les ennemis s'étaient retirés. Frédéric de Wurtemberg ne partageait point cette opinion, et recevait d'Allemagne des renforts assez considérables. L'arrivée de 1100 arquebusiers à Montbéliard dans les premiers jours du mois de février, causa de vives alarmes en Franche-Comté, et le gouverneur de cette province crut voir une menace dans la réunion de telles forces sur la frontière de la Comté. Le Parlement de Dôle, convoqué le 13 février, chargea François de Vergy de demander des explications par écrit au comte de Montbéliard, et de dépêcher auprès de sa personne l'un des gentilshommes du pays, autre que le sieur de Chasoy, que l'on tenait en suspicion, probablement parce qu'en sa qualité de capitaine de Clerval il faisait partie de la maison du comte Frédéric. La Cour donna en même temps mission au comte de Champlitte d'entretenir une correspondance active avec M. de Belvoir et le docteur Bauhin pour connaître ce qui se passait du côté de Montbéliard, et de pourvoir à la garde de Neufchâtel, Belvoir, Villersexel, Baume-les-Dames, Saint-Hippolyte, L'Isle-sur-le-Doubs et autres places du voisinage (1).

La prise d'armes du comte de Montbéliard ne laissa pas que d'inquiéter les princes lorrains qui craignirent des représailles; ces appréhensions se

(1) Délibérations secrètes du Parlement de Dôle, du 13 février 1588, *Documents*, n° XIII.

font jour dans les correspondances que Henri de Guise et le duc Charles III échangèrent les 6 et 7 février avec le duc des Deux-Ponts (1). Le duc Charles III surtout exprimait de nouveau tous ses regrets des excès commis dans la principauté de Montbéliard, bien que, répètait-il, ces excès fussent en quelque sorte justifiés par la ruine de son duché, et il annonçait son intention de vivre en bonne harmonie avec ses voisins du côté de l'Empire, ce qui ne l'empêcherait point de repousser par la force toute attaque dirigée contre ses états.

Dans une lettre adressée le 9 février 1588 à M. de Beaujeu, commandant la place de Montbéliard (2), le comte de Salm affirmait encore que le duc de Lorraine, pas plus que le marquis de Pont, n'avaient donné l'ordre de rançonner les habitants du comté de Montbéliard, encore moins d'incendier leurs maisons, que tous ces débordements provenaient en partie de cas fortuit et en partie de la malice de « gens mal conditionnez », trop nombreux dans une armée composée de volontaires sur le point d'être licentiés, armée qui avait encore présents à la mémoire les « cruaultez, saccagemens, feux et aultres semblables ruines advenues par l'armée navarroise, sous la conduite de gens venus du comté de Montbeliard. »

Pendant ce temps, Louis, duc de Wurtemberg, qui avait pris en main les intérêts de son cousin, entamait des négociations en vue d'obtenir du duc de Lorraine la réparation des dommages causés par les troupes du marquis de Pont, et choisissait comme intermédiaire le duc de Bavière, beau-

(1) *Documents*, n^os^ XCIV et XCV.

(2) *Documents*, n° XCVI.

frère de Charles III, espérant, par ce moyen, arriver plus vite à un accommodement. A la date du 19 février, le duc de Lorraine adressait de Nancy un mémoire, signé de sa main, destiné à servir de réponse aux réclamations du duc de Wurtemberg, transmises par un gentilhomme bavarois, le sieur de Löwenenberg. Dans ce mémoire qui comprend 3 pages in-folio (1), le duc Charles III, après avoir parlé de la vieille amitié qui unissait les maisons de Lorraine et de Wurtemberg, cherchait à expliquer et à justifier le passage de son fils à travers le comté de Montbéliard, disant que dans le principe le marquis de Pont s'était dirigé du côté de Saint-Claude, afin de couper la retraite aux Allemands, que les reîtres lui ayant échappé et s'étant réfugiés en Suisse, ce jeune prince avait jugé qu'ils descendraient dans la plaine entre Montbéliard et Bâle pour franchir le Rhin à Bâle ou à Strasbourg; c'est alors que son fils, accompagné du duc de Guise, avait pris sa route vers Montbéliard, où il ne s'était arrêté qu'un jour, (ce qui était absolument faux), et avait recommandé avant son départ de respecter les biens et personnes des sujets.

Le duc de Lorraine faisait observer que si le marquis de Pont, avait été animé d'intentions hostiles à l'égard de ce pays, il n'eut pas manqué de faire venir de l'artillerie d'Auxonne pour attaquer les places fortes, et qu'il était resté complétement étranger à l'occupation de Granges et d'Héricourt. En ce qui concernait cette dernière place, c'était un colonel de reîtres, sans mandat aucun, qui s'en était emparé de sa propre autorité après le départ du marquis de Pont et qui y avait fait planter les armes

(1) *Documents*, n° XCVII.

du roi d'Espagne. Quant aux désordres imputés à l'armée du marquis de Pont, le duc de Lorraine déclarait qu'il n'entendait point en accepter la responsabilité, vu que cette armée se composait de mercenaires de diverses nations, à la solde de diverse chefs, et comptait dans ses rangs nombre de volontaires, étrangers à toute discipline et sur lesquels le marquis de Pont n'exerçait aucune autorité ; il représentait, avec quelque apparence de raison, que les mêmes troupes n'avaient pas davantage respecté les domaines de l'archiduc Ferdinand d'Autriche, et s'étaient portées à des excès analogues dans certains villages du comté de Ferrette.

Les allégations contenues au mémoire du duc de Lorraine furent refutées point par point, article par article, dans une réponse dont la minute se trouve annexée au mémoire du duc de Lorraine (1).

En premier lieu, l'itinéraire que le marquis de Pont avait cru devoir suivre lors de la poursuite des reîtres, fut discuté et mis en question ; si ce personnage, répondit-on au duc de Lorraine, se proposait réellement, alors qu'il se trouvait près de Saint-Claude, de venir attendre les reîtres près de Bâle, il n'avait nullement besoin de traverser le comté de Montbéliard, une route beaucoup plus directe, beaucoup plus facile s'ouvrait devant lui, il pouvait passer par l'abbaye de Grand-Vaux, par les villages de Fort-du-Plasne et de Foncine, gagner les Verrières de Joux, prendre ensuite le Val-de-Travers, le Val de Saint-Imier et le Val de Delémont, ce qui le conduisait à Laufen non loin de Bâle.

(1) Responses aux articles envoyés à monseigneur le duc de Wurtemberg de la part de monsieur le duc de Bavière, *Documents*, n° XCVII, (n° II).

Second point : malgré les affirmations du duc de Lorraine, il était avéré que l'armée du marquis de Pont, loin de se borner à un simple passage, avait séjourné près de trois semaines dans le comté de Montbéliard, et s'était souillée de tous les crimes imaginables, tuant ou torturant les habitants du pays, violant leurs femmes et leurs filles, brûlant leurs maisons, détruisant ou emmenant leurs récoltes et leur bétail.

Quant au projet de combiner une attaque contre la ville de Montbéliard, rien ne prouvait que les desseins du duc de Lorraine n'eussent pas été contrariés par l'incommodité du temps, (toutes les rivières se trouvant débordées) et par l'approche du secours expédié par le duc de Wurtemberg, ce qui avait bien pu rendre inutile l'envoi de l'artillerie.

Il était également certain que la place d'Héricourt, plusieurs fois sommée au nom du duc de Lorraine, s'était rendue au seigneur de Saint-Baslemont, colonel de reîtres au service de Charles III, son chambellan et capitaine de ses gardes suisses, qu'enfin les panonceaux portant les armes du roi d'Espagne n'avaient jamais été plantés à Héricourt.

Pour toutes ces raisons, le duc de Wurtemberg croyait devoir persister dans ses demandes et sollicitait la réparation des dommages considérables causés par les troupes lorraines lors de leur séjour dans le comté de Montbéliard, déclarant que, si satisfaction pleine et entière ne lui était pas accordée, il aviserait et prendrait conseil de ses parents et amis (1).

(1) Réponse du duc de Wurtemberg au mémoire du duc de Lorraine, *Documents*, n° XCVII, (III).

Malgré toutes ces instances, le duc de Lorraine continua à faire la sourde oreille et à ne tenir aucun compte des réclamations qui lui étaient présentées.

Louis, duc de Wurtemberg, et Frédéric, comte de Montbéliard, prirent alors le parti d'adresser le 3 avril 1588 (24 mars, vieux style), une lettre collective au roi de France pour se plaindre de l'invasion du comté de Montbéliard par les duc de Guise et marquis de Pont, invasion préméditée contrairement au droit des gens, accomplie sans déclaration de guerre préalable, et qui avait été accompagnée d'atrocités épouvantables, inconnues des Turcs et infidèles, demandant en même temps la répression de tous ces désordres, commis très-certainement sans l'aveu et à l'insu du roi de France (1). Henri III répondit le 1er mai (2) que l'entrée des princes lorrains dans le comté de Montbéliard n'était que la conséquence de l'irruption des reîtres et lansquenets en Lorraine, que les excès, très regrettables d'ailleurs dont ce pays avait été victime, devaient être imputés aux princes allemands qui avaient favorisé l'invasion du royaume de France et occasionné des dégâts considérables.

Cette lettre peu courtoise, écrite sous l'influence des Guises, était une fin de non recevoir, aussi les princes de la maison de Wurtemberg comprirent qu'il serait inutile d'insister et que toutes revendications seraient mal accueillies. Tel ne fut point le langage tenu par Henri IV qui écrivait le 20 oc-

(1) L'original de cette lettre se trouve à la Bibliothèque Nationale dans le fonds français, n° 15574, fol. 133; elle existe en copie dans les archives souveraines de Montbéliard. V. *Documents*, n° XCIX.

(2) *Documents*, n° CC.

tobre 1591 au duc de Wurtemberg qu'il serait toujours disposé à le favoriser de tout son pouvoir, même en tout ce qui touchait « les justes querelles et inimitiez que le conte de Montbeliart avoit contre le duc de Lorraine » (1). Il est vrài de dire que Henri IV n'oubliait point les importants services rendus de longue date à la cause du roi de Navarre par les princes de la maison de Wurtemberg et en particulier par le comte Frédéric (2).

D'un autre côté, Philippe II, roi d'Espagne, n'était pas plus heureux dans ses pourparlers avec le duc de Lorraine en vue d'obtenir réparation des dommages éprouvés par ses sujets de Franche-Comté; c'est ce que l'on constate par une lettre du 24 juin 1588, adressée par le souverain espagnol au comte de Champlitte, où il lui donne à entendre que le duc de Parme « adviserait par occasion propre quelque expedient » de nature à peser sur les décisions du duc de Lorraine (3).

Vers la fin de l'année 1588, la question qui se débattait depuis plusieurs mois sans recevoir de solution, entra dans une nouvelle phase. Le comte de Montbéliard, dit La Huguerye (4) « qui avoit une extreme envie de se venger des feuz qui avoient esté mis partout en son petit estat par l'armée de Lorraine, lorsqu'elle alloit guetter les reistres à

(1) *Documents*, n° CCII.

(2) Dès le début de l'invasion des reîtres, Frédéric de Wurtemberg, remit au sieur de Clervant en vertu d'un contrat reçu à Bâle le 5 juillet 1587, 24,000 écus d'or, et successivement au sieur de Sancy et à Balthasar Gobelin', trésorier de l'épargne, diverses sommes qui en 1605 dépassaient le chiffre de 900,000 livres intérêts compris. *(Bibliothèque de Besançon, Papiers Duvernoy.)*

(3) *Documents*, n° CCI.

(4) A. de Ruble, *Mémoires de Michel de La Huguerye*, t. III, p. 260-261.

leur retour de France » subissait l'ascendant du sieur de Beaujeu et de quelques autres gentilshommes français, réfugiés à Montbéliard, qui assiégeaient sa personne et surexcitaient son ardeur contre les Lorrains. A leur instigation, Frédéric de Wurtemberg ouvrit, après le départ de l'un des agents du roi de Navarre, des négociations avec Jean Casimir, duc de Bavière, et demanda son concours, car, si le comte de Montbéliard ressentait vivement l'offense qu'il avait reçue, il ne manquait point de prudence, ne voulant, observe La Huguerye, rien hasarder, aussi tâchait-il de tirer vengeance de ses ennemis aux dépens d'autrui. Jean Casimir, sachant ce qu'il en coûtait de se mêler de semblables entreprises, fit connaître par le sieur de Beaujeu son désir de garder désormais la plus stricte neutralité, et engagea Frédéric de Wurtemberg à s'adresser au roi de Navarre en personne, « tant pour ses deniers que pour les affaires des dommages et intérestz qu'il pretendoit. » Les choses en restèrent là. Pendant ce temps, Jean Casimir se rapprochait du duc de Lorraine, et dans un mémoire confidentiel, transmis à ce prince par La Huguerye, donnait à entendre qu'il cherchait à apaiser le comte de Montbéliard, en lui faisant considérer la ruine de ses domaines comme un évènement malheureux, « advenu à luy comme à aultres « par suite du passage des gens de guerre. Frédéric de Wurtemberg, loin d'accepter cette fiche de consolation, envoya à l'assemblée de Worms tenue en 1589 son chancelier, qui arriva l'un des premiers et importuna tout le monde de ses doléances, mais sans résultat (1).

(1) A. de Ruble, *Mémoires de Michel de La Huguerye*, t. III, p. 271, 288.

Voyant l'insuccès de toutes leurs démarches, le duc de Wurtemberg et le comte de Montbéliard firent intervenir, mais en vain, les ducs de Saxe et de Brunswick et sollicitèrent en dernier ressort la médiation de l'empereur d'Allemagne. Rodolphe II accepta la proposition et délégua ses pouvoirs à une commission composée des archevêques de Trèves et de Mayence, de l'évêque de Bamberg, des ducs de Saxe et de Bavière, et du landgrave de Hesse; ces commissaires impériaux se réunirent à Spire au mois de septembre 1590, recueillirent les dires des parties, examinèrent leurs prétentions, mais ne purent arriver à aucune solution. Le débat traîna en longueur, les princes de Wurtemberg persistant à réclamer une indemnité pécuniaire, dont le duc de Lorraine ne voulait pas entendre parler. Une nouvelle conférence fut tenue à Prague au mois d'août 1592, les députés choisis par le Wurtemberg et qui reçurent leurs instructions le 15 mai, étaient Burckard de Berlichingen, Melchior de Rust, grand bailli de Riquewihr, Jérôme Gérard, et le vice-chancelier, Hector Carray; ceux du duc de Lorraine étaient les sieurs de Neuenheim et de Glay. A la date du 22 juillet, c'est-à-dire peu de jours avant la réunion de la conférence, Hector Carray qui paraît avoir eu la conduite de toutes ces négociations (1), dressait un protocole contenant l'historique des faits, tels qu'ils s'étaient passés, avec des appréciations de droit et documents à l'appui; il cherchait à établir, ce qui n'était pas difficile, que l'invasion du marquis de

(1) De volumineux dossiers, conservés dans les archives souveraines des comtes de Montbéliard, contiennent les correspondances échangées de 1589 à 1594 entre les princes allemands ainsi que les actes officiels se rapportant à ces laborieuses et stériles négociations. (V. *Arch. Nat., fonds Montbéliard, K 1966 et 1967.*)

Pont, accomplie sans déclaration préalable d'hostilités, était bien préméditée et que les désordres des troupes lorraines avaient été sanctionnés par la présence de leur chef. Les conférences de Prague, pas plus que les précédentes, n'amenèrent de résultat; le 6 septembre, l'Empereur fit signifier aux envoyés de Lorraine et de Wurtemberg qu'ils eussent à se munir de pouvoirs plus étendus, de façon à laisser à ce monarque le soin de terminer le débat par un jugement arbitral. Les représentants du duc de Lorraine, comme ceux du duc de Wurtemberg, ne goûtèrent nullement la proposition qui leur était faite de remettre à la Chambre impériale de Spire la décision du différend, et la conférence fut rompue à la fin du mois de septembre (1).

En 1594, les choses en étaient toujours au même point. Vers le mois de septembre de cette année, Rodolphe II ayant envoyé auprès du duc de Lorraine l'un de ses conseillers, Paul Gartzweiller, pour lui communiquer la réponse du duc de Wurtemberg aux ouvertures qui lui avaient été faites par l'intermédiaire de l'Empereur, Charles III répondit le 26 septembre par un nouveau mémoire (2) où il reproduisait les mêmes arguments. A l'entendre, son fils, le marquis de Pont ne serait resté dans le comté de Montbéliard que deux nuits et un jour, et les villages n'auraient été incendiés et saccagés qu'après son départ, de sorte que tous ces désastres ne pouvaient lui être imputés. Comme le duc de Wurtemberg proposait à titre d'expédient que le cardinal, fils du duc de Lorraine, renonçât à tous droits sur l'évêché de Strasbourg, Charles III,

(1) *Bibliothèque de Besançon, Papiers Duvernoy.*

(2) *Documents,* n° CC.

refusa absolument de souscrire à cette combinaison et, au sujet de l'indemnité de 200,000 écus, dont voulait bien se contenter Frédéric de Wurtemberg prétendant que cette somme avait été offerte du vivant de son cousin, le prince lorrain déclara qu'il n'avait jamais songé à faire pareille offre, mais que, par égard pour Sa Majesté et par compassion pour les pauvres sujets victimes de l'invasion, il consentait bien à donner 12 ou 15,000 florins, 20,000 au plus, et encore à condition que les sujets de son duché seraient également indemnisés des pertes qu'ils venaient d'éprouver en 1592 par suite de l'invasion du prince d'Anhalt.

Telles furent les offres dérisoires faites en dernier lieu par le duc de Lorraine; 15 ou 20,000 florins pour l'incendie de 63 villages, l'enlèvement de 8000 têtes de bétail, la destruction des récoltes d'une année, par conséquent la ruine de toute une population, laissée sans abri et sans ressources au cœur de l'hiver. En présence d'un mauvais vouloir aussi évident et du peu de succès obtenu par une longue suite de négociations, Frédéric de Wurtemberg jugea inutile d'insister davantage et abandonna toutes réclamations.

CHAPITRE IV.

LES MISÈRES ET LES MALHEURS DE LA GUERRE.

Tel est le titre de ces compositions caractéristiques d'une originalité incomparable, gravées par Jacques Callot, qui représentent, avec une vérité saisissante, les scènes de désolation dont la Lorraine fut le théâtre durant la première moitié du XVIIe siècle, jamais titre ne fut mieux approprié aux douloureuses péripéties de l'invasion du comté de Montbéliard dans les premiers jours de l'année 1588; il faut remonter au temps des Ecorcheurs et des Grandes Compagnies pour rencontrer des exemples de tels débordements, et voir des mercenaires réduire un pays à de pareilles extrémités. En parcourant cette admirable série de petits tableaux composés par le graveur lorrain, où se trouvent retracés avec un talent merveilleux tous les épisodes de la guerre la plus cruelle, notre attention s'est portée sur la cinquième estampe des *Misères de la guerre,* qui nous a semblé résumer dans son cadre restreint les exploits de tout genre auxquels pouvait se livrer une soldatesque abandonnée aux plus vils instincts. Les vers qui accompagnent cette gravure sont un commentaire éloquent des scènes multiples reproduites par cet artiste de génie.

Voylà les beaux exploits de ces cœurs inhumains,
Ils ravagent partout, rien n'échappe à leurs mains,
L'un pour avoir de l'or invente des supplices,
L'autre à mil forfaicts anime ses complices,
Et tous d'un commun accord commettent méchamment
Le vol, le rapt, le meurtre et le violement.

En effet, rien n'est oublié dans ce petit tableau, et un observateur attentif découvrirait aisément chacune des turpitudes mentionnées dans le dernier de ces vers.

Il nous a paru intéressant de faire revivre, à l'aide de témoignages puisés aux sources originales (1), ces tristes épisodes de nos guerres de

(1) Avant d'entrer en matière, il est de notre devoir d'énumérer les sources auxquelles nous avons emprunté les éléments de ce travail, en les rangeant suivant le degré de confiance qu'elles nous ont paru mériter.

Nous mettrons en première ligne les enquêtes officielles instruites à la suite de l'invasion par ordre du comte Frédéric de Wurtemberg, enquêtes qui reproduisent le texte même des dépositions faites par des témoins oculaires, la plupart du temps acteurs des drames terribles qui se passèrent à cette époque à jamais néfaste.

Au second rang peut se placer un récit de l'invasion du comté de Montbéliard par les princes lorrains, sorti de la plume d'un contemporain, André Duvernoy, membre du Conseil de régence à Montbéliard, récit publié en 1835 par M. Ch. Duvernoy dans le *Journal de l'Institut historique*, sous ce titre :

Histoire du saccagement des comté et terres de Mombéliard et seigneuries y adjoinctes, appartenantes au très illustre prince et seigneur Frederich, comte de Wirtemberg et Mombeliard. Un érudit allemand, M. Bossert a publié en 1880, dans un annuaire wurtembergeois, une narration tirée des archives d'Oehringen, cette narration qui a paru sous le titre de *der Enfall der Franzosen zu Mompelgard (Wurtembergische Jahrbucher*, 1880, 2e vol., 1re partie, p. 10-16), n'est que la traduction pure et simple du récit d'André Duvernoy.

Vient en dernier lieu une relation anonyme des mêmes événements, publiée par extrait dans le tome III des *Mémoires de la Ligue*, p. 667. Cette relation, beaucoup plus développée que le récit d'André Duvernoy, doit être attribuée, selon toute apparence, à un contemporain qui avait quelques attaches officielles à Montbéliard, puisqu'il dit lui-même à la suite de l'intitulé que son récit fut rédigé sur les registres contenant les noms et surnoms des victimes. Ce document conservé aux Archives Nationales *(fonds Montbéliard, K 1966)* porte le titre suivant :

Histoire veritable et espouvantable des voleries, brigandages, incestes, sodomies, meurtres, saccagemens et aultres nouvelles

religion, de montrer, dans toute son horreur, l'explosion de la force brutale et de flétrir les débordements inouïs de ces aventuriers de toutes nations qu'un aveugle désir de vengeance, joint à la soif du pillage et à une rage malfaisante, déchaîna sur la principauté de Montbéliard. Ces études de mœurs soldatesques nous révèleront souvent des détails d'une sauvagerie révoltante, mais qui, malgré leur invraisemblance, sont rigoureusement conformes à la vérité historique.

Pour procéder suivant un ordre méthodique, nous consacrerons une étude spéciale aux méfaits et attentats de toute espèce dont la population des campagnes fut victime durant cette terrible invasion, et nous commencerons cette succession de tableaux par l'un de ces « forfaicts » signalés dans le dernier vers de la pièce reproduite plus haut.

cruautez non ouyes par cy devant, commises à grand tort es terres du comté de Montbelyard et souveraines seigneuries y adjoinctes par le marquis du Pont, filz du duc de Lorraine, et par le duc de Guise et leur troupes, es mois de decembre 1587 et janvier de l'an suyvant 1588, fidellement recuillie et reveue sur les registres qui contiennent les noms et surnoms des personnes que des lieus où telles meschancetez ont esté perpetrées. — On pourra facilement recuillir d'icy de quel esprit est menée la Ligue faite entre aucuns des papistes romains.

Nous ferons remarquer que le récit publié dans les *Mémoires de la Ligue*, n'a point le même intitulé, c'est l'*Histoire tragique des cruautés et méchancetés horribles commises en la comté de Montbelliard sur la fin de l'an 1587 et commencement de l'an 1588 par les trouppes des sieurs de Guise et marquis de Pont*, nouvellement mise en lumière.

I. Le meurtre et les tortures.

Les aventuriers fort peu recommandables qui suivaient à cette époque la profession des armes, disposaient de moyens aussi expéditifs que variés pour mettre à mort ceux que le grand âge, les infirmités, l'attachement au logis ou une confiance aveugle livraient à leur discrétion. Tantôt ils les perçaient de leurs lances, tantôt ils les abattaient au moyen de leurs arquebuses, comme ils eussent fait d'une pièce de gibier, et après les avoir arquebusés, les achevaient souvent à l'aide de leurs épées, procédé qu'employaient les Italiens du condottière Cavalquin; tel fut le traitement subi par un habitant du village de Chagey, gratifié d'une arquebusade, et qui resta sur le carreau avec la tête fendue et un bras coupé (1). Heureux ceux qui succombaient à leurs blessures, ils échappaient ainsi à des tortures atroces, cent fois pires que la mort. Les paysans cherchaient-ils à prendre la fuite, ils étaient aussitôt lardés de coups de couteau et de coups d'épée, et laissés pour ainsi dire morts sur place. C'est ainsi qu'un « pauvre simple homme » de Villars-les-Blamont, en sautant une palissade dans l'espoir de s'évader, fut grièvement blessé à l'épaule gauche de plusieurs coups d'estoc (2). Un autre habitant de Liebvillers, que l'on menait, la corde au cou, à Montécheroux et à Saint-Hippolyte pour en obtenir une rançon de cent écus, réussit, quoiqu'il eût les bras liés derrière

(1) Enquête sur les pertes et dommages de la seigneurie d'Etobon instruite le 25 décembre 1589, déposition de Jeanne, veuve de Clément Noblot de Chagey, *Documents*, p. 327.

(2) Enquête instruite à Blamont le 6 février 1588, déposition de Jean Jannin de Villars-les-Blamont, *Documents*, p. 160.

le dos, à se dérober et fut obligé de se jeter dans le Doubs, mais ne pouvant nager à cause de ses liens, il dut revenir sur la rive où l'attendait le soudard acharné à sa poursuite, qui, pris de rage, lui enfonça sa dague entre les deux épaules (1). C'est avec un plaisir féroce que les Lorrains frappaient les campagnards et les assommaient littéralement avec les pommeaux de leurs épées, avec les crosses de leurs arquebuses ou de leurs pistolets; dès qu'ils rencontraient quelque villageois, ils commençaient par lui souhaiter la bienvenue à coups d'épées et de bâtons, et en guise de caresses lui administraient force soufflets avec leurs gantelets de fer; ces voies de fait étaient chose tout ordinaire, en voici quelques exemples. Un habitant du village de Nommay, entouré par plusieurs soldats, qui lui coupèrent deux doigts de la main gauche et lui fendirent la tête, parvint à se sauver en se jetant à l'eau; le misérable estropié se trouvait dans un si piteux état que les os lui sortaient de la tête et qu'il dut payer 20 francs à un barbier de Montbéliard pour se faire soigner (2). A Montécheroux, certain villageois, faible d'esprit et n'ayant point conscience de ce qui se passait, fut saisi au retour des champs par les Guisards, qui, après l'avoir blessé à la tête, l'obligèrent à s'agenouiller et à mettre sa tête sur un bloc, puis feignirent de le décapiter avec une hache, après ce le pendirent par le cou à la fumée, enfin, ne sachant quoi inventer,

(1) Enquête instruite à Blamont le 6 février 1588, déposition de Richard Vaulgier de Liebvillers, *Documents*, p. 169.

(2) Enquête instruite à Montbéliard le 14 février 1592, déposition de Willemin Donzel de Nommay, *Documents*, p. 249. — Déclarations des extorcions, arrainsonnemens fais aux subjectz, *Documents*, p. 269-270.

lui brisèrent toutes les dents et lui tenaillèrent les parties honteuses avec des pincettes de fer. Le patient parvint à s'échapper un instant de ces mains impitoyables, mais fut bientôt repris, battu à outrance et mené à Pont-de-Roide, toujours la corde au cou, c'est alors que l'un de ses bourreaux le laissa aller dans les bois où cet infortuné passa deux jours et deux nuits sans boire ni manger. Est-il surprenant qu'après de pareilles souffrances, le pauvre innocent soit resté « fort malade, débile et estropiade » (1).

Les mercenaires sous les ordres du marquis de Pont, ayant à leur disposition une belle et profonde rivière comme le Doubs, ne se firent pas faute d'y jeter tous ceux qui se trouvèrent à portée de ses eaux grossies par les pluies. Au pont de Vougeaucourt, où il y avait un abîme, « plein de rochers, espouvantable à voir et hault de plus de trois grands estages » (2), ils suspendaient par les pieds maints villageois auxquels ils pensaient extorquer quelque bonne rançon, les plongeant dans l'eau comme s'ils voulaient les noyer, et les remontaient ensuite (3); dans ce va et vient, les têtes de ces malheureux heurtaient contre les voûtes du pont qui restèrent teintes de leur sang. L'un des historiens de l'invasion des Guises (4) prétend, mais sans apporter aucune preuve à l'appui de ce fait, que les Lorrains brisèrent aux angles des arches

(1) Enquête instruite à Blamont le 6 février 1588, déposition de Jehan Méquillet de Montécheroux, *Documents*, p. 165.

(2) Histoire veritable des voleries, meurtres et aultres cruautés commises par le marquis de Pont, fol. 20 v°.

(3) Enquête instruite à Montbéliard le 14 février 1592, déposition de Regnauld Brung de Valantigney, *Documents*, p. 252.

(4) Ch. Duvernoy, *Invasion du comté de Montbéliard par les princes lorrains*, additions, p. 28.

la tête des enfants tombés entre leurs mains. Ces lâches bandits ne se bornaient pas toujours à des simulacres de noyades, plus d'une fois ils noyèrent sans pitié des riverains du Doubs, notamment un laboureur de Roche qui, après avoir été cruellement battu, fut précipité dans cette rivière à Audincourt (1). Trois gentilshommes lorrains, les sieurs d'Iguan, de la Rosette et de la Touche, en arrivant à Villers-la-Boissière, s'emparèrent de neuf prisonniers qu'ils firent garrotter et conduire à Vougeaucourt, là ils en jetèrent deux du haut du pont (2).

Comme l'hiver était alors dans toute sa rigueur, ces misérables qui déshonoraient l'uniforme du soldat prenaient plaisir à traîner à la queue de leurs chevaux les infortunés paysans, leur faisaient traverser à diverses reprises des eaux glacées, jusqu'à ce que leurs vêtements fussent raidis sur leurs corps par la gelée (3). Telle fut la rude épreuve qui termina les tribulations sans nombre d'un habitant de Liebvillers, âgé de 80 ans. Ce vieillard, fait prisonnier par les envahisseurs et conduit à Saint-Hippolyte, où il comptait se procurer la rançon de cent écus qu'on lui réclamait, ne trouva rien à emprunter sur ses lettres de « gagière » et fut ramené à Montécheroux, la corde au cou, avec accompagnement de coups de bâton; là on le pendit à une cheminée jusqu'à la dernière limite de l'étranglement. Ce n'est pas tout, ces questionnaires

(1) Enquête instruite à Blamont le 6 février 1588, *Documents*, p. 159.

(2) Enquête instruite à Montbéliard le 21 juin 1589, déposition d'Antoine Briot de Villers la Boissière, *Documents*, p. 183.

(3) Histoire veritable et espouvantable des volcries, meurtres et aultres cruautés commises par le marquis de Pont, fol. 16 v°.

pris d'un accès de rage contre ce « pauvre, viel et caducque homme », uniquement parce que la rançon espérée leur échappait, imaginèrent de lui attacher les organes génitaux avec une corde, et de le hisser en l'air, si la corde ne se fût rompue, de son propre aveu, il expirait sur l'heure. Une fois ce divertissement terminé, ils lui remirent une corde au cou et le contraignirent à marcher jusqu'à Charmont, l'obligeant à passer une rivière à pied, le pauvre homme, gelé et morfondu, allait rendre l'âme sur un fumier, lorsque deux goujats, contrairement à leurs habitudes, émus de compassion, le portèrent auprès d'un feu où il reprit ses sens. Ce vieillard, qui eût dû succomber sous le poids de telles misères, avouait que depuis les tourments par lui endurés, il n'avait pu quitter le lit (1).

Encore un exemple de ce nouveau genre de supplice par l'eau que les Lorrains variaient suivant les occasions. Un meunier de la souveraineté du Châtelot, qu'ils découvrirent dans une caverne où il s'était caché, fut ramené au logis, déshabillé complétement malgré la froidure de la saison, et jeté sous les roues du moulin. Lorsque son corps, que l'on soutenait à l'aide d'une corde, fut bien écorché et mis à vif par les ailes de la roue, les soudards firent rentrer le blessé au moulin, et pour hâter sa guérison, eurent l'attention délicate de lui saupoudrer ses plaies de cendre et de poudre d'arquebuse, au bout de trois jours de ce bienfaisant régime, le meunier était mort (2).

(1) Enquête instruite à Blamont le 6 février 1588, déposition d'Huguenin Vaulgier le vieux de Liebvillers, *Documents*, p. 168.

(2) Histoire veritable et espouvantable des voleries, meurtres et aultres cruautés commises par le marquis de Pont, fol. 20 v°.

On a déjà pu voir que les soldats du marquis de Pont excellaient dans l'art de torturer leurs prisonniers, il n'est sorte de questions et de « gehennes que leur imagination diabolique n'aient inventées et mises en pratique pendant l'occupation du comté de Montbéliard.

Les froides cruautés et abominables atrocités commises par ces monstres à face humaine laissèrent dans l'esprit des habitants du pays une telle impression de terreur, qu'un mois après le départ des Lorrains, à la première page d'une enquête instruite dans la seigneurie de Blamont, les officiers de cette seigneurie, accumulant épithètes sur épithètes, ne parlent qu'avec un sentiment de profonde horreur « des désastres, desconvenues, miseres et calamités desplorables advenues par les meurtres, homicides, sacrileges, forcements et violements de femmes et filles et aultres inaudites et inexcogites meschancetés y commises et perpetrés par les tiranniques boureaux et executeurs des satanniques desseins et volontés du tigre forcené, enraigé et en toutes espesses de cruautés et meschancetés, le surpasse de Neron, duc de Guise » (1).

Quelque triste, quelque sombre que soit un pareil tableau, on nous pardonnera de faire passer sous les yeux du lecteur quelques exemples des tortures sans nom que ces soudards appliquaient de préférence.

Généralement, pour donner un avant-goût de ces jouissances, ils commençaient par faire subir aux villageois tombés en leur pouvoir une sorte d'estrapade qu'ils variaient à leur fantaisie. C'est le supplice qui fut infligé à un paysan de Pierrefontaine-les-

(1) *Documents*, n° LXXXIV.

Blamont, âgé de plus de 90 ans. Ce vieillard décrépit, croyant que son grand âge le préserverait de toute offense, était resté tranquillement dans son village, mais entendant répéter autour de lui que les Lorrains ne respectaient rien, il s'avisa de quitter sa demeure au moment où une troupe armée arrivait dans le village, fut saisi aussitôt, jeté sur un cheval et conduit à Dannemarie. Là, ces soudoyers implacables, avec mille menaces accompagnées de blasphèmes horribles, le mirent en demeure de payer une rançon de cent écus excédant de beaucoup ses maigres ressources, mais comme ils ne purent rien obtenir de ce pauvre homme complétement dénué d'argent, qui les priait de « le depescher et faire mourir incontinent », ils lui passèrent une corde autour du cou, le firent monter sur un bloc de bois qu'ils culbutèrent, et, après l'avoir brusquement enlevé de terre, le laissèrent retomber sur le sol presque inanimé. Relâché par ordre de certain capitaine, animé de meilleurs sentiments que ses soldats, ce vieillard, au sortir du village de Dannemarie, devint la proie d'autres truands de même espèce, qui lui arrachèrent le bâton avec lequel il soutenait sa marche chancelante, le rouèrent de coups et l'abandonnèrent à demi-mort sur la route (1).

On ne voyait dans les campagnes que de ces malheureux, les mains liées derrière le dos, et accrochés soit aux branches des arbres, soit dans les cheminées, où leurs bourreaux les enfumaient comme des jambons et prenaient plaisir à leur voir tirer la langue d'une demi-paume de long.

(1) Enquête instruite à Blamont le 6 février 1588, déposition de Jean Donzel le vieux de Pierrefontaine, *Documents*, p. 157-158.

Ce fut le sort d'un habitant de Montécheroux, chargé de garder la maison du juge Cuvier. Saisi et garrotté par les belligérants dès leur arrivée, il se vit dépouillé de ses vêtements et pendu par le cou jusqu'à perte de sentiment; lorsqu'il eut repris connaissance, il fut rattaché, toujours dans la plus complète nudité, à un pilier au milieu de la cuisine, et resta deux jours et une nuit dans cette situation sans prendre la moindre nourriture, obligé de subir force avanies qui ne seraient pas venues, déclara le patient, à l'esprit des Turcs; ces barbares eurent l'infamie « de luy pendre et attacher aux parties que honnestement ne se peuvent nommer ung baston fendu avec deux pistolès à rouet » (1).

Tel de ces villageois resta trois jours pendu à une cheminée (2), tel autre également suspendu dans une cheminée, fut en outre dépouillé de ses chausses et horriblement brûlé au moyen de poignées de paille ou d'herbe enflammée que les soudoyers promenaient le long de son dos, de ses cuisses et de ses parties charnues (3). Certain habitant d'Exincourt, dans l'espace de trois semaines, endura plus de quatorze fois le supplice de la pendaison et manqua en mourir (4). Quelques-uns enfin furent pendus par un pied et par une main, c'est-à-dire que les Lorrains eurent l'ingénieuse idée de les attacher par le pouce de la main droite et le gros

(1) Enquête instruite à Blamont le 6 février 1588, déposition de Pierre Lestondart de Montécheroux, *Documents*, p. 166.

(2) Enquête instruite à Blamont le 2 février 1591, déposition de Richard Masson de Glay, *Documents*, p. 216.

(3) Enquête instruite à Montbéliard le 14 février 1592, déposition de Richard Biétrix de Dampierre-les-Bois, *Documents*, p. 236.

(4) Declarations des extorcions, arrainsonnemens faits aux subjectz, *Documents*, p. 273.

orteil du pied gauche, et les tinrent ainsi suspendus dans l'espace au risque de les démembrer (1).

Ni l'âge, ni le sexe ne mettaient à l'abri de semblables rigueurs. Les soldats lorrains ne ménageaient point les femmes affolées qu'ils rencontraient dans les villages, et avec un art infernal, entouraient les cruelles épreuves auxquelles ils les soumettaient d'une certaine mise en scène, bien propre à frapper l'imagination et à inspirer la terreur. Quoi de plus dramatique que cette parodie d'une exécution capitale où ces bandits firent jouer à une pauvre femme de Pierrefontaine-les-Blamont le rôle d'un condamné à mort, on en jugera par ces détails : La chétive créature, brutalement saisie par les Lorrains, rudoyée et traitée de *vieille diablesse et sorcière,* fut conduite au milieu d'autres de ses compagnes dans l'église du village, là, on la fit mettre à genoux et on la contraignit à ôter son bonnet et à tendre le cou, l'un des hommes d'armes, improvisé exécuteur des hautes œuvres et brandissant une immense épée, lui signifia qu'il allait lui couper la tête, si elle ne leur délivrait son argent; comme cette malheureuse saisie d'épouvante ne pouvait leur donner satisfaction, le soudard armé de l'épée lui en asséna « ung si vilain coup de plat qu'elle tomba à terre comme morte et toute esperdue », à ce moment tous les brigands qui assistaient à cette scène, partirent d'un éclat de rire. Pour comble de maux, il lui passèrent une corde au cou et la pendirent à plusieurs reprises, puis l'obligèrent à blanchir leur linge, et pour sa récompense, firent

(1) Duvernoy, *Histoire du saccagement du comté de Montbéliard*, p. 23.

(2) Déposition relative à Guillaume Esmonnot de Bethoncourt, *Documents*, p. 268.

chauffer une vieille faux et l'approchèrent de sa gorge, menaçant de la brûler si cette pauvre femme ne cédait à leurs exigences. Il faudrait, porte l'enquête, tout un volume pour rédiger par écrit « touttes aultres sortes de tourmens desquelz ilz se comportèrent en son endroit (1).

Lorsque ces variétés infinies de pendaisons factices n'amenaient point le résultat désiré, c'est-à-dire, lorsque les paysans ne voulaient ou plutôt ne pouvaient satisfaire des convoitises insatiables, alors leurs bourreaux passaient à un autre genre d'exercice. Ils nouaient une corde autour de la tête, et à l'aide d'un bâton passé dans cette corde, serraient la tête, prise comme dans un étau, avec une telle violence que les os craquaient et que souvent le sang jaillissait par le nez, par la bouche et par les yeux, c'est que ce qu'ils appelaient *bailler le frontal* (2). Tous ceux qui eurent à subir cette rude étreinte sont unanimes à déclarer qu'on les tourmentait avec ce raffinement de cruauté dans le seul but d'obtenir quelque rançon, la question du *frontal* était la plus atroce des tortures, ceux qui n'en mouraient pas, perdaient l'ouïe pour le reste de leurs jours (3). L'une de ces victimes dépose que lorsqu'on lui infligea cet odieux supplice, il lui semblait que les yeux allaient lui sortir de la tête (4), un autre qui fut

(1) Enquête faite à Blamont le 6 février 1588, déposition de Bartholomey Vyenot, relative à la femme Perrin Dhorryat, *Documents*, p. 163-164.

(2) Histoire véritable et espouvantable des voleries, meurtres et aultres cruautés commises par le marquis de Pont, fol. 19 v°.

(3) Dépositions de plusieurs habitants de Villars-les-Blamont, Brévilliers, Bethoncourt, Fesche, Dambenois, Allenjoye, Exincourt, Bavans, *Documents*, p. 160, 221, 268, 270-274.

(4) Enquête faite à Audincourt le 1er février 1591, déposition de Guillaume Faibvre, maire d'Audincourt, *Documents*, p. 205.

ainsi « estroint avec une corde et ung tronx de bois si fort que lad. corde entroit fort avant deans le cerveau », reconnaît que les Lorrains n'en voulaient qu'à son argent, ils exigeaient cent écus. Le patient leur abandonna sa bourse conténant 50 francs et leur promit une rançon de 20 écus avec cinq aunes de velours qui leur seraient délivrées aux portes de Montbéliard; là, on consentit bien à leur payer cette rançon, mais à condition de rendre le prisonnier sain et sauf, les Lorrains refusèrent et l'emmenèrent avec eux jusqu'à Troyes (1).

Les soldats du marquis de Pont se faisaient un jeu de suspendre aux pouces des villageois les rouets de leurs pistolets et de leurs arquebuses qu'ils serraient jusqu'à ce que le sang sortit par dessous les ongles et qu'ils laissaient ainsi accrochés pendant plusieurs jours (2). Parmi les malheureux torturés de la sorte, on voit figurer un vieillard de 90 ans, tout décrépit et en enfance, que les gens de guerre saisirent avec sa femme à peu près du même âge et attachèrent aux arbres; quoique le pauvre homme eût donné aux Lorrains tout son avoir, c'est-à-dire quatre francs et quelques pierres enchâssées d'argent qu'il conservait comme une relique, ces bandits trouvèrent encore moyen de le martyriser en lui appliquant certains fers aux pouces, et comme par suite de l'excès de la douleur et de sa caducité, il était incapable de se tenir à cheval ou même sur un chariot, un capitaine dit aux soudards qui l'entraînaient : « Laissez là ce viel diable, il est trop

(1) Enquête faite à Montbéliard le 14 février 1592, déposition de Pierre Grayr d'Exincourt, *Documents*, p. 239-240.

(2) Enquête faite à Blamont le 6 février 1588, déposition de Richard Vaulgier de Liebvillers, *Documents*, p. 169-170. — Déposition de Perrin Surleau d'Aibre, *Documents*, p. 278.

vieux pour l'emmener. » Malgré son âge avancé, le *viel diable* résista à tous ces tourments, et vint plus tard déclarer que les ongles de ses mains étaient tombés (1).

Quand les soldats lorrains n'employaient point les chiens de leurs pistolets, ils se servaient de *grésillons*, espèces de menottes de fer, auxquelles ils nouaient des cordes; dans cet attirail, ils traînaient à leur suite les infortunés prisonniers, et une fois rentrés au logis, ramenaient ces cordes entre les jambes de leurs captifs, et les attachaient à quelque clou planté dans le mur ou à quelque soliveau, si bien que la tension des cordes augmentait encore l'étreinte de ces engins de fer (2).

Les féroces routiers, qui au XIV° siècle constituaient les Grandes Compagnies, et au XV° siècle, les Ecorcheurs, brûlaient volontiers à petit feu bourgeois et vilains, les aventuriers au service du marquis de Pont, dignes successeurs de ces brigands, ne pouvaient manquer de suivre ces traditions, et, pour peu qu'il y eût une rançon à tirer de leurs prisonniers, ne se faisaient point scrupule de leur brûler la plante des pieds avec une pelle rougie au feu (3), ou de rôtir les membres de ces malheureux suspendus au-dessus de brasiers, comme s'il se fût agi d'un vulgaire quartier de mouton, prenant plaisir à voir la chair humaine pétiller et se fondre au contact du feu (4). Ils s'amusaient éga-

(1) Enquête faite à Blamont le 6 février 1588, *Documents*, p. 165.

(2) Histoire veritable et espouvantable des voleries et aultres cruautés commises par le marquis de Pont, fol. 19 v°.

(3) Enquête faite à Blamont le 6 février 1588, déposition de Claudot Girardot de Montécheroux, *Documents*, p. 167-168.

(4) Ch. Duvernoy, *Histoire du saccagement des comté et terres de Montbéliard*, p. 23.

lement à brûler avec des tisons ardents la barbe, les cheveux et les poils de toutes les parties du corps (1). Parfois, ils introduisaient leurs captifs dans des fours, et allumant du feu à l'orifice, les prévenaient charitablement du danger qu'ils couraient d'être grillés ou étouffés par la fumée, s'ils n'acquittaient leur rançon ou s'ils ne faisaient connaître quelque trésor caché (2). A Montécheroux, l'un des habitants du village, que les Lorrains avaient enfermé dans une chambre à four, y fut brûlé vif ainsi que trois enfants, dont l'aîné était âgé de 9 à 10 ans et le plus jeune de deux ans (3). L'auteur d'une des relations consacrées à l'invasion des Guises rapporte un fait horrible, à peine croyable. Un petit enfant de la comté de Montbéliard, au dire de ses parents, fut pris par ces brigands qui lui lièrent pieds et mains, l'approchèrent de la gueule d'un four incandescent, jusqu'à ce que la tête fût à demi brûlée et que la cervelle apparût au-dehors (4).

De mémoire d'homme on n'avait vu de telles infamies; ces mécréants sans cœur ni âme ne savaient quoi imaginer pour martyriser les gens des campagnes et s'étudiaient à varier leurs épouvantables brutalités. Aux uns ils arrachaient la barbe avec la peau du menton (5), aux autres ils tenaillaient avec

(1) Ch. Duvernoy, *Histoire du saccagement des comté et terres de Montbéliard*, p. 22. — Histoire veritable et espouvantable des voleries, meurtres et aultres cruautés commises par le marquis de Pont, fol. 20 r°.

(2) Enquête faite à Blamont le 6 février 1588, déposition de Girard Quellé de Seloncourt, *Documents*, p. 162.

(3) Advertissement relatif aux hommes et enfants brûlés à Montécheroux, *Documents*, p. 170.

(4) Histoire veritable et espouvantable des voleries, meurtres et aultres cruautés commises par le marquis de Pont, fol. 24 v°.

(5) Enquête faite à Blamont le 6 février 1588, déposition de

des pinces de fer tout le corps, de préférence les organes les plus sensibles et les plus délicats (1). D'autres encore étaient couchés sur des herses, dont les dents de fer les transperçaient (2), ou renfermés dans des huches où ils pouvaient à peine respirer (3). Quelques soudards, ingénieux dans leur cruauté, faisaient asseoir leurs prisonniers dans des vans (4) et les attachaient de sorte que les bras et mains renversés venaient rejoindre les pieds, pour comble d'horreur, ils liaient les organes génitaux avec de petites cordes qu'ils tiraient de façon à faire descendre ces parties plus bas que les genoux, puis frappaient ces cordes avec des petites baguettes pour exaspérer la souffrance, heureux des hurlements que la douleur arrachait à ces infortunés (5), ou bien ils perçaient les vans par le milieu et faisant sortir par le trou les génitoires, contraignaient ces victimes à marcher dans cet appareil (6). Telles étaient les turpitudes auxquelles se complaisait la nature perverse et cynique de tous ces aventuriers.

Jean Vaulgier de Montécheroux, *Documents*, p. 167. — Enquêtes non datées, déposition de Jean du Vernoy, *Documents*, p. 277.

(1) Enquête faite à Blamont le 6 février 1588, déposition de Claudot Girardot de Montécheroux, *Documents*, p. 168.

(2) Histoire veritable et espouvantable des meurtres et aultres cruautés commises par le marquis de Pont, fol. 21 r°.

(3) Enquêtes non datées, déposition de Jean Cucuel de Bavans, *Documents*, p. 276.

(4) *Ibid.*, déposition de Claude Gillot d'Aibre, *Documents*, p. 277.

(5) Richard Bietrix de Dampierre déclare « qu'il a esté tellement tourmenter tant par les genitoires que en tout son corps, qu'il aymeroit mieulx mourir que de endurer encore d'aultant. — Enquêtes non datées, *Documents*, p. 270.

(6) Histoire veritable et espouvantable des meurtres et aultres cruautés commises par le marquis de Pont, fol. 22 v°, 23 r°.

L'atrocité de ces tortures, l'excès de ces misères produisirent un tel affolement au sein de cette population rurale que tous les liens de famille se relâchèrent et même disparurent. Le mari ne savait où était sa femme, la femme ignorait où se trouvait son mari, les mères abandonnaient leurs enfants même en bas-âge que l'on voyait errer parmi les villages et appeler leurs parents en poussant des gémissements plaintifs. Chacun s'enfuyait où il pouvait sans se soucier de ce que devenaient les siens. Ainsi, pour ne citer qu'un exemple, ne voit-on pas un habitant de Vandoncourt, forestier de la seigneurie de Blamont, se sauver avec l'un de ses fils, pendant que sa femme s'en allait de son côté avec deux autres de ses enfants et restait plusieurs jours sous le couvert des bois. Le mari, caché dans une haie et à demi-mort de frayeur, ne reparut au logis qu'après le départ des Lorrains, sa compagne moins pusillanime, en voyant les flammes dévorer plusieurs maisons proches de la sienne, s'enhardit jusqu'à revenir aux alentours du village où elle fut aperçue par un gentilhomme qui courut après elle, la prit par la main et lui assura qu'il ne lui serait fait aucun mal; grâce à ses supplications, sa maison qui servait de quartier général aux princes lorrains fut épargnée. Voilà donc une pauvre femme qui exposait non-seulement sa vie mais encore son honneur pour s'acquitter d'une mission scabreuse et incombant naturellement au chef de la famille (1).

A côté de ces exemples trop nombreux de lâcheté,

(1) Enquête faite à Montbéliard le 21 juin 1589, dépositions d'Huguenin Henry de Vandoncourt et de Perrenette, sa femme, *Documents*, p. 189-190.

il est consolant de signaler des traits de véritable courage, qui se rencontraient parfois dans ces campagnes. Un habitant du village de Vieux-Charmont montra en face du danger une âme réellement virile ; alors que tous ses voisins saisis d'épouvante prenaient la fuite dans toutes les directions, ce paysan ne voulut point délaisser sa femme nouvellement accouchée de deux jumeaux, « pour la crainte, dit-il, qu'il avoit d'elle et qu'elle ne fust abandonnée d'ung chacun, » et demeura tranquillement au logis où deux cavaliers vinrent l'arrêter, le garrottèrent et l'entraînèrent au loin à son grand chagrin (1).

Tous ces désespérés qui se retirèrent au fond des bois, qui se blottirent dans les creux des rochers, et qui, à peine vêtus, y séjournèrent des journées entières exposés à toutes les rigueurs d'un froid glacial, n'avaient souvent pas de quoi apaiser leur faim. Des vieillards de plus de 80 ans restèrent deux jours et deux nuits, privés de nourriture (2) ; le maire d'Audincourt, tombé au pouvoir des soldats lorrains, fut assez heureux pour s'échapper, et, de son propre aveu, passa huit jours dans les bois d'Etupes, sans boire ni manger (3).

Un autre prisonnier, après avoir souffert mille tortures, fut emmené au-delà d'Héricourt du côté de Lure, et confessa que, pressé par la faim, il avait été réduit à manger des pousses de froment, des

(1) Enquête faite à Montbéliard le 21 juin 1589, déposition de Jacques Mourelot de Vieux-Charmont, *Documents*, p. 187.

(2) Enquête faite à Blamont le 6 février 1588, déposition de Bartholomey Vyenot, fils de Jehan Vyenot, maire de Glay, *Documents*, p. 163.

(3) Enquête faite à Audincourt le 1er février 1591, déposition de Guillaume Faibvre, maire d'Audincourt, *Documents*, p. 204.

racines et autres verdures. Il est certain que beaucoup de ceux qui se cachèrent au milieu des taillis et des broussailles, n'eurent d'autre nourriture que des faînes et des glands. Cette misérable population, réfugiée au cœur de l'hiver dans les parties les plus abruptes des montagnes, dans les coins les plus reculés des forêts, n'osait même pas allumer de feu, de crainte de révéler sa présence à un ennemi impitoyable; aussi, par suite de ce séjour prolongé en plein air, combien de jeunes filles et de petits enfants, sans parler des adultes, eurent les membres gelés et succombèrent à leurs souffrances, ou devinrent « ethicques et estropiattes » des bras et des jambes jusqu'à la fin de leur triste existence (1). Quant à ceux qui trouvèrent un asile à Montbéliard, le saisissement produit par une invasion aussi soudaine et aussi terrible, l'émotion causée par la vue des incendies dévorant tout le pays développèrent le germe de maladies qui décimèrent ces réfugiés. Parmi ces victimes, nous citerons Jean Larcher, ce vénérable théologien, qui depuis l'introduction de la Réforme à Héricourt, c'est-à-dire depuis 25 ans, exerçait, dans cette ville, le ministère évangélique; obligé d'abandonner son église profanée par des mains impies, il fut frappé au cœur et vint mourir à Montbéliard. Dans son testament en date du 18 février 1588, il exhale toute l'amertume dont son âme était remplie (2).

(1) Histoire veritable et espouvantable des voleries, meurtres et aultres cruautés commises par le marquis de Pont, fol. 13 r°.

(2) Voici en quels termes s'exprime Jean Larcher dans le préambule de l'acte contenant ses dernières volontés :

En nom de la saincte, infinie et éternelle Trinité, le Père, le Filz et le Sainct Esprit, ainsy soit-il. Ego Johannes Arquerius, ministre du sainct Evangile de Nostre Seigneur Jhesus Christ au lieu d'Hé-

II. Le viol et le rapt.

Dans ces agglomérations de mercenaires appartenant à toutes les races, à toutes les nations, qui considéraient la guerre comme une industrie fructueuse, qui ne poursuivaient qu'un but, la satisfaction des plus grossiers appétits, et dont toutes les aspirations se résumaient dans le déchaînement des vices les plus éhontés, le viol était à l'ordre du jour; ces bandits dont la lubricité égalait la férocité, se faisaient un jeu de déshonorer les malheureuses femmes qui tombaient entre leurs mains, ils assouvissaient leurs brutales passions en plein jour, sous les yeux des parents ou des maris de leurs infortunées victimes, parfois même poussaient le cynisme jusqu'à faire tenir les patientes par leurs goujats qu'ils rendaient spectateurs de leurs orgies (1). Partout se reproduisaient des scènes analogues à celle dont furent témoins les habitants de certain village du comté de Montbéliard, où les soudards du marquis de Pont, entrés dans une maison, accueillirent le maître du logis par un torrent d'injures accompagnées de soufflets administrés avec

ricourt, eagé d'environ septante ans, naguaires refugié en ce lieu de Montbeliard à cause de l'oppression et violence qu'ont faict ces troupes tiranniques et mal conditionez d'un nommé Sainct Belmont, ennemyes de la verité évangelique, ayans passé et faict de grandz ravages par ce peys et conté de Montbeliard, me sentant grandement travaillé de maladies d'ois ledit temps...

Jean Larcher laissa deux fils et une fille, l'un de ses fils Nicolas fut ministre du Saint Evangile à Chagey, l'autre Christophe, maître d'école à Héricourt et à Blamont, puis ministre à Valentigney ; sa fille Marguerite épousa Jean Hetzle, ministre évangélique à Seloncourt. (*Registre des causes testamentaires*, Z^2 *1678*, fol. 194.)

(1) Histoire veritable et espouvantable des meurtres et aultres cruautés commises par le marquis de Pont, fol. 28 r°.

leurs gantelets et de coups de dagues, et, après l'avoir lié à un poteau dans sa cuisine, se saisirent de sa femme, la couchèrent par terre près du feu, puis en présence du mari, se ruèrent, tour à tour, comme des bêtes fauves sur cette pauvre créature qu'ils laissèrent pour morte et finirent par recouvrir d'un linceul (1).

C'est avec une véritable volupté que ces aventuriers dégradés blessaient toutes les lois de la pudeur, le divertissement obscène qu'ils imaginèrent dans une localité de la seigneurie du Châtelot, peut donner une idée de leur perversité. Ils trouvèrent plaisant de coucher une femme sur une table, en l'attachant solidement par le cou et par les mains, de façon à ce qu'elle ne pût faire aucun mouvement « puis, descouvrirent sa vergongne, (saufz la reverence deue aux oreilles chastes), et ayant les pieds et les jambes eslargis et lyez de part et d'autre fort estroittement, la laissèrent là quelques jours et quelques nuictz à la veue de tous et au plaisir de tous ces barbares » (2).

Les soldats du marquis de Pont étaient tellement étrangers à tout sentiment d'humanité qu'ils ne respectaient ni la plus tendre enfance, ni l'extrême vieillesse ; d'après le témoignage des habitants de Villars-les-Blamont (3), les Lorrains s'emparèrent de plusieurs jeunes filles de cette localité qui gardaient les bestiaux dans les forêts et les violentèrent, quelques-unes de ces innocentes fillettes

(1) Histoire véritable et espouvantable des meurtres et aultres cruautés commises par le marquis de Pont, fol. 28 v°.

(2) *Ibid.*, fol. 28 r°.

(3) Enquête faite à Blamont le 6 février 1588, dépositions de Maymay Mathiot et Perrin Jamin de Villars-les-Blamont, *Documents*, p. 161.

furent l'objet de telles brutalités qu'elles en restèrent fort malades et impotentes (1); ils usèrent aussi d'étranges violences, disent les contemporains, à l'égard de plusieurs vieilles femmes déjà ridées et décrépites de vieillesse (2). Croirait-on qu'aucune considération ne pouvait les retenir, pas même le souci de leur propre conservation, que des infirmes, des pestiférées, en quelque sorte abandonnées de tout le monde, ne leur inspiraient nullement ce sentiment de répulsion, naturel chez tout être humain. A ce moment régnait une maladie épidémique dans l'un des villages de la seigneurie du Châtelot, deux femmes gravement atteintes par le fléau furent néanmoins arrachées de leurs lits, attachées à des poteaux et si brutalement violées, qu'elles moururent sur le champ (3).

Les gens de guerre déchaînés par le marquis de Pont

(1) Ce que les paysans interrogés n'osent avouer se trouve exprimé en termes assez crus dans les relations contemporaines (Histoire veritable, etc, fol. 29 v°, et Histoire du saccagement du comté de Montbéliard, p. 23). Nous invoquerons à cet égard le témoignage non suspect d'un chroniqueur, ou pour mieux dire d'un compilateur allemand, Pierre Lindeberg, qui fit paraître en 1591 un tableau historique de ce qui s'était passé en Europe de 1586 à 1591, comme sa chronique est rédigée en latin, nous éprouvons moins d'embarras pour en extraire quelques passages caractéristiques :

Virginum honestarum et matronarum pudicitiam, dit Pierre Lindeberg en parlant des soldats lorrains, nulla habita ratione, ferarum ritu, nefarie in præsentia parentum et maritorum delibant; quae ad militandum Veneri inhabiles, illas omni pudore expugnato, ferro idoneas reddere conando conficiunt. *(Commentarii rerum memorabilium in Europa ab anno 1586 usque ad 1591 gestarum, auctore Petro Lindebergio, ex bibliotheca Ranzoviana, collecti.* Hamburgi, Wolff, 1591, in-4°, p. 61-63.*)*

(2) Enquête faite à Blamont le 6 février 1588, déposition d'habitants de Villars-les-Blamont, *Documents*, p. 161.

(3) Histoire véritable et espouvantable des meurtres et aultres cruautés commises par le marquis de Pont, fol. 26 v°.

n'avaient nullement égard aux circonstances de nature à émouvoir les cœurs les plus durs, et ne faisaient point conscience d'abuser des malheureuses qui gisaient sur leur couche, brisées par les douleurs de l'enfantement; une femme de Montécheroux entre autres, accouchée depuis trois jours, gardait le lit lorsque les Lorrains arrivèrent dans ce village, ils la forcèrent de se lever, d'abandonner son nouveau-né, et d'aller deux fois dans la même nuit leur chercher du vin à Saint-Hippolyte; à son retour, la pauvre créature fut « si vilainement traictée que nature ne peult permettre de le desclairer »; pour comble d'inhumanité, ses bourreaux la chassèrent de sa maison, et elle fut obligée de passer la nuit dans les bois avec son petit enfant qui, à cause « de la grande et véhémente froidure » eut tout le corps gelé (1). Comme Montécheroux fut l'un des premiers villages que les envahisseurs rencontrèrent sur leur route en pénétrant dans la principauté de Montbéliard, il eut plus que tout autre à souffrir de leurs transports frénétiques. On peut voir dans une enquête officielle faite à Blamont le 6 février 1588 l'abominable traitement dont plusieurs femmes de Montécheroux furent victimes, pourchassées par les Lorrains qui les ramenèrent à coups d'épées, elles furent toutes cruellement outragées, on n'entendait dans le village « que les cris et alarmes des pauvres filles et femmes qu'ilz forceoient plus par rage, forceneries, cruaultez, que pour satisfaire à leurs desirs charnelz » (2), remarque d'autant plus juste

(1) Enquête faite à Blamont le 6 février 1588, déposition de Jeanne, femme de Jean Vaulgier de Montécheroux, *Documents*, p. 167.

(2) Enquête faite à Blamont le 6 février 1588, dépositions de six villageoises de Montécheroux, *Documents*, p. 172.

que l'armée du marquis de Pont, comme toutes les armées de ce temps-là, ne manquait pas de ces vestales destinées à entretenir des feux qui n'avaient rien de sacré. L'une des villageoises de Montécheroux s'enfuit affolée, abandonnant son petit enfant, âgé de quelques mois, qui périt d'inanition.

A l'approche de ces hordes furibondes, les femmes et filles épouvantées quittaient leurs demeures et se retiraient dans les endroits les plus sauvages et les plus inaccessibles, pensant échapper ainsi aux brutales convoitises de pareils mécréants, mais souvent leurs espérances se trouvaient décues, les Lorrains organisaient de véritables battues pour traquer ce gibier d'un nouveau genre, lançaient des chiens sur la piste de ces malheureuses créatures, et parvenaient souvent à les découvrir au fond des cavernes où elles s'étaient cachées, alors ces paillards les mettaient à nu ou fendaient leurs vêtements du haut en bas, et, après leur avoir fait subir les derniers outrages, les chassaient devant eux comme un vil troupeau, prenant plaisir à les voir courir dans les champs nues ou à demi-nues (1). On comprendra que pour sauver leur honneur, quelques-unes de ces femmes n'hésitèrent point à faire le sacrifice de leur existence, nous citerons dans le nombre de ces victimes une pauvre fille que l'on conduisait avec plusieurs autres à Abbévillers, et qui se jetta dans un fourré d'épines, l'un des soudards furieux de voir cette proie lui échapper, et ne pouvant, malgré tous ses efforts, la retirer de ce buisson, de rage et de dépit lui larda le dos de la pointe de son épée, et la laissa

(1) Histoire veritable et espouvantable des meurtres et aultres cruautés commises par le marquis de Pont, fol. 28 v°.

pour morte sur place (1). Une autre jeune fille que les Lorrains emmenaient dans leurs quartiers, au passage d'une rivière se laissa couler dans l'eau et se noya de désespoir, préférant la mort aux violences qui lui étaient réservées; les soldats restés sur la rive disaient par raillerie que c'était dommage, « attendu qu'ils en eussent bien fait leur plaisir huit jours durant (2). »

Non-seulement ces mercenaires, dont le cynisme était révoltant, pendant leur séjour dans le comté de Montbéliard, donnèrent libre carrière aux instincts les plus dépravés, et se livrèrent à toutes sortes de paillardises, accompagnées des propos les plus infâmes et les plus orduriers, mais encore ils s'abandonnèrent à des caprices atroces dignes de Sodome et de Gomorrhe (3), nous ne pouvons que jeter un voile sur les dégoûtantes orgies de ces aventuriers, surtout des Italiens qui avaient introduit dans les camps les habitudes des peuples orientaux, et n'en faisaient point mystère. De tels déréglements soulevèrent l'indignation générale. « Les cœurs pudiques, dit naïvement l'auteur d'une de nos relations, nous pardonneront le récit de telles abominations, vu qu'ailleurs, surtout en ces quartiers d'Allemagne et de Suisse, telles choses ne furent jamais ouies (4).

Si la principauté de Montbéliard devint le théâtre de pareilles débauches, les soldats du marquis de Pont, il faut bien le reconnaître, avaient reçu l'or-

(1) Enquête faite à Blamont le 6 février 1588, *Documents*, p. 164.

(2) Histoire veritable et espouvantable des meurtres et aultres cruautés commises par le marquis de Pont, fol. 29 v°.

(3) Voir à ce sujet les relations contemporaines.

(4) Histoire véritable et espouvantable des meurtres et aultres cruautés commises par le marquis de Pont, fol. 30 r°.

dre formel non-seulement de piller, saccager et brûler toutes les terres et seigneuries appartenant au comte Frédéric de Wurtemberg, mais encore de violer filles et femmes, « partout où ils les pourraient attraper » (1); cette mission cadrait trop bien avec leurs habitudes de désordre et de dépravation, pour qu'ils ne s'en acquitassent point avec toute la conscience désirable, et le duc de Wurtemberg n'exagérait nullement, lorsqu'il parlait dans ses doléances au duc de Lorraine « d'ung nombre infini de filles et femmes mariées forcées, violées et deshonorées » (2). D'autre part, il est non moins certain que plusieurs d'entre les Lorrains obéissaient à un aveugle désir de vengeance et ne pensaient qu'à exercer de terribles représailles, de nombreux témoignages ne laissent aucun doute à cet égard. Un paysan d'Exincourt entendit les soudards vociférer autour de lui, « que s'ilz tenoient ce larron de Beaujeux qui avoit brusler leur peys de Lorraine et violer leurs femmes, qu'ils le traicteroyent de telle sorte qu'il en seroit bien esbahir (3), » ajoutant qu'ils ne pourraient jamais faire autant de mal qu'on en avait fait chez eux. Suivant le récit d'un habitant de Bussurel, fait deux fois prisonnier, la première fois par des Flamands, la seconde par des Lorrains, les soldats du marquis de Pont annonçaient partout leur intention de brûler le pays, parce que les huguenots avaient brûlé le leur; l'un d'eux ne cachait point son animosité et disait à qui voulait l'entendre qu'on lui avait

(1) Enquête faite à Montbéliard le 14 février 1592, déposition de Jacques Cuvier de Poset, *Documents*, p. 245.

(2) *Documents*, p. 372.

(3) Enquête faite à Montbéliard le 14 février 1592, déposition de Jean Véron d'Exincourt, *Documents*, p. 242.

violé sa fille et coupé l'un de ses doigts pour s'emparer d'une bague qu'elle portait (1). Beaucoup de ces Lorrains qui venaient de subir les horreurs de la guerre, qui avaient par conséquent à satisfaire des rancunes personnelles et à se venger des excès dont ils avaient été victimes, ne voyaient dans leurs indignes saturnales que la stricte application de la loi du talion représentée par cette cruelle devise : Oeil pour œil, dent pour dent.

Les Lorrains, non contents d'outrager toutes les femmes qui se rencontraient sur leur passage, emmenèrent avec eux celles qu'ils trouvèrent de leur goût, les enquêtes officileles, faites après le départ de ces aventuriers, mentionnent quantité de femmes ou filles du pays disparues, sans que l'on eût pu savoir ce qu'elles étaient devenues, et très-probablement restées entre les mains de ces odieux soudards. Une déposition fort curieuse, celle d'une pauvre femme du village d'Etupes (2), fait passer sous nos yeux la triste odyssée d'une de ces prisonnières, emmenées au loin et destinées, comme tant d'autres, à entretenir le désordre et le libertinage des camps.

Au début de l'invasion des Guises, Claude, femme de Pierrot Henry d'Etupes, âgée de 24 ans, s'était retirée avec son mari à Montbéliard pour échapper à la rage des ennemis, mais, comme ce couple campagnard avait laissé au logis quelques meubles, le chef de la communauté, avec cet égoïsme caractéristique du paysan, renvoya la jeune femme pour ramasser et serrer ce peu de mobilier. Aperçue par des

(1) Enquête faite à Blamont le 4 février 1591, déposition de Tainnot Henricey de Bussurel, *Documents*, p. 220.

(2) Enquête faite à Montbéliard le 21 juin 1589, déposition d Claude, femme de Pierrot Horry d'Etupes, *Documents*, p. 187-188.

soldats, elle se déroba à leur poursuite en s'enfuyant derrière des haies jusque dans les bois, et parvint à gagner Fesche où elle rencontra plusieurs femmes de ce village, toutes désolées, qui se cachèrent avec elle sous un tas de paille; ces compagnes d'infortune restèrent quatre jours sans boire ni manger, au cinquième survinrent des gens de guerre qui fouillèrent dans tous les coins de la maison, finirent par découvrir leur cachette et les entraînèrent. La villageoise d'Etupes échut en partage à un soudard nommé Jean de la Coursille qui la garda pour lui tenir compagnie et « pour en faire ses plaisirs », et l'emmena à sa suite, tant en France qu'en Lorraine, notamment au camp devant Jametz et Sedan, où finalement cette femme n'ayant pas revu pendant plusieurs jours son pseudo-mari et n'en entendant plus parler, prit le parti de se remettre en route et revint ainsi dans son pays. Cette malheureuse arrachée à ses foyers, qui ne recouvra sa liberté que plus d'une année après le passage des Lorrains, déclara dans l'enquête officielle faite le 21 juin 1589 par le procureur général Lorys qu'elle avait vu en Lorraine, au milieu des troupes, plusieurs filles des villages du comté de Montbéliard, notamment une de Charmont, deux de Luze, une de Brévilliers et deux de Lougres.

Lorsque le flot de l'invasion se fut écoulé, les survivants se comptèrent, et il y eut peu de villages où l'on n'eut à constater la disparition d'un certain nombre de femmes ou filles. Dans une enquête sommaire relative aux extorsions et rançonnements dont furent victimes les sujets du comté de Montbéliard, se lit pour ainsi dire à chaque page la mention des prisonnières enlevées et gardées par les Lorrains, ainsi à Etupes, telle femme devenue la proie de ces aventuriers n'avait plus donné signe de vie, telles autres à Champey et à Bavans, emmenées de vive force, se trouvaient encore entre les mains de leurs ravisseurs; dans ce dernier village, on se borne même à mentionner « plusieurs filles et femmes violez, sans avoir voulu sçavoir le nombre, et n'est possible de le scavoir pour cause. » Du côté d'Audincourt, les chevau-légers du baron de Schwartzemberg se saisirent dans les bois d'une demoiselle de bonne famille, la gardèrent jusqu'à leur départ dans la maison du licentié Docourt et en usèrent à leur fantaisie (1).

Toutes ces pauvres créatures qui jouèrent bien malgré elles le rôle de ribaudes, et qui suivirent en Lorraine les camps et armées, ne s'appartenaient plus, elles faisaient partie intégrante du butin, à un tel point que lorsque les soldats en étaient las, ils en trafiquaient au vu et au sù de tout le monde. A la fin du XVIe siècle, ce siècle de la renaissance artistique et littéraire, il se passa un fait inouï, quelques-unes de ces captives, après mille pérégrinations vinrent échouer au marché de Nancy où elles furent publiquement mises en vente et très-probablement adjugées au plus offrant et dernier enchérisseur; ce fait, qu'au premier abord on serait tenté de révoquer en doute, est authentique et attesté par des documents officiels, il figure au nombre des griefs énoncés par le duc de Wurtemberg dans une réponse aux allégations du duc de Lorraine (2), et ne fut jamais démenti; il est également

(1) *Documents*, p. 272, 274, 276, 279.

(2) *Documents*, p. 372.

rappelé dans une enquête officielle faite le 21 juin 1589 qui parle « d'aulcunes filles emmenées et vendues en Lorraine » (1).

III. Les rançonnements.

Les aventuriers de toutes nations qui constituaient l'armée du marquis de Pont vivaient de la guerre comme le marchand vit de son commerce, comme l'artisan vit de son métier, leur principale, on peut même dire, leur unique préoccupation était de tirer de leurs prisonniers de belles et bonnes rançons. Ces soudards abordaient les paysans l'injure à la bouche en leur tenant ce langage: *Ça, la bourse, poltron, fils de putain; argent, argent, rançon, huguenot, paillard, par la chair, par le ventre, par la teste, par les trippes de Dieu.* Un mendiant aveugle qu'ils barbouillèrent d'excréments fut par eux apostrophé en ces termes: *Maudit poultron aveugle, donne de l'argent et nous enseigne le bien de tes voisins* (2). La plupart du temps, ils entremêlaient leurs injures de propos outrageants à l'adresse du comte de Wurtemberg qu'ils traitaient dédaigneusement de *grand chasseur, de berbisier, de cendrier*, ajoutant que s'ils pouvaient tenir ce *chasseur*, ils le fricasseraient à l'huile ou lui couperaient chaque jour l'un de ses membres ou une jointure de son corps. D'autres, en gens mieux avisés, se contentaient de dire que, s'ils parvenaient à se saisir de sa personne, ils lui feraient payer bonne et grosse

(1) *Documents*, n° LXXIV.

(2) Histoire véritable et espouvantable des voleries, meurtres et aultres cruautés commises par le marquis de Pont, fol. 11 r°, 22 r°.

rançon (1). Parfois, ils prenaient plaisir à parodier la Sainte-Cène, emplissant de verjus une écuelle de bois, ils faisaient boire les paysans huguenots, et leur donnant ensuite une bouchée de pain, leur demandaient si ce n'était pas ainsi que dans leur religion s'administrait la communion (2). Toutes ces facéties ne leur faisaient jamais perdre de vue le but qu'ils poursuivaient, et ils ne lâchaient un prisonnier que lorsqu'ils lui avaient arraché jusqu'au dernier liard de son petit pécule. Rien ne leur coûtait pour arriver à leurs fins, ces truands n'épargnaient ni les menaces, ni les mauvais traitements, et quand leurs infortunées victimes les priaient au nom du Dieu tout puissant de se comporter plus humainement à leur égard, ils s'écriaient « qu'ils ne se souciaient de Dieu, qu'ils estoient serviteurs de Satan » (3). Voici un exemple des procédés qu'ils mettaient en œuvre pour terrifier leurs prisonniers et en obtenir de fortes rançons. Lors du passage des Lorrains à Autechaux-les-Blamont, un vieillard de 80 ans, que les gens du sire de Reinach avaient tout d'abord traité avec douceur, par suite d'un brusque revirement dans leurs idées, fut brutalement appréhendé au corps, hissé sur un chariot avec le maire de son village et conduit à Bourogne, où après lui avoir donné un peu de soupe, on le jeta sur un tas de paille. Le lendemain Jean-Henri de Reinach fit venir ce vieillard et son compagnon pour traiter de leur rançon qu'il fixa à mille écus; le pauvre

(1) Enquête faite à Blamont le 2 février 1591, *Documents*, p. 206, 207, 210, 216, 225.

(2) Enquête faite à Montbéliard le 22 juin 1589, déposition de Pierrot Druhot d'Audincourt, *Documents*, p. 209.

(3) Histoire véritable et espouvantable des meurtres et aultres cruautés commises par le marquis de Pont, fol. 11 r°.

hère lui ayant représenté que tout le village d'Autechaux ne valait pas cette somme, le sire de Reinach modérant ses prétentions, déclara qu'il se contenterait de 500 écus. Comme ces campagnards disposaient de très-maigres ressources et ne pouvaient pas plus payer cinq cents écus que mille, les soudards les rechargèrent sur un chariot et les transportèrent de village en village jusqu'en Alsace, les sommant à toute heure du jour d'acquitter leur rançon ou de souscrire un engagement, s'ils ne voulaient périr dans les plus affreux tourments. Cette funèbre perspective, jointe aux angoisses de tous les instants qui torturaient leur esprit, abattit tellement leur courage qu'ils répondirent en désespérés « que ce leur estoyt tout ung et que la mort leur seroyt plus agreable que de languir en telle sorte. » Dans cette alternative, un gentilhomme d'Altkirch au service de la régence d'Ensisheim, prit en pitié leur misère et les fit mettre en liberté sans rançon, se chargeant même de solder ce qu'ils avaient dépensé dans le pays; malgré la prétention élevée par les reîtres qui réclamaient le remboursement de cent écus, ces deux habitants d'Autechaux n'eurent à payer que leurs frais d'entretien, avec « un honneste present » destiné au capitaine à qui ils étaient redevables de leur délivrance (1). C'est ainsi que se terminèrent ces émouvantes péripéties. Pareille mésaventure arriva à un autre paysan du même village que les Lorrains découvrirent dans sa cachette au Lomont et à qui ils firent subir mille avanies; comme ce malheureux avait essayé de

(1) Enquête faite à Blamont le 6 février 1588, et à Montbéliard le 2 avril 1589, dépositions de Jean Vurpillot, maire d'Autechaux et de Jean Robert Penat d'Autechaux, *Documents*, p. 173-174, 176-178.

leur en imposer et de faire croire qu'il était sujet non du comte Frédéric, mais des seigneurs de Tantonville, il fut encore plus malmené, traité de huguenot digne du feu ou de la corde, et dut s'obliger à solder dans les vingt-quatre heures, une rançon de trente-cinq écus, que son indigence l'empêcha de payer, malgré ce, un capitaine allemand lui chaussa des éperons, l'attacha sur un cheval et l'emmena jusqu'à Bourogne, de Bourogne à Vyans, de Vyans à Angeot, où il finit par être relâché sur les instances de quatre gentilshommes alsaciens, parents du sire de Reinach (1).

Comment les misérables tombés au pouvoir des Lorrains auraient-ils pu se procurer les rançons exorbitantes, fantastiques même qu'exigeaient ces rapaces mercenaires? eux qui, à tout le moins le plus grand nombre, n'avaient jamais eu en leur possession la minime partie des sommes imposées, cependant, maintes fois, pour sauver leur existence menacée, ils s'engageaient à payer, sachant par avance qu'ils ne pourraient tenir l'engagement contracté. Un habitant d'Exincourt, entre autres, saisi par trois soldats qui le conduisirent la corde au cou à Audincourt, et taxé à cent écus, leur en promit vingt, bien que, de son propre aveu, il n'eût ni denier ni maille, par un hasard exceptionnel, deux de ces aventuriers en eurent compassion et le soir venu le laissèrent aller, le prévenant charitablement que s'il avait le malheur de retomber entre les mains de la sentinelle, il pouvait se considérer comme un homme mort (2).

(1) Enquête faite à Montbéliard le 2 avril 1583, déposition d'Adrien Cupillard d'Autechaux, *Documents*, p. 179-181.

(2) Enquête faite à Montbéliard le 14 février 1592, déposition de Jean Véron d'Exincourt, *Documents*, p. 241-242.

La plupart du temps, les prisonniers cherchaient à sortir d'embarras en disant, ce qui était vrai, qu'ils n'avaient point d'argent sur eux, et obtenaient quelquefois leur mise en liberté provisoire sous prétexte d'aller chercher leur rançon. C'est ainsi que procéda le maire d'Exincourt qui entra en accommodement pour trente écus au lieu des cent écus exigés dans le principe et qui se rendit à Blamont pour se procurer cette somme (1). Un autre représentant de l'autorité seigneuriale à Bussurel emmené à Audincourt, y fut tenu cinq ou six jours en chartre privée, mais les gens du baron de Schwartzemberg voyant de jour à autre quelques-uns de leurs prisonnier tromper leur surveillance, et voulant tirer parti de ceux qui se trouvaient encore entre leurs mains, dépêchèrent le maire de Bussurel à Héricourt pour y emprunter sa rançon et celle de ses voisins, une fois à Héricourt, on lui donna prudemment le conseil d'y rester, ce qu'il fit (2).

Cependant, tous ces soldats d'aventure n'avaient qu'une confiance très-limitée dans la parole de ceux qu'ils espéraient rançonner, si par hasard ils se désaisissaient d'un prisonnier, ils gardaient ses compagnons qui servaient d'ôtages.

Le recouvrement d'une rançon était pour ces mercenaires une véritable opération commerciale qu'ils conduisaient avec une habileté, un esprit de suite et une entente des affaires souvent fort remarquables. Nous en voyons un exemple caractéristique dans les longues négociations qui précédèrent la mise en liberté de deux habitants d'un

(1) Enquête faite à Montbéliard le 14 février 1592, déposition d'Humbert Parrot, maire d'Exincourt, *Documents*, p. 241.

(2) Enquête faite à Blamont le 4 février 1581, déposition de Nicolas Fertay, maire à Bussurel, *Documents*, p. 219.

petit village de la seigneurie de Clémont retenus prisonniers par les Lorrains (1).

Pierre Cuvier et Jacques Cuvier, son neveu, originaires du Poset, saisis devant leur maison par trois arquebusiers et conduits à Pont-de-Roide, eurent la male chance d'écheoir en partage à André de la Routte, capitaine des gardes du marquis de Pont. Le chiffre de leur rançon fut débattu et fixé d'abord à 400 écus d'or, comme Pierre Cuvier se récriait, disant qu'il n'était qu'un pauvre vieillard, incapable de se procurer pareille somme, un sergent du capitaine La Routte lui répliqua qu'il pouvait bien donner 400 écus pour racheter sa maison de l'incendie. Pierre Cuvier convint de 300 écus et fut relâché le 10 janvier 1588 avec un sauf-conduit que lui délivra André de la Routte à l'effet de rapporter sa rançon dans le délai de deux jours (2). En attendant, Jacques Cuvier était précieusement gardé comme ôtage et emmené à Vandoncourt. Lorsque l'occupation du pays de Montbéliard prit fin, André de la Routte traîna son prisonnier de Vandoncourt à Buc, de Buc à Plombières, de Plombières à Epinal, d'Epinal à Nancy et de cette dernière ville à Marsal, où ce villageois subit une captivité de neuf semaines. Pendant ce temps, le capitaine La Routte s'impatientait et trouvait que la rançon stipulée tardait bien à venir, il adressa le 3 mars une lettre à un certain Pierre Robillot de Luxeuil, aux termes de laquelle il l'invitait à lui faire tenir, par l'intermédiaire du prévôt de Bruyères, les 300 écus d'or formant le montant de cette ran-

(1) Enquête faite à Montbéliard le 14 février 1592, dépositions de Pierre Cuvier et de Jacques Cuvier de Poset, *Documents*, p. 242-247.

(2) *Documents*, n° XXXVI.

çon, le plutôt possible, dans l'intérêt même du prisonnier, ajoutant en post-scriptum cette note significative : « Vous savez que les despens sont chers » (1).

Sur ces entrefaites, Pierre Cuvier empruntait de côté et d'autre, et après force démarches parvenait à réaliser les 300 écus en monnaie courante qu'il lui fallut encore convertir en écus d'or au taux de trois francs sept gros par écu. Deux habitants du pays se chargèrent de porter cette somme à Nancy et de la remettre au capitaine La Routte qui envoya chercher Jacques Cuvier à Marsal par son secrétaire, et ne voulut lui donner la clef des champs que contre espèces sonnantes, faisant grâce dans un accès de générosité des trente écus qu'il réclamait en outre pour la nourriture de son prisonnier.

Jacques Cuvier eut pour compagnons de captivité à Marsal deux villageois de Vougeaucourt et de Villars-la-Boissière, qui avaient été emmenés comme garants d'une rançon de 120 écus imposée à sept de leurs compatriotes ; ils restèrent enfermés dans une chambre environ 18 semaines, endurant le plus souvent les tourments de la faim, mais recouvrèrent leur liberté sans payer de rançon, par l'entremise du secrétaire du duc de Lorraine, et n'eurent qu'à rembourser les frais de route de plusieurs messagers venus à différentes reprises intercéder en leur faveur (2). Un jeune homme d'Etupes se tira d'affaire encore à meilleur compte, il suivit jusque sous les murs de Jametz les gens du baron de Schwartzemberg qui, n'ayant

(1) *Documents*, n° LXV.

(2) Enquêtes faites à Montbéliard les 21 juin 1589 et 14 février 1592, dépositions d'Antoine Briot de Villars-la-Boissière et de Claudot de Maison, *Documents*, p. 182-185, 254-255.

reçu aucune solde depuis sept mois, se débandèrent et laissèrent leur prisonnier libre de s'en retourner dans son village (1).

Ces habitants des campagnes arrachés à leurs familles et emmenés au loin étaient si bien un objet de commerce qu'ils étaient vendus à beaux deniers comptants, comme la plus vulgaire des marchandises; certes, on ne saurait s'étonner que des soudards dénués de scrupules aient eu l'idée de tirer parti de leurs prisonniers, mais ce qui pourra surprendre de prime abord, c'est que cette denrée humaine ait trouvé des acquéreurs. Ce fait n'a rien d'anormal et s'explique même aisément; l'armée du marquis de Pont, comme toutes les armées de ce temps-là, était entourée de marchands ou plutôt de brocanteurs qui achetaient le produit du pillage, grains, bestiaux, mobilier, et, quand l'occasion s'en présentait, des prisonniers, ou avançaient le montant de leurs rançons. L'un de ces négociants, Jean Chapuis de Luxeuil fit marché à Saint-Loup avec le capitaine Marlet pour trois de ses prisonniers qui restèrent entre les mains de ce Chapuis jusqu'au payement complet des sommes déboursées pour leur rançon, dix écus pour l'un, douze pour l'autre, et cent pour le troisième, sans compter leurs frais de séjour à Luxeuil pendant vingt-et-un jours (2). Les honnêtes personnages qui se livraient à ce petit commerce éprouvaient bien parfois quelques déceptions, témoin ces trois marchands de la Poirie près de Remiremont qui achetèrent pour 120 écus

(1) Enquête faite à Montbéliard le 21 juin 1589, déposition de Jacques Bourgogne d'Etupes, *Documents*, p. 185.

(2) Enquête faite à Montbéliard le 21 juin 1589, dépositions de Horry Artel de Dambenois et de Jacques Morelot de Vieux-Charmont, *Documents*, p. 186-187.

deux paysans enlevés par les Lorrains, et qui ne recevant aucune nouvelle de la rançon espérée, eurent la malencontreuse idée de venir la réclamer à Montbéliard. Celui des marchands qui s'était chargé de cette mission épineuse fut retenu par le sieur de Beaujeu, et pour obtenir sa liberté, dut mander à ses compères de laisser courir l'un des prisonniers, l'autre, parti à la recherche de la rançon commune n'avait pas jugé à propos de revenir (1).

La plupart de ces individus pour ainsi dire réduits en servitude par les soudoyers du marquis de Pont, ne dépassèrent point les limites de la Lorraine, quelques-uns pourtant furent conduits beaucoup plus loin, notamment un habitant de Dampierre-les-Bois dont s'était chargé certain capitaine Taickel, et qu'il fit traîner à sa suite, lié et garrotté jusqu'à Montcornet en Thiérache, où il le garda plusieurs semaines, prétendant ne relâcher que contre payement d'une rançon exorbitante, la bagatelle de mille écus. Les parents de ce malheureux ne savaient même pas au juste où il se trouvait, certain jour il profita d'une minute de relâchement dans la surveillance dont il était l'objet pour s'enfuir à travers bois et regagner ainsi son pays (2). Un pauvre bonnetier d'Exincourt, confié aux bons soins du capitaine Hervold, originaire de Beurey en Champagne, et de quelques autres aventuriers de son espèce, resta prisonnier à Troyes près de dix semaines, pendant lesquelles il subit des tortures inénarrables, enfin il parvint à recou-

(1) Enquête faite à Montbéliard le 21 juin 1589, dépositions de Huguenin Baisnier de Rainans et de Claudot Vessaulx de Saint-Julien, *Documents*, p. 191-193.

(2) Enquête faite à Montbéliard le 3 juillet 1589, déposition de Claudot Pechin de Dampierre-les-Bois, *Documents*, p. 196.

vrer sa liberté, grâce à l'aide et assistance de la femme d'un de ses geôliers (1).

Malheur à ceux qui devenaient la proie de ces soudards insatiables, ils se rachetaient souvent en pure perte, à peine délivrés ils retombaient entre les mains de seconds et même de troisièmes larrons tout aussi exigeants que les premiers, qui à l'instar des Ecorcheurs, les dépouillaient jusqu'à la chemise, on pourrait citer tel villageois fait plusieurs fois prisonnier et passant de mains en mains ainsi qu'un objet de commerce. Dans plus d'une circonstance, ces infortunés habitants de la campagne qui avaient tout perdu, maison, récoltes, bétail, mobilier, jusqu'aux vêtements de leur corps, à qui l'on avait arraché sans pitié le peu d'argent trouvé sur leur personne, se voyaient encore obligés, pour échapper aux tortures les plus abominables et racheter le souffle de vie qui leur restait, d'emprunter aux conditions les plus onéreuses et très-souvent d'aliéner leur dernière ressource, le sol de leur champ que les Lorrains n'avaient pu emporter.

IV. Les incendies.

Hurault de Cheverny rapporte dans ses mémoires (2) que les marquis de Pont et duc de Guise, poussant les reîtres l'épée dans les reins, entrèrent avec eux dans le comté de Montbéliard, « où ils bruslèrent quantité de villages par vengeance de ceux que lesd. estrangers avoient pillez et bruslez en passant en Lorraine. » Tel est le jugement

(1) Enquête faite à Montbéliard le 14 février 1592, déposition de Pierre Grayr d'Exincourt, *Documents*, p. 239-240.

(2) Collection Michaud et Poujoulat, 1re série, t, x, p. 485.

porté par un contemporain absolument désintéressé dans la question. Cheverny ne voit dans ces incendies qui ruinèrent tout un pays qu'un acte de représailles, légitimé aux yeux des Lorrains par les excès dont leur pays avait naguères été le théâtre.

Les auteurs de la *France protestante* (1) s'inscrivent en faux contre cette opinion et, se basant sur l'ordre formel du marquis de Pont en date du 12 janvier 1588, qui interdisait de mettre le feu aux villages, prétendent que cette mesure ne fut point dictée par un sentiment d'humanité, mais par l'intérêt même du soldat. Ils oublient que l'occupation du comté de Montbéliard ne fut que temporaire et n'eut d'autre but que de ruiner de fond en comble ce foyer d'intrigues huguenotes, par conséquent, il n'était nullement nécessaire d'assurer des quartiers d'hiver aux soldats composant l'armée des princes lorrains. Quelle que soit d'ailleurs la signification que l'on veuille attribuer au mandement du 12 janvier 1588, il n'en est pas moins certain que la plupart des villages compris dans les limites de la principauté de Montbéliard furent livrés aux flammes, en vertu d'ordres précis et rigoureux donnés par le marquis de Pont et exécutés par les chefs placés sous ses ordres. De nombreux documents établissent ce fait d'une manière indiscutable et montrent même qu'il y eut à ce sujet une sorte de conflit entre le marquis de Pont, généralissime de l'armée, qui voulait tout brûler, et le duc de Guise, son lieutenant, qui ne cachait point sa répugnance pour l'emploi de moyens aussi barbares. Ce dissentiment entre les princes lorrains qu'on voit

(1) Haag, *France protestante*, t. II, p. 92 (article de Beaujeu).

éclater au moment de leur passage à Pont-de-Roide, lorsque Claude de Vallengin vint les supplier de ne point incendier le comté de Montbéliard, s'accentua encore pendant le séjour que les duc de Guise et marquis de Pont firent à Vandoncourt. Certain jour que ces princes se promenaient avec leur suite dans un verger derrière la maison où était installé leur quartier général, le forestier Huguenin Henry, propriétaire de ce logis, caché dans une haie touffue, entendit le duc de Mayenne dire au marquis de Pont *qu'ilz faisoient mal d'ainssy brusler et que ce n'estoit faict en soldat,* à quoi le marquis de Pont aurait répondu : *Que par la mort Dieu l'on brusleroit, quoy qu'il en dheust advenir* (1). La femme de ce forestier, à qui l'un des gentilshommes présents avait montré ces grands seigneurs et notamment le duc de Guise qui portait un emplâtre de taffetas sur la joue, ne perdit pas un mot de cette conversation tenue sur un diapason assez élevé et recueillit les mêmes propos (2). Malgré toutes les représentations qui lui furent adressées par les ducs de Guise et de Mayenne, le jeune fils du duc Charles III ne voulut rien entendre et persista dans ses desseins. Comme le marquis de Pont avait le commandement de l'armée, sa volonté prévalut et l'ordre de tout incendier fut transmis aux chefs de corps. Un jeune paysan d'Autechaux fait prisonnier au Lomont par le sieur de Saint-Antoine, l'un des capitaines au service du marquis de Pont, ouit cet officier ré-

(1) Enquête faite à Montbéliard le 21 juin 1589, déposition d'Huguenin Henry de Vandoncourt, *Documents*, p. 189.

(2) *Ibid.*, déposition de Perrenette, femme d'Huguenin Henry, *Documents*, p. 190-191.

péter maintes fois que le marquis son maître avait ordonné de brûler tous les villages appartenant au comte de Montbéliard, responsable aux yeux des Lorrains des ruines accumulées par les reîtres pendant leur campagne du mois de septembre 1587 (1). Au rapport d'un habitant de Dambenois conduit à Allenjoye, les gens de guerre exprimèrent en sa présence le regret de brûler un aussi bon village qu'Allenjoye, mais ils ne faisaient, disaient-ils, que se conformer aux ordres qu'ils avaient reçus, ajoutant qu'à la veille de l'invasion du comté de Montbéliard le marquis de Pont avait tenu conseil avec le duc de Guise et que ce jeune prince, malgré l'opposition très-vive de son parent, s'était décidé à livrer aux flammes toutes les terres et seigneuries de Frédéric de Wurtemberg, afin de se venger des désastres causés en Lorraine « par la grosse armée allemande, tant reistres françois que suisses, qui avoient brûlé aulcungs villages qui valloyent mieulx que toutte la comté de Montbeliardt » (2). Nous ne citerons que ces deux dépositions caractéristiques, mais tous les témoignages recueillis après le départ des belligérants s'accordent à représenter la destruction du comté de Montbéliard par le feu non comme un événement fortuit, mais comme de terribles représailles.

Du reste, pour ne laisser aucun doute aux pauvres campagnards, les mercenaires lorrains dans les propos échangés avec les gens du pays se chargeaient de les édifier sur leurs intentions. L'un de

(1) Enquête faite à Blamont le 2 février 1591, déposition de Jean Vurpillot d'Autechaux, *Documents*, p. 217.

(2) Enquête faite à Montbéliard le 14 février 1592, déposition d'Olry Artey de Dambenois, *Documents*, p. 249-250.

ces soudards s'adressant à un villageois qui lui servait de guide, lui posa cette question : « Paysant, que dict-on que noz cherchon en ses pays. » Son interlocuteur lui répondit : « L'on dict que vous voullez ataquer la villes de Montbelliard. » Le soudard répliqua : « Non, ne faict besoing, maintenan nous voullon bruller touttes la comté de Montbeliard, et apprès Pasque nous voulons revenir ataqué la villes » (1).

Un capitaine lorrain, nommé le capitaine La Haye, à qui un paysan demandait s'ils avaient l'intention d'enlever de vive force la ville de Montbéliard, s'exprima en ces termes : « Non, ils ne nous ont poinct prins de villes en notre pays de Lorrennes, nous ne lui voulon point ataquer ne prendres leur villes, il l'ont brullé nostre pays, nous lui voullon bruller toutes la compté » (2).

Quelquefois ces aventuriers, obéissant on ne sait trop à quels mobiles, avertissaient charitablement les gens des campagnes des incendies projetés pour leur permettre de sauver quelque parcelle de leur modeste avoir. Ainsi certains soudards lorrains, se faisant conduire à Allenjoye, dirent au paysan qui venait de s'acquitter de cet office :

« Entre vous, guide, allez queres des scait et prenez du fromment et altres butin, car altrement tout sera perdu, car, quant nous sortiron, nous bruleron noz logis et tous les villages de la comtté » (3).

En dépit des défenses formulées le 12 janvier 1588,

(1) Enquêtes et dépositions non datées, déposition de Philibert Bonvallot, *Documents*, p. 263.

(2) *Ibid.*, déposition de Vuillemin Beullefez, *Documents*, p. 264.

(3) *Ibid*,, déposition d'Huguenot Grillon, *Documents*, p. 264.

les instructions secrètes du marquis de Pont étaient si formelles, si précises que ses lieutenants tinrent rigoureusement la main à l'exécution des ordres donnés; on voit notamment M. de Rosne jurer « par la sang Dieu que s'il y avait un soldat qui partit de son logis sans y mettre le feu, qu'il le brusleroit luy mesme » (1); aussi les soudoyers lorrains n'eurent garde de se soustraire à cette consigne, craignant, disaient-ils, d'être pendus ou brûlés eux-mêmes (2). D'ailleurs, pour ne rien laisser au hasard, pour être certain qu'aucun des villages occupés par les envahisseurs n'échapperait au sort qui lui était réservé, l'incendie fut, si l'on peut s'exprimer ainsi, organisé militairement; il y eut des compagnies spéciales d'incendiaires, munies de feu et de *ramasse* (3), c'est-à-dire de fagots, faute de moyens plus perfectionnés, qui se transportèrent de village en village après le départ des troupes cantonnées dans le pays et qui accomplirent l'œuvre de destruction. Un habitant de Seloncourt, qui logeait sous son toit le fourrier du marquis de Pont, reçut également deux *boute-feux*, l'un nommé sire Claude, l'autre sire George. Pendant qu'ils se trouvaient chez lui, vint un ordre du duc de Guise portant défenses de brûler, ces deux personnages courroucés s'écrièrent que le marquis de Pont leur avait commandé de brûler, et qu'ils ne s'inquiétaient nullement de ces défenses.

(1) Avis des capitaine et officiers de Blamont du 20 février 1588, *Documents*, p. 134.

(2) Enquêtes et dépositions non datées, déposition de Richard Beulefez, *Documents*, p. 264.

(3) Enquête faite à Blamont le 2 février 1591, déposition de Mainbeuf Perrey de Bondeval, *Documents*, p. 209.

(4) *Ibid.*, déposition de Jean Avril de Seloncourt, *Documents*, p. 214-215.

Les gens de guerre sous la conduite du duc de Guise se contentaient de voler, de piller et de saccager, mais ne se chargeaient point de brûler (1). Malheur à celui qui essayait d'arrêter les progrès d'un incendie, on le traitait de façon à lui ôter toute envie de recommencer, témoin ce paysan de Roche qui voulut préserver une maison du feu « qu'aulcungs gougeards allumoient et fut tellement baptu, taillé et navré » qu'il succomba le jour même à ses blessures (2). Tel fut également le sort d'un laboureur de Vieux-Charmont réfugié à Montbéliard, que les Lorrains gratifièrent d'une arquebusade pour avoir cherché à éteindre le feu qui dévorait sa chaumière. Est-il rien d'aussi tristement expressif que le préambule du testament dicté par ce malheureux à son lit de mort (3) ?

« Me sentant fort malade, dit-il, et prest de rendre l'esprit à Dieu nostre souverain createur à l'occasion du coup d'arquebuzade qui m'a esté tiré au flan par aulcung soldat de ces trouppes inhumaines et mal conditonnez, estans encore la plus grande partie parmy les villages de ce comté, lorsque suis esté ce matin aud. Vieux Charmont, pensant esteindre le feu de nostre maison que ces mauditz et meschans gens y avoyent mis d'une malice deliberé, et me disposant à la mort, je faict les legatz... »

Au moment où le marquis de Pont signait son ordre du jour du 12 janvier, il pouvait voir de son

(1) Enquête faite à Montbéliard le 14 février 1592, déposition de Richard Biétrix de Dampierre-les-Bois, *Documents*, p. 237.

(2) Enquête faite à Blamont le 6 février 1588, *Documents*, p. 159.

(3) Testament de Jean Picard de Vieux-Charmont, (*Registre des causes testamentaires*, *Arch. Nat.*, *fonds Montbéliard*, *Z² 1678*, fol. 137 r°.)

quartier général les flammes qui dévoraient la plupart des villages de la seigneurie de Blamont (1). Bondeval et Ecurcey ouvrirent cette lugubre série et furent à peu près détruits le 10 janvier (31 décembre, vieux style); à Ecurcey, une seule maison resta debout, le feu fut mis dans ce village à trois reprises différentes, comme à Glay, à Thulay et à Dannemarie que l'incendie consuma les 11 et 12 janvier. Roche et Villars-les-Blamont furent brûlés les 13 et 15 janvier; Montécheroux, gros village qui dépendait de la seigneurie de Clémont devint la proie des flammes le 14 janvier et perdit 41 maisons. Vandoncourt, où se trouvait le quartier général du marquis de Pont, n'eut point le privilège d'échapper à l'incendie. La femme du forestier Huguenin Henry, qui eut l'honneur de loger les marquis de Pont et duc de Guise, entendit leurs laquais deviser de choses et autres, particulièrement du sort qui menaçait le village; ceux du marquis de Pont assuraient que leur maître avait donné l'ordre de tout réduire en cendres, et eurent l'aménité d'annoncer à leur hôtesse qu'on la brûlerait elle et ses maisons, tandis que les valets du duc de Guise disaient de leur côté qu'il n'y avait rien à craindre (2). Malgré cette affirmation, Vandoncourt fut livré aux flammes qui consumèrent 18 maisons, dont l'une de celles du forestier. Il n'y eut dans toute l'étendue de la seigneurie de Blamont que deux villages épargnés ou plutôt oubliés, ceux d'Autechaux et de Beaucourt. Dans l'espace de quelques jours deux cent

(1) Voir l'enquête sur les brigandages et incendies de maisons dans les seigneuries de Blamont et de Clémont, faite le 14 février 1588, *Documents*, n° LXXXIV.

(2) Enquête faite à Montbéliard le 14 février 1592, déposition de Perrenotte, femme d'Huguenin Henry, *Documents*, p. 255-256.

trente-sept maisons firent place à des ruines fumantes. Les Lorrains incendièrent également cinq presbytères, ceux de Vandoncourt, de Seloncourt, de Roche, de Villars-les-Blamont et de Montécheroux, deux églises à Roche et à Glay, cinq moulins, savoir un à Seloncourt, un à Hérimoncourt, deux à Glay et le moulin à vent de la seigneurie de Clémont, ainsi que les bergerie et ferme seigneuriale de Marchelavillers (1). Le village de Mandeure, situé à la limite de la seigneurie de Blamont et du comté de Montbéliard, appartenait pour moitié à l'archevêque de Besançon et pour moitié au prince de Montbéliard, et la plupart des sujets professaient la religion catholique; dès le début de l'invasion le curé se transporta au camp de Vandoncourt et plaida auprès du duc de Guise la cause de ses ouailles, ce prince était tout disposé à épargner ce village, mais le marquis de Pont s'y opposa formellement et déclara qu'il serait livré aux flammes, ce qui eut lieu; l'incendie dévora 26 maisons (2).

Non loin de Mandeure, sur les rives du Doubs, se trouvait Valentigney qui subit un sort analogue, mais au milieu de circonstances assez bizarres. Quelques habitants de ce village, enlevés par les soudards du capitaine La Routte, furent conduits à Vandoncourt en présence du marquis de Pont qui les apostropha en ces termes :

Eh bien! quant aurons-nous de l'argent? Sur la promesse d'une rançon de 120 écus, payable dans le délai

(1) Enquête sur les brigandages et incendies de maisons et de biens dans les seigneuries de Blamont et de Clémont, faite le 14 février 1588, *Documents*, p. 304.

(2) Enquête faite à Blamont le 7 février 1591, déposition d'Antoine Oudot, prêtre chapelain à Montjoie, *Documents*, p. 227.

d'un mois, le marquis de Pont leur délivra une attestation portant qu'on devait respecter leurs habitations, mais depuis survint à Valentigney un parti de 80 cavaliers lorrains qui déclarèrent que la rançon n'appartenait point au marquis de Pont, mais à eux, et en dépit de l'attestation s'empressèrent de mettre le feu au village (1). Il y eut 11 maisons incendiées, notamment celle de la commanderie de la Ville-Dieu où habitait le maire Léonard.

Le comté de Montbéliard proprement dit ne fut pas plus ménagé que les seigneuries de Blamont et de Clémont, l'incendie y exerça ses ravages dans la plupart des communes rurales. On peut citer au nombre des villages les plus éprouvés Etupes qui compta 32 maisons brûlées, Bavans, 26, dont la demeure du sieur Gédéon, ministre de la parole de Dieu, Exincourt, 24, parmi lesquelles se trouva le presbytère, Bethoncourt, 20, Courcelles-les-Montbéliard aussi 20, Présentevillers, 19, Dampierre, 11, dont le presbytère, Fesches, 16, Rainans, 12, Allenjoye et Sainte-Suzanne, 11 maisons (2).

Le village d'Etupes fut horriblement dévasté et à peu près détruit, grâce aux Italiens cantonnés dans cette localité, qui représentaient l'élément le plus détestable de cette soldatesque désordonnée. Leur colonel, le condottière Ferrand Cavalquin fit rédiger en latin, probablement par quelque clerc fourvoyé dans ses compagnies, une lettre commi-natoire qu'il envoya le 12 janvier à l'effet de se pro-

(1) Enquête instruite à Montbéliard le 14 février 1592, déposition de Regnauld Brung de Valentigney, *Documents*, p. 252-253.

(2) Voir « le rôle du dommage que les subjects de la grant mairie de Montbeliard ont receuz au mois de janvier 1588, » *Archives Nationales, fonds Montbéliard, K 1968*.

curer des vivres. Voici la traduction de cette curieuse missive qui ne porte aucune suscription (1).

« Nous vous envoyons cette fille trouvée dans votre village, pour qu'elle nous apporte de quoi boire et manger, si nous obtenons toute satisfaction à cet égard, le village sera préservé du feu et de tout désagrément, sinon, il sera brûlé, vous promettant qu'il n'arrivera aucun dommage à celui que vous chargerez de nous transmettre votre réponse.

« Donné à Etupes le 12 janvier 1588.

« *Le colonel de la cavalerie légère ayant ses quartiers à Etupes.* »

Nous ignorons si cet aventurier reçut une réponse conforme à ses désirs, ce qui est certain, c'est qu'il ne tarda pas à mettre à exécution la menace exprimée dans sa lettre et qu'il réduisit le village en cendres.

La plupart des chefs de corps qui avaient leurs cantonnements dans les environs de Montbéliard, en gens avisés, cherchèrent à extorquer quelques bonnes sommes aux bourgeois de cette ville qui possédaient des maisons de côté et d'autre dans les villages voisins, et leur offrirent de les racheter de l'incendie, mais, avec une insigne mauvaise foi, ils envoyaient souvent réclamer ces rançons, alors que les maisons étaient en proie aux flammes, c'est ce que l'on fit avouer à plusieurs soudards tombés au pouvoir de la garnison de Montbéliard, avant de les pendre au cerisier de la citadelle.

Le baron de Schwartzemberg qui s'était installé à Audincourt dans la demeure du licentié Docourt,

(1) *Documents*, n° XXXIX.

fit demander 400 écus d'or pour le rachat des trois maisons que ce conseiller du comte Frédéric possédait à Audincourt, et de deux autres maisons à Seloncourt, indépendamment de 300 écus pour sauver le reste du village d'Audincourt, exigeant une réponse immédiate et déclarant qu'en cas de refus tout serait livré aux flammes. Les parents de ce licentié Docourt, appartenant à la bourgeoisie de Porrentruy, vivement émus de ces menaces, ouvrirent de véritables négociations et finirent par obtenir du baron de Schwartzemberg qu'il renoncerait à ses prétentions et accepterait en guise de rançon un cheval tout équipé, s'estimant très-heureux d'en être quittes à aussi bon compte (1).

On possède en original les correspondances qu'échangèrent quelques-uns de ces officiers d'aventure au service du marquis de Pont avec plusieurs bourgeois de Montbéliard, elles font paraître le cynisme éhonté de ces routiers qui assaisonnaient leurs propositions de plaisanteries de haut goût.

Un certain capitaine Arbitre se trouvait cantonné avec sa compagnie dans le village de Bart, et avait jeté son dévolu sur une grande et belle maison appartenant à Michel Zecker, trésorier du comte Frédéric, n'imagina-t-il point d'adresser à ce maître Michel une lettre l'invitant à lui faire parvenir 500 écus, pour préserver de l'incendie sa maison qu'il eût été, prétendait-il, en droit de brûler immédiatement, attendu qu'il n'y avait rencontré ni pain, ni vin? Sa missive se terminait par cette phrase significative : « S'il y a quelque particulier

(1) Voir les lettres missives d'Henri Farine, bourgeois de Porrentruy et d'autres habitants de cette ville, en date des 12 et 13 janvier 1588, *Documents*, nos XL et XLI.

qui désire conserver ces trois premiers villages, (vraisemblablement Bart, Courcelles et Sainte-Suzanne), regardés de vous cottiser ensemble, si ne vouler voir un beau feu dont vous pourrés chauffer de vostre ville » (1).

Le capitaine Arbitre, averti par une vieille femme qui avait porté sa lettre à Montbéliard que l'un des amis du trésorier consentirait à s'imposer quelque sacrifice pour racheter la maison de Bart, se hâta d'écrire que l'on ferait bien de lui envoyer l'argent, mais qu'il ne recevrait pas moins de 400 écus, ajoutant que ceux qui n'avaient pas voulu entrer en arrangement « verraient demain au matin belle danse partout et se pourraient bien chauffer au feu de leurs maisons (2). En l'absence de Michel Zecker, l'un de ses parents, Georges Vernet répondit le jour même à Monsieur l'Arbittre qu'il lui était impossible de satisfaire à sa demande, son cousin n'ayant pas laissé un denier à la maison et se trouvant même ruiné par la perte de ses quatre maisons de Vandoncourt qui venaient d'être consumées (3). Le capitaine Arbitre prenant en considération les raisons alléguées, voulut bien réduire de moitié le chiffre de la rançon exigée pour la maison de Bart (4). Le 17 janvier au matin, Michel Zecker, de retour d'un voyage en Allemagne, trouva en son logis les missives de cet aventurier

(1) Lettre missive du capitaine Arbitre au trésorier Michel Zecker, du 16 janvier 1588, *Documents*, n° LII.

(2) Autre lettre du même, du 16 janvier 1588, *Documents*, n° LIII.

(3) Réponse de Georges Vernet à la lettre du capitaine Arbittre, du 16 janvier 1588, *Documents*, n° LIV.

(4) Lettre du capitaine Arbitre au sieur Vernet, *Documents*, n° LV.

et lui offrit 300 écus, payables dans les vingt-quatre heures qui suivraient le départ des troupes lorraines, si par son entremise tout le village de Bart échappait à l'incendie (1).

Ce fut peine perdue, avant de quitter cette localité, les compagnons de Monsieur l'Arbittre y mirent le feu, neuf maisons furent consumées, et dans le nombre celle du trésorier avec une grange et toutes ses dépendances, évaluée 3000 francs.

Un autre chef de bandes, non moins dépourvu de scrupules, le capitaine Dupuis occupait le village de Courcelles où se trouvait une papeterie construite depuis peu par les soins du comte Frédéric et renfermant en même temps l'établissement typographique de Jacques Foillet (2). Ce partisan

(1) Lettre du trésorier Zecker au capitaine Arbitre, du 17 janvier 1588, *Documents*, n° LVI.

(2) Jacques Foillet, d'origine lyonnaise, vint s'établir à Montbéliard vers 1586 et y fonda la première imprimerie installée dans le pays. Un grand nombre de livres sortirent de ses presses de la fin du XVIe siècle au commencement du XVIIe siècle ; la première publication de Foillet qui suivit de très-près son arrivée à Montbéliard est relative aux actes du colloque tenu dans cette ville en 1586 par Théodore de Bèze et le docteur Andréa. L'un des ouvrages mis au jour par Foillet, *le Guide des fortifications et conduite militaire pour se bien fortifier et défendre*, par Claude Flamand, ingénieur entré au service de Frédéric de Wurtemberg le 29 janvier 1593, faillit le compromettre et lui attira des poursuites judiciaires au mois de décembre 1597. On lui reprocha d'avoir imprimé, sans avoir soumis au visa du Conseil de régence, cette œuvre remplie « d'injures et d'invectives, tant contre la personne de l'ung des principaulx conseillers de Son Altesse, que de toute la nation allemande, et tendant directement au blasme, deshonneur de Sa Majesté Impériale et de tous les princes, citez et membres de l'Empire. » Le procureur général, Hector Lorys, requit un châtiment exemplaire, mais l'affaire traina en longueur pendant plusieurs années et ne semble pas avoir reçu de solution (*Archives Nationales, fonds Montbéliard, Registre des causes fiscales, Z² 1721*, 8 et 15 décembre 1597.)

s'avisa d'écrire de sa plus belle main aux bourgeois de Montbéliard une bonne épître où il leur disait : « Messieurs, s'il y a quelq'un de vous aultres qui aye envye que la papeterye se conserve, qu'il me face envoyer quelque honnesteté, et je promest ma foy qu'elle sera conservée et y mecterés garde pour ceste effect, vous assurent aussy que sy l'on y manque, je vous en ferez veoir la flame dans la nuict (1).

Cette démarche n'ayant amené aucun résultat. les gens du capitaine Dupuis commencèrent par détériorer tout le matériel de l'imprimerie et essayèrent, à plusieurs reprises, de brûler l'édifice sans pouvoir y parvenir, ils tentèrent même de le démolir, mais renonçant à cette besogne trop pénible, ils finirent par remplir la papeterie de paille et de bois sec qu'ils allumèrent, de telle sorte qu'après cette opération, il ne resta que les quatre murs (2).

A Sainte-Suzanne, village distant d'un quart de lieue de Montbéliard, le capitaine La Grâce suivit l'exemple de ses compagnons d'armes et fit également quelques tentatives pour extorquer certaine somme d'argent à un bourgeois de Montbéliard, nommé Georges Quailot, qui possédait un immeuble dans cette localité, jurant, « foy de cavaliere, » que si on lui envoyait 200 écus, la maison serait respectée (3). « Avisés à ne faillir à ce, » observait-il à la fin d'une de ses lettres, si vous tenez à préserver votre propriété d'une ruine totale. Comme ce bourgeois ne se pressait point de répondre, le

(1) *Documents*, n° LVII.

(2) Histoire véritable et espouvantable des volerics, meurtres et aultres cruautés commises par le marquis de Pont, fol. 36 r°.

(3) *Documents*, n°s LVIII et LIX.

capitaine La Grâce, afin de produire impression sur son esprit, eut la délicate attention de lui mander qu'il venait de brûler deux maisons voisines de la sienne et qu'il attendait sa réponse pour prendre une détermination (1). La réponse attendue ne vint pas et l'incendie se chargea de faire son œuvre, onze maisons furent brûlées à Sainte-Susanne, entre autres celle de Georges Quailot, avec cheminée de pierre, estimée 1500 francs, le même bourgeois perdit en même temps deux maisons à Audincourt.

Dans leur rage dévastatrice, les soldats du marquis de Pont eurent grand soin de ne pas oublier un seul des bâtiments appartenant au comte de Wurtemberg, et anéantirent par le feu sept moulins seigneuriaux, diverses fermes ou métairies et jusqu'aux loges de plaisance bâties dans ses vignes.

Lorsque ces incendiaires inaccessibles à toute pitié se furent retirés, ne laissant derrière eux que des débris fumants, la population atterrée put mesurer toute l'étendue de son malheur. L'historien de Thou qui parcourut le pays trois ans après l'invasion, et qui recueillit sur son passage les témoignages de gens dignes de foi, exagère cependant lorsqu'il parle de 300 villages incendiés par les Lorrains (2), la principauté de Montbéliard dans toute son étendue comptait à peine 300 villages. Claude de la Châtre (3) se trompe également en portant à 120 le nombre des villages éprouvés par le feu. Voici le chiffre exact d'après les constatations officielles. Sept cent neuf habitations dans 62 com-

(1) *Documents*, n° LX.

(2) A. de Thou, *Histoire universelle*, liv. 87, t. x, p. 61.

(3) Claude la Châtre, *Discours sur les faits advenus en 1587*, p. 162.

munes rurales, devinrent la proie des flammes. De toutes ces maisons remplies des récoltes de l'année, garnies de bétail, pourvues de mobilier, il ne restait que quelques murs noircis qui ne pouvaient même plus donner asile à tant de malheureux exténués par les privations et les rigueurs de l'hiver, brisés par des tortures sans nom et manquant de toutes ressources. A la vue de toutes ces ruines, la population exaspérée ne fit aucun quartier aux Lorrains qui s'attardèrent dans le pays, tous les traînards furent écharpés sans pitié. Suivant le témoignage des officiers de Blamont (1), les paysans transportés de fureur, arquebusèrent plusieurs soldats et goujats restés dans les villages après le départ du gros de l'armée. Par une amère ironie du sort, cette population qui venait de subir d'aussi épouvantables épreuves, qui expiait si cruellement les excès commis en Lorraine par les reîtres allemands, était française jusque dans la moëlle des os, française par ses habitudes, française par ses usages et ses traditions, française enfin par la langue qui était depuis le XIIIe siècle, époque de la rédaction des franchises municipales, la seule langue en honneur dans la vieille bourgeoisie de Montbéliard.

V. Le pillage.

Au moment où les mercenaires sous les ordres du marquis de Pont firent irruption en Franche-Comté, ils n'avaient reçu aucune solde depuis plu-

(1) Avis des capitaine et officiers de Blamont au comte Frédéric de Wurtemberg, du 20 février 1588, *Documents*, n° LXIV.

sieurs mois et ils espéraient se recupérer aux dépens de l'armée allemande, aussi quelle ne fut pas leur déconvenue lorsqu'ils virent les reîtres leur échapper et s'éclipser en quelque sorte sous leurs yeux. Dans cette conjecture, les princes lorrains comprirent que le seul moyen d'empêcher l'explosion de murmures longtemps contenus serait de jeter en pâture à cette soldatesque affamée quelque proie de nature à satisfaire ses appétits. C'est alors que l'invasion de la principauté de Montbéliard fut décidée, et que les Guises résolurent de livrer en pillage à leurs troupes les terres huguenotes de l'un de leurs adversaires les plus signalés, du comte Frédéric de Wurtemberg. Les soldats lorrains n'en faisaient d'ailleurs aucun mystère et ne craignaient point d'avouer qu'ils n'avaient reçu d'autre payement que le pillage du comté de Montbéliard (1). Certain Italien, arquebusé par le peuple en furie, déclara même avoir entendu dire « que mons[r] « de Guyse leur avoit baillé en pillage pour six jours « les pays de par deça pour eulx recompansser » (2). Piller, brûler et tout saccager, tel était le mot d'ordre donné par le marquis de Pont et le duc de Guise, ce dernier n'exceptant du programme que l'incendie. Tout le comté de Montbéliard, proclamaient ces soudards, depuis la Bourgogne jusqu'en Allemagne était à leur discrétion, et ils en profitaient pour fouiller les villages des seigneuries limitrophes de Belfort et de Delle, et y rechercher tout

(1) Enquête faite à Blamont le 2 février 1591, dépositions de Richard Masson de Glay et de Jacques Mabrey d'Echenans-sous-Montvaudois, *Documents*, p. 216, 223.

(2) Avis des officiers de Blamont du 20 février 1588, *Documents*, n° LXIV.

ce que l'on avait pensé soustraire à leur rapacité (1). Rien ne put échapper à leurs investigations, au retour de l'expédition, les Lorrains se vantaient d'avoir fait table rase et disaient que » mesme les chats n'estoient pas eschappez de leurs mains » (2). En autorisant le pillage de ce petit pays, les princes lorrains, ardents défenseurs de la foi catholique, agissaient sous l'impulsion des haines religieuses et voulaient avant tout ruiner les biens des huguenots. Quant aux mercenaires qui composaient leur armée, ils s'associaient volontiers aux desseins de leurs chefs et ne demandaient pas mieux que de piller les huguenots, mais trouvaient subtile la distinction entre les biens des protestants et ceux des catholiques, cela se voyait chaque jour et à chaque instant. Ainsi, tel villageois, occupé à sauver son mobilier, se voit surpris par les Lorrains qui l'interrogent: N'est-ce pas du bien de huguenot? disent-ils. Malgré sa réponse négative, ces soudoyers n'hésitent point à s'approprier les meubles et les chevaux de cet individu, et lui signifient que « tout le bien de la compté leur est accordé et permis de piller » (3). L'effronterie avec laquelle ces pillards prenaient indifféremment tout ce qui était à leur convenance sans s'inquiéter le moins du monde de la religion du propriétaire, éclate à tous les yeux dans ce dialogue caractéristique que l'un de ces aventuriers eut avec un paysan rencontré sur sa route. « Paysan, lui dit-il, me saurois tu ensengner quelque riches paysan huguenot, l'autre

(1) Enquêtes et dépositions non datées, déposition d'Ennemand Cabouhot, *Documents*, p. 265.

(2) A. Digot, *Histoire de Lorraine*, t. IV, p. 246.

(3) Enquêtes et dépositions non datées, déposition de Loys Bonvallot, *Documents*, p. 264.

répond que non. Le soudard réplique : Combien qui ne seroit huguenot, s'at tout un, sy j'en povois avoir deux cent esculz, je t'en donnerois ta partie » (1).

Les soldats du marquis de Pont connaissaient à merveille les maisons les plus riches de chaque village et y allaient tout droit, quelquefois ils se faisaient guider au milieu des montagnes par certains habitants des seigneuries voisines qui jouèrent dans cette invasion un rôle peu honorable (2).

La rapacité de ces brigands était si grande qu'ils ne reculaient même pas devant le sacrilége le plus odieux, ils poussaient l'infamie jusqu'à déterrer les cadavres dans les cimetières, espérant y trouver des trésors enfouis, trompés dans leur attente, ils se retiraient, laissant à découvert les corps décomposés (3).

Aussitôt entrés dans le comté de Montbéliard, les Lorrains firent main basse sur le bétail de toute nature, chevaux, bœufs, vaches, veaux, chèvres, moutons et pourceaux, tout fut saisi et emmené ou vilipendé; pendant près de trois semaines, entre Héricourt et Belfort se succédèrent des convois de troupeaux conduits en Lorraine avec accompagnement de chants dérisoires : « Voicy les bergiers du prince de Montbelyard, entendait-on sur les chemins, nous lui ramenerons ses vaches au midy et ses moutons à la matinée. Où est-il, où est-il, le chasseur ? O voicy une belle proye » (4). Les pauvres

(1) Enquêtes et dépositions non datées, déposition d'Huguenot Grillon, *Documents*, p. 264.

(2) Enquête faite à Blamont le 6 février 1588, dépositions de Jehan Vaulgier et de Jacques Charreton, au sujet du rôle joué par Claudot Poulier, bourgeois de Saint-Hippolyte, *Documents*, p. 167, 171.

(3) Histoire véritable et espouvantable des meurtres et aultres cruautés commises par le marquis de Pont, fol. 15 v°.

(4) *Ibid.*, fol. 15 r°.

paysans ne pouvaient se résigner à la perte de leur bétail, que souvent ils devaient accompagner, de gré ou de force; le maire de Brévilliers notamment suivit le troupeau qu'on lui avait volé jusqu'à Remiremont, espérant toujours le recouvrer, mais ce fut en pure perte (1). Ce bétail, une fois arrivé en Lorraine, était vendu au vu et au su de tout le monde, d'autre part, les Bourguignons voisins du comté de Montbéliard, se hâtèrent de profiter d'une aussi bonne aubaine et achetèrent à vil prix les bestiaux volés; ils avaient pour deux écus des chevaux valant de seize à vingt écus, une bonne vache de six écus pour un écu, les brebis, les porcs gras à l'avenant. (2). Les bêtes que ces soudards ne pouvaient vendre sur place ou emmener étaient indignement mutilées; tantôt ils coupaient les pattes et les groins des pourceaux, tantôt ils tailladaient la croupe des chevaux jugés trop vieux ou trop décharnés (3). D'après le relevé officiel fait après l'invasion, la perte totale en bétail dans le comté de Montbéliard se monta à plus de huit mille têtes, savoir, 2184 chevaux, 616 bœufs, 2034 vaches, génisses et veaux, 1280 moutons et brebis et 1938 porcs (4).

Les Lorrains n'eurent garde d'oublier les récoltes qui étaient cette année d'une abondance exceptionnelle, les greniers regorgeaient de froment,

(1) Enquête faite à Blamont le 2 février 1591, déposition de Pierrot Willemin, maire de Brévilliers, *Documents*, p. 222

(2) Histoire véritable et espouvantable des voleries, meurtres et aultres cruautés commises par le marquis de Pont, fol. 16 r°.

(3) *Ibid.*, fol. 15 r°.

(4) Protocolle destiné aux conférences de Prague et rédigé par le chancelier Hector Carray le 22 juillet 1592, fol. 1, *(Archives Nationales, fonds Montbéliard, K 1967.)*

d'orge, d'avoine, de pois, de fèves, de lentilles et de vesces. Tout ce qui put se charger sur les voitures des paysans fut transporté en Lorraine, le surplus fut ou vendu aux Bourguignons, ou détruit par le feu, ou gâté au moyen d'inventions diaboliques: ces bandits, voulant de parti pris affamer la population des campagnes et lui enlever tout moyen de subsister, mélangeaient le froment et l'avoine, l'orge et les lentilles. les pois et les vesces, en y ajoutant du sable et de la chaux, du verre pilé et jusqu'à des excréments humains ou d'animaux, broyant le tout ensemble et le jetant à la voirie (1). Suivant le tableau des pertes dressé village par village, le comté de Montbéliard et les seigneuries adjacentes perdirent 80,520 mesures de froment, 94,196 mesures d'avoine, 29,616 mesures de seigle et orge, 3974 voitures de foin et 1180 voitures de paille (2).

L'ennemi ne se borna point au pillage et détruisit tout ce qu'il ne put emporter. Les vignes récemment plantées par les soins du comte Frédéric sur un coteau près de Montbéliard, au lieu dit à la Chaux, furent arrachées. D'après une

(1) Histoire véritable et espouvantable des voleries, meurtres et aultres cruautés commises par le marquis de Pont, fol. 15 r°. Un chroniqueur allemand Pierre Lindeberg, rend le même témoignage que les relations contemporaines. Voici ce qu'il dit à cet égard : Quae avehi ex frumentis non poterant, omnem humanitatem exuentes, aut vulcano tradunt, aut foriis seu alvi excrementis coinquinant, aut arenis mistis adulterant. *(Commentarii rerum memorabilium in Europa ab anno 1586 usque ad 1591 gestarum, auctore Petro Linderbergio ex bibliotheca Ranzoviana collecti, Hamburgi, Wolff, 1591*, in-4, p. 63.

(2) Ch. Duvernoy, *Invasion du comté de Montbéliard par les princes lorrains.*

relation contemporaine (1), certaine pyramide erigée dans ce vignoble, pyramide surmontée d'une statue de Pallas, de grandeur naturelle, en marbre vert, portant d'une main un glaive et de l'autre les armoiries du comté de Wurtemberg, avec une inscription en trois langues (2) rappelant la plantation de ces vignes, aurait été détruite par les Lorrains, cependant il semblerait résulter du témoignage d'un habitant de Charmontey (3) que l'image de pierre sur la Chaux fut renversée antérieurement à l'arrivée des ennemis.

Les salines de Saulnot, situées dans la seigneurie de Granges, furent également dévastées par les compagnies lorraines qui enlevèrent le bois destiné aux cuites et ruinèrent le bâtiment servant à l'exploitation (4). Les reitres du comte de Mansfeld commirent de nombreux et importants dégâts dans la plupart des villages des seigneuries de Granges et d'Héricourt, mais sans joindre l'incendie aux déprédations habituelles, il n'y eut guère

(1) Histoire véritable et espouvantable des voleries, meurtres et aultres cruautés commises par le marquis de Pont, fol. 35 v°.

(2) Théodore de Bèze, dans une lettre adressée au docteur Jean Bauhin le 25 juillet 1586, fait allusion à ces inscriptions commémoratives que lui faisait demander Frédéric de Wurtemberg pour « sa vigne de la Chaux, » et s'excuse de ne pouvoir répondre à son désir et lui envoyer vers de sa façon, affirmant que depuis les pseaumes français il ne s'était adonné à rime française, et que dans le pays ses amis pourraient le suppléer avec avantage. (*Bulletin de la Société de l'Histoire du Protestantisme français*, n° du 15 février 1882).

(3) Enquête faite à Montbéliard le 3 juillet 1589, déposition de Jean Verrjer fin de Charmontey, *Documents*, p. 198.

(4) Enquêtes sur les dommages causés par les troupes lorraines dans la seigneurie de Granges. — Invantoire des pertes que Nicolas Cheville, commis sur les salines de Saulnot, a reccue par les trouppes des ligeurs, *Documents*, n° LXXXV, n° I.

que le four de Moffans brûlé, avec les portes et fenêtres de quelques maisons (1).

Avant de montrer ce que devinrent les demeures rustiques entre les mains des Lorrains, il ne nous semble pas inutile de faire pénétrer le lecteur dans une de ces habitations rurales de la fin du XVIe siècle, telles que nous les trouvons dans l'ancienne principauté de Montbéliard (2).

Toute maison à usage de laboureur comprenait, indépendamment du corps de logis principal, une salle, pourvue d'une de ces vastes cheminées encore en usage dans nos campagnes, salle désignée communément sous le nom de *cheminée de pierre;* cette pièce, où se tenaient habituellement les membres de la famille, faisait partie intégrante de la maison proprement dite, mais se considérait souvent comme un immeuble distinct dont le propriétaire disposait à son gré, ainsi il n'est pas rare de voir un cultivateur, dans l'expression de ses dernières volontés, conserver à sa femme l'usufruit de la *cheminée de pierre,* joignante et contigue à sa maison (3); à cette époque, dans toute énumération de propriétés rurales, l'on a grand soin de mentionner toujours la *cheminée de pierre.* Les

(1) Enquêtes sur les dommages causés dans la seigneurie de Granges. — Declaration des interestz survenuz en la seigneurie de Granges, *Documents*, n° LXXXV, n° II.

(2) C'est à l'aide de testaments faits par des habitants de la campagne pendant la seconde moitié du XVIe siècle, insérés dans les Registres des causes testamentaires *(Arch. Nat., Z² 1677-1679)* que nous avons essayé de reconstituer leurs humbles demeures.

(3) Perrin Goguel de Bethoncourt dans son testament du 17 août 1600, exprime le désir que sa femme « demeure usufructuaire de la cheminée de pierre, joingnante et contigue à sa maison, *Registre des causes testamentaires, Archives Nationales, fonds Montbéliard, Z² 1679,* 19 février 1601. — *Ibid.*, Testament de Jean Nétillard de Mandeure, *Z² 1679,* 10 janvier 1603.

demeures des paysans, tantôt construites en bois, tantôt bâties en pierre, avaient toutes, sauf de rares exceptions, une grange, « une establerie, » un verger ou jardin planté d'arbres derrière la maison et parfois un petit clos au devant. L'exploitation agricole consistait dans la mise en culture d'un certain nombre *d'oiches* ou *curtils*, tel était le nom donné aux terres labourables; en même temps que ses champs, l'agriculteur faisait valoir quelques *fauchées* de prés, souvent même des vignes le long des côtes bien exposées, notamment vers Mandeure et Valentigney. La culture d'une part, l'élève du bétail d'autre part assuraient aux gens de la campagne une existence relativement aisée; le laboureur le plus pauvre possédait une vache, quelques brebis et un porc, et il n'était pas rare de rencontrer dans l'étable des paysans fortunés quatre à cinq chevaux, trois ou quatre vaches, cinq ou six chèvres et brebis, dans certains cas jusqu'à huit chevaux et douze bêtes à cornes (1). On ne peut citer qu'à titre exceptionnel le domaine rural possédé par le licentié Docourt dans le village de Seloncourt, domaine qui pouvait contenir 40 bêtes rouges et 15 chevaux, il s'agit évidemment ici d'une véritable ferme ou métairie (2).

Lcs instruments aratoires usités à cette époque, fort simples d'ailleurs, étaient des charrues, des chariots ferrés avec tout ce qui constituait le harnachement des chevaux, notamment des *bourreaux*,

(1) Dans le testament de Claude Baynier de Rainans (10 juillet 1592) on voit mentionnée une « establerie » contenant 14 bêtes à cornes, *Registre des causes testamentaires, Arch. Nat., Z2 1678*, fol. 208 r°.

(2) Enquête sur les brigandages... commis dans les seigneuries de Blamont et de Clémont, *Documents*, p. 289.

ou colliers, y compris les traits, des chaînes de fer, des faux et faucilles, des *quartes* pour mesurer le grain (1).

Quant au mobilier se trouvant à l'intérieur de ces maisons rustiques, il variait peu et comprenait généralement un lit *revestu* (2), c'est-à-dire garni de ses *linceulx* ou draps, traversins et oreillers de plumes, couvertures, avec ciel et courtines ou custodes ornées de franges, il se composait en outre de quelques tables et bancs de bois, d'une huche ou buffet pour serrer les provisions du ménage, et surtout d'arches ou d'écrins (3), c'est-à-dire de grands et petits coffres fermant à clef qui servaient à ramasser le linge et les habits du paysan. Ces arches et écrins, complément indispensable de tout mobilier, étaient presque toujours en bois de chêne, plus rarement en sapin ou noyer, et solidement ferrés, ornés parfois de pommettes rouges aux angles.

(1) Voir l'enquête sur les pertes et dommages éprouvés par les habitants de la seigneurie d'Etobon, *Documents*, n° LXXXVIII, p. 340, 341.

(2) Lict revestu de ciel, custodes, travers, oreilliers, linceulx, (testament de Jeanne Varin d'Autechaux, du 18 juin 1595, *Arch. Nat.*, *Z² 1678*, fol. 239 v°.)

Lict garny de travers, deux orilliers, quatre linceux, ensemble la couverture avec une courtine, (testament de Guillaume Lodvich Benoistot d'Audincourt, du 8 octobre 1584, *Arch. Nat.*, *Z² 1678*, fol. 21 v°.)

(3) Arche de bois de chesne ferrée et fermant à clef, (testament de Jean Cuenin d'Audincourt, du 4 février 1581, *Arch. Nat.*, *Z² 1678*, fol. 9 v°.)

— Deux arches et deux escrins de chesne avec les linges dedans, (testament de Vuillemin Jeannin de Présentevillers, du 14 septembre 1586, *Arch. Nat.*, *Z² 1678*, fol. 80.)

— Arche de bois de chesne, ayant les pommelles rouges, ung escrain de bois de chesne, (testament de Jeannette Henriot de Clairegoutte, du 14 juillet 1577, *Arch. Nat.*, *Z² 1677*, fol. 87 v°.)

— Escrin de sapin ferré, (*Arch. Nat.*, *Z² 1677*, fol. 168.)

Parmi les ustensiles de ménage on voit figurer de grandes chaudières de la contenance d'environ une ou deux *soillées* (1), des *soillots* ou baquets, des chaudrons, des pots de fer ou de cuivre, des écuelles, des pintes et doubles pintes d'étain, connues sous le nom de *channes* (2), des plats également d'étain grands et petits, des aiguières et des chandeliers de laiton, et autres menus objets, tels que pelles, bassins, haches à fendre le bois (3). Le long des murs étaient suspendues ici une hallebarde, là une arquebuse, ailleurs une épée, constituant l'armement du paysan, lorsqu'il devait s'acquitter des obligations du service militaire dans les milices rurales.

Si nous ouvrons les arches et écrins, nous y trouvons des chemises de toile commune, généralement en petit nombre, une douzaine au plus, des draps de lit ou *linceux* également de toile, des nappes et serviettes, des colerettes, des couvre-chefs ou bonnets de lin (4), tel était le linge que

(1) Grande chaudière tenant environ deux *soillées*, (testament de Guillaume Lodvich Benoistot d'Audincourt, du 8 octobre 1584), — grande chaudière tenant une seille, (testament de Claude Jacquot de Fesches, du 15 decembre 1591, *Arch. Nat.*, *Z² 1678*, fol. 21, 200.

(2) Pot de cuivre, channe d'estaing et chaudron, (testament d'Huguenin Mathey de Présentevillers, du 28 juin 1571, *Arch. Nat.*, *Z² 1677*). — Pot de fer, aiguière de leton, chaudron, (testament de Jacques Baynier, du 5 septembre 1586, *Arch. Nat.*, *Z² 1678*, fol. 88.) — Pelles, potz, chaudieres, escuelles et autres ustensiles de mesnage, (testament de Cuenin Colin de Bethoncourt, du 23 février 1573, *Arch. Nat.*, *Z² 1677*, fol. 62 v°.)

(3) Voir l'enquête sur les pertes et dommages éprouvés par les habitants de la seigneurie d'Etobon, *Documents*, n° LXXXVIII.

(4) Linceux, couvrechefz, nappes, serviettes, colerotz et aultres linges, (testament de Marguerite Gremillot, du 25 avril 1586, *Arch. Nat.*, *Z² 1678*, fol. 56.) — Un rain de toille de chanvre pour faire

possédait toute famille de cultivateurs jouissant d'une certaine aisance.

Quant aux vêtements, les hommes portaient des chausses ou *garguesses* de drap, des jaquettes ou casaques et surtout des pourpoints de futaine noire, et pour se garantir du mauvais temps, ils se couvraient de *goudets* ou manteaux de drap, soit noir, soit bleu (1). L'habillement des femmes de la campagne, peu compliqué, consistait en *guippes* ou jupes de *trasse* (2), en robes de drap ou d'étoffe de laine plus ou moins grossière que l'on appelait des *burots*, on en rencontre une assez grande variété, *burots de camelot, burots de damas, burot de bombasin, burot de futaine* (3); avec ces *burots*, toute paysanne avait un ou plusieurs *gonnels*, vêtement de drap le plus souvent rouge ou bleu, nous voyons même un gonnel de drap noir *reguingué d'ostade* (sorte d'estame) (4), on en faisait pareillement en

nappes, ung rain de doublot, trois serviettes, (testament de Jeannette Henriot de Clairegoutte, *Arch. Nat.*, *Z2 1677*, fol. 87 r°.) — Legs de chemises et de linceulx de toile commune, *ibid.*, fol. 87 v°).

(1) Une enquête sur les dommages causés par les troupes lorraines dans la seigneurie de Clerval (*Documents*, n° LXXXVI, p. 315) mentionne des *garguesses*, *ung goudet de drap bleu* parmi les habillements emportés par les reîtres.

(2) Le testament de Jaquette Baynier (5 septembre 1586) donne une énumeration de vêtements féminins, notamment de *deux guippes de trasse*, *d'une vieille guippe*, *d'ung burot de drap*, *deux autres burots defustaine*, *et d'ung gonnel de sargy*, (*Arch. Nat.*, *Z2 1678*, fol. 88 r°.)

(3) Legs *d'un burot de camelot*, (testament de Thiennon Mathey d'Exincourt, du 4 juin 1583, *Arch. Nat.*, *Z2 1677*, fol. 172 r°, — *burot de damas*, (testament de Claudine Noblot, du 11 juillet 1614, *Arch. Nat.*, *Z2 1679*, — *burot de bombasin*, (testament de Catherine Tatenne, du 2 octobre 1588, *Arch.*, *Nat.*, *Z2 1678*, fol. 183 r°.)

(4) Dans le testament d'Exibel Colin (*Arch. Nat.*, *Z2 1678*, fol. 188 r°), legs d'un *gonnel* de drap rouge pour faire une robe à son fillot, — *gonnel de drap noir reguingué d'ostade*, (testament de Claudotte Noblot, du 11 juillet 1604, *Arch. Nat.*, *Z2 1679*.)

serge. Quelques paysannes fortunées possédaient des *pelissons* ou manteaux fourrés qui valaient jusqu'à un écu d'or; ainsi telle femme lègue par son testament *un pellisson de blanchot* (1).

La toilette aux jours de fête s'agrémentait de quelques *courroies* d'argent (2), c'est-à-dire de ceintures en tissu avec ornements d'argent, plus rarement on se parait d'une chaîne d'argent (3), c'était toute l'argenterie qui se voyait dans les campagnes. Parfois on remarque de loin en loin quelques patenôtres de corail garnies d'argent (4), mais de gobelets, de cuillers d'argent, point, ces objets de luxe ne se rencontraient guère que dans les familles bourgeoises de Montbéliard.

Toute fille de la campagne qui se mariait recevait, sans compter une petite dot en rapport avec la fortune de ses parents, un trousseau complet, comprenant ses vêtements de noces, son linge de corps et son lit, une arche et un écrin fermant à clef, plus une vache valant de 8 à 10 francs (5). Le don d'une vache était tellement entré dans les habi-

(1) Testament de Vuillemette Georges de Grand-Charmont, du 30 janvier 1576, *(Arch. Nat., Z² 1677*, fol. 168 r°.)

(2) Grande et petite courroye d'argent ayant le tissu noir (testament de Jeannette Henriot, *Arch. Nat., Z² 1677* , fol. 87 v°). — Thiennon Mathey lègue *sa bonne courroye, (ibid.*, fol. 172 r°.)

(3) Chaîne d'argent, courroye d'argent et autre argenterie (testament de Claudotte Noblot, du 11 juillet 1604, Z² 1679.)

(4) Vuillemette Georges de Grand-Charmont lègue à sa fille des *patenostres de coural et argenterie y estant*, (testament du 30 janvier 1576, *Arch. Nat.*, Z² *1677*, fol. 168 r°). — Des *patenostres de coral*, volées par les Lorrains, sont mentionnées dans l'enquête de la seigneurie de Clerval, *Documents*, p. 315.

(5) Françoise Bretey, veuve de Claudot Tournier d'Aibre, lègue à chacune de ses filles une vache de 8 francs, leurs lits, trousseau et habitz nuptiaux, une arche et un escrein fermants à clef *(Arch. Nat.,* Z² *1678*, fol. 229 r°.)

tudes que si, par suite de circonstances quelconques, une villageoise n'avait pas reçu, lors de son mariage, la vache traditionnelle, ses parents n'oubliaient jamais de lui en tenir compte dans le réglement de leur succession. C'est ainsi qu'un paysan de Nommay déclare dans son testament que ses filles avaient reçu leurs trousseaux « comme filles de laboureurs, selon leur estat, fors que l'une d'elles n'a encoires eu sa vache » et il prend soin de stipuler qu'une vache lui sera délivrée avant tous partages, ou la somme de 7 francs forts représentant sa valeur (1).

Le trousseau complet d'une paysanne de condition aisée se composait à cette époque des objets suivants :

« Ung lict revestu d'ung travers, de deux oril-
« liers, de deux linceux de courtine, douze linceux
« et d'une couverte.

« Item, sera habillée pour le jour de ses nopces
« de deux goudetz de drapt, le meilleur jusques à
« deux frans l'aulne, d'ung burel jusques à la va-
« leur de vingt gros ; ung rain et demy de doublot
« de la fileure de la maison, et trois aulnes pour
« deux doublotz de lin de la fileure.

« Item, six chemises neufves, demie douzaine de
« serviettes et deux nappes et une arche et l'es-
« crin jusques à la valeur de quatre frans ; une
« vache et deux brebis (2). »

Avec cela, une paysanne était convenablement

(1) Testament d'Etienne Richard de Nommay, du 27 février 1588, (*Arch. Nat.*, Z² *1678*, fol. 184 v°.)

(2) Accord passé entre Jean Fostel de Vougeaucourt et Adrienne Fostel, sa nièce, le 25 novembre 1584, *Arch. Nat.*, *Registre des causes testamentaires*, Z² *1678*, fol. 19 r°.)

pourvue, ou, pour employer l'expression usitée dans ce temps là, *entrosselée.*

Une bourgeoise de Montbéliard recevait un trousseau à peu près analogue, seulement elle avait de plus beaux atours, du linge plus fin et en plus grande quantité, et, ce qui ne se voyait guère chez les villageoises, des ceintures richement garnies, quelques bijoux d'or et de la vaisselle d'argent.

A défaut d'inventaire en règle d'un mobilier campagnard proprement dit, nous signalerons celui d'un modeste personnage, associé intimement à l'existence des paysans, ayant à peu de chose près les mêmes habitudes et le même genre de vie, nous voulons parler d'un ministre du culte protestant dans une commune rurale.

L'inventaire dressé en 1587 par Claude Demourier, ministre de la paroisse de Brévilliers, et par lui annexé à son testament, inventaire dont nous reproduisons le texte ci-dessous (1), n'annonce pas

(1) S'ensuit l'inventaire des biens meubles et immeubles appartenans à moy testateur soubscrit :

Les habitz.

Ung grand manteau et une petite robe, deux petites gippes, deux robes fourrées, ung roba forré, chausses, pourpointz, panthofles, souliers, deux chappeaux.

Les linges, litz et chalitz.

Ung douvot, des linceulx, roulleau de toille, serviettes, nappes rayés, des roulleaux d'une et d'aultre et ne sçait le compte, pour ce qu'elles sont enfermées aux arches desquelles la femme ha les clefz, chalit, couchette, escabelles avec aultres petites choses qui ne sont de grand valleur.

Vaicelle.

Potz d'estain, environ cinq ou six platz assez grandz, aultant de plus petitz, six assiettes, ung moutardier, ung chandelier de lotton, une saliere d'estain, trois chauldieres assez grandes, aultant ou plus de chaulderons, couvercle de fert, cinq arches fermans à clefz,

un mobilier bien luxueux, il est facile de voir que ses livres constituaient sa principale richesse.

L'alimentation du paysan était la plupart du temps la même qu'aujourd'hui, il ne mangeait que rarement de la viande de boucherie, le fond de la nourriture se composait de porc salé; dans toute maison on trouvait toujours pendu à la cheminée un *baccon,* une *frisse* de lard, et parfois un quartier de vache; ajoutez-y quelques *andouilles* ou saucisses de porc, déjà renommées à cette époque, et

trois vaiches, deux donnans laict et l'aultre une genisse d'environ trois ans.

Les livres latin.

Les postiles sur les Evangiles dominicaulx de M. Luther.

Les homélies de M. Brance sur Sainct Luc.

Aultres postiles sur les Evangiles dominicaulx en deux volumes par Simon Pouli.

Les homélies dudit Brance sur les Evangiles dominicaulx, ensemble d'aultres petitz livres en latin qui ne sont de grand valeur.

Les livres françois.

Ung grand bible, impression de Genève, par Henry Estienne.

L'histoire de Joseph en ung grand volume, imprimé à Lyon.

L'institution de Calvin en ung grand volume.

Les comentaires dud. Calvin sur les Evangelistes St Mathieu, St Marc, St Luc, en forme d'armonie, en ung grand volume, auquel est comprins le comentaire sur St Jehan, et le comentaire sur les actes des apostres par led. Calvin.

Les sermons du susd. Calvin sur Job en ung grand volume.

Les comentaires sur Josué par led. Calvin, in-octavo.

Les comentaires du susd. Calvin sur les epistres St Paul aux Romains, sur la première et seconde aux Corinthiens, aux Gallates, aux Ephesiens, aux Philippiens, aux Collosiens, aux Hebrieux, sur Thimotée et Thite en petit volumes in-octavo, ensemble d'aultres petitz livres qui ne sont de grand valeur.

L'institution chrestienne de Oscander.

Les décades de Bulengier et d'aultres que j'ay presté, dont ne suis souvenant.

Ainsy signé : C. DEMOURIER.

(Archives Nationales, fonds Montbéliard, Registre des causes testamentaires, Z^2 1679, fol. 10 et 11.)

vous aurez le menu assez frugal d'un cultivateur, qu'il arrosait d'un peu de piquette ou de vin, suivant ses ressources. Les huches du ménage étaient abondamment garnies de miches ou tourtes de pain, de farine, de beurre et d'œufs; dans maintes familles on faisait quelques provisions de pommes et poires sèches, et l'on recueillait le miel produit par les ruches à proximité du logis, vulgairement nommées *bussons d'avilles.*

Pour se rendre compte de la valeur des principaux objets de consommation, il est nécessaire de dire quelques mots des monnaies ayant cours à Montbéliard. La monnaie habituellement employée dans les transactions était le franc faible ou quart d'écu, valant 16 sols tournois et se divisant en 12 gros, le gros en 4 blancs et le blanc en 3 niquets, ensuite, mais plus rarement, se rencontre le franc fort qui valait 20 sols tournois. Une autre monnaie d'un usage très-fréquent était la livre bâloise représentant 27 sols tournois; dans les seigneuries de Franche-Comté circulait la livre estevenante· Suivant ces données, voici la valeur en francs et en gros des denrées servant à l'alimentation. (1). Une miche de pain coûtait 5 gros, une geline 3 gros, un chapon 9 gros, un porc entier 2 francs, une pièce de porc 2 gros, un veau 3 francs, un veau d'un an 5 francs, une flèche de lard 3 francs, un chauveau de beurre 10 blancs, une tinne de verjus ou piquette 2 francs (la tinne représentait à peu près un demi-hectolitre), la tinne de vin ordinaire

(1) Voir l'enquête sur les pertes et dommages éprouvés par les habitants de la seigneurie d'Etobon, qui donne article par article la valeur des objets mobiliers et provisions de bouche volés ou perdus pendant l'invasion lorraine, *Documents,* n° LXXXVIII.

6 francs, 4 gros, et la tinne de vin supérieur (celui que burent les reîtres de Schlégel au château de Granges (1)) 10 francs; la quarte d'orge 17 gros, la quarte d'avoine 1 franc, (la quarte du poids de 40 livres représentait 27 litres), la quarte de seigle 2 francs, un buisson de mouches à miel 2 francs.

Voyons maintenant comment procédèrent les Lorrains pour la mise au pillage des habitations rurales. Ce fut un déménagement complet, tout ce qui offrait la moindre valeur, tout ce qui pouvait se transporter était chargé sur les chariots dérobés aux paysans et envoyé en Lorraine, quelquefois par une amère ironie, ces soudards obligeaient les paysans à conduire eux-mêmes les voitures qui emportaient leur modeste avoir. La rapacité sans égale de ces aventuriers ne dédaignait aucun objet, linge de corps et de lit, vêtements d'hommes et de femmes, traversins, oreillers de plume, cuirs et peaux, armes de toutes sortes, ustensiles d'étain, de cuivre et de fer, et jusqu'aux serrures des maisons, tout était de bonne prise. Quand les mercenaires lorrains avaient fait place nette, alors commençait l'œuvre de destruction, ils anéantissaient ce qu'ils ne se souciaient point d'emporter ou ce qu'ils ne pouvaient vendre aux Bourguignons. Si l'incendie ne dévorait point la maison, ces démons déchaînés par l'enfer brisaient portes et fenêtres, défonçaient les verrières, découpaient à grands coups de hache tous les meubles de bois, tels que bancs, tables, chalits, arches, écrins, vidaient les lits de plume et en éparpillaient la plume au gré des vents, déchiraient les livres trouvés dans les pres-

(1) *Documents*, p. 309.

bytères, comme ils firent à Clairegoutte (1), répandaient à terre le miel, jetaient pêle-mêle toutes les provisions de l'hiver et les foulaient aux pieds de leurs chevaux; dans leur instinct diabolique ne s'avisèrent-ils point « de rompre et deguaster plusieurs carpieres, où il y avoit quantité de carpes et d'eslevins, et de brûler les bourrons, charpeingnes et autres engins de pêche (2). » Bref, les soldats du marquis de Pont ne laissèrent partout que les quatre murs, cent quarante-neuf villages furent ravagés de la sorte; les maisons saccagées du faîte jusqu'à la base ne valaient guère mieux que les maisons brûlées et offraient le même aspect de désolation, l'œil attristé ne découvrait partout que des ruines fumantes ou des cabanes dénudées qui n'avaient plus ni portes ni fenêtres, souvent même plus de toiture, et qui ne pouvaient abriter les malheureux habitants des campagnes ni les défendre des intempéries de la saison; plus un morceau de pain pour apaiser sa faim, plus un toit pour reposer sa tête, tel était le sort lamentable réservé à toute une population, il ne lui restait plus pour couronner une telle succession de maux qu'à mourir de misère et de froid.

Tous les historiens (3), d'une voix unanime, stigmatisent les débordements incroyables des mercenaires à la solde des duc de Guise et marquis de Pont,

(1) Enquête sur les pertes et dommages éprouvés par les habitants de la seigneurie d'Etobon, *Documents*, p. 332-338.

(2) *Ibid.*, *Documents*, p. 335.

(3) Henri Martin, *Hisioire de France*, t. x, p. 49.
De Thou, *Histoire universelle*, t. x, liv. 87, p. 61.
De Sismondi, *Histoire des Français*, t. xx, p. 312.
De Croze, *Les Guises, les Valois et Philippe II*, t. II, p. 40.
De Bouillé, *Histoire des ducs de Guise*, t. III, p. 248.

seul, l'auteur d'une histoire de Lorraine justement appréciée (1), tout en se défendant de faire l'apologie de pareils excès, cherche à atténuer les torts des chefs de cette armée, et rappelle que les auteurs de ces désordres furent moins des Lorrains que des aventuriers qui louaient alternativement leurs services à tous les partis. De telles représailles, signalées par des atrocités et des infamies que réprouve la conscience publique, ne sauraient se justifier, et devant l'histoire, la responsabilité des princes qui déchaînèrent ces bandes sur le comté de Montbéliard, n'en subsiste pas moins pleine et entière.

(1) A. Digot, *Histoire de Lorraine*, 2e édit., t. IV, p. 246.

CHAPITRE V.

LA FAMINE ET LA PESTE.

I. La famine.

Un compilateur allemand, Pierre Lindeberg, dans ses éphémérides de l'année 1588, fait allusion à une disette qui éprouva cruellement l'Alsace, la Lorraine, ainsi que diverses régions de l'Allemagne, et qui coïncida avec l'apparition d'une maladie pestilentielle. La pénurie des vivres était si grande, observe le chroniqueur, que nombre de gens peu fortunés ne savaient plus comment faire pour s'entretenir eux et leur famille, et perdaient tout courage (1). Si l'on nous représente sous d'aussi sombres couleurs la situation de contrées qui, sauf la Lorraine, vivaient au milieu de conditions à peu près normales, se figure-t-on quel devait être le sort d'un pays saccagé de fond en comble et aussi horriblement dévasté que la principauté de Montbéliard. L'enlèvement de tout le bétail, d'une part, l'anéantissement de toutes les récoltes à une époque où les voies de communication étaient des plus primitives et les moyens de transport des

(1) In Alsatia, Lotharingia, Norica, et quibusdam aliis Alemanniae partibus, tanta fuit, pestilenti lue simul irrepente, annonae difficultas, ut et jam ex mediocris fortunae hominibus nonnulli ulterius seque, suosque honestè habere nescientes, animum desponderint. *(Commentarii rerum memorabilium in Europa ab anno 1586 usque ad 1591 gestarum, auctore Petro Lindebergio, Hamburgi, Wolff, 1591*, in-4°, p. 63.

plus difficiles, d'autre part, devaient avoir pour conséquence inévitable la famine, une famine à brève échéance, en admettant même que la charité publique, sous l'impression d'un tel désastre, pût assurer le présent en subvenant aux besoins les plus immédiats, restait toujours l'avenir, gros de menaces et d'inquiétudes; effectivement il ne suffisait pas de nourrir pendant quelques semaines, nous dirons plus, pendant quelques mois, une population dépassant le chiffre de vingt mille âmes, il fallait encore lui fournir les moyens d'ensemencer ses terres, de façon à ce qu'elles ne restassent point en friche. Cette préoccupation angoissante se trahit dans les constatations officielles faites après le départ des troupes lorraines. Dès le mois de février 1588, les officiers de la seigneurie de Blamont, résumant les dépositions recueillies dans le pays, déclarent « que les paouvres subjectz ne pourront resemmer leurs champs par faulte de graine et de bestiaux, n'ayant aultres moyens pour leur entretenement », et qu'il faudra pourvoir à leur nourriture jusqu'à la maturité des prochaines moissons (1). L'évêque de Bâle, dont les domaines avaient été relativement peu éprouvés, consentit à distraire de ses réserves 50 bichots d'avoine qu'il prêta aux habitants du pays de Montbéliard pour leur permettre d'emblaver leurs terres, et le Conseil de Régence promit de les restituer après les premières récoltes ou d'en payer la valeur suivant le taux actuel des mercuriales, au choix du prélat (2).

(1) Enquête sur les brigandages commis par les troupes du duc de Guise dans les seigneuries de Blamont et de Clémont, *Documents*, p. 305.

(2) *Bibliothèque de Besançon, Collection Duvernoy.*

De son côté, Frédéric de Wurtemberg, désireux d'assurer la subsistance de ses sujets, songeait à tirer parti des ressources que pouvaient lui offrir ses seigneuries de Franche-Comté, et dès le début du mois de février, faisait donner l'ordre aux receveurs de Clerval et de Passavant de convertir en farine tout le blé disponible. A cette nouvelle, le Parlement de Dôle, redoutant pour le pays comtois les effets d'une exportation de céréales aussi considérable, se réunit le 5 février et agita la question de savoir s'il ne conviendrait pas d'interdire d'une façon absolue la sortie du pain et de la farine, ou si cette interdiction ne devait s'appliquer qu'aux seigneuries possédées par le comte de Montbéliard; vu la divergence d'opinions, la Cour ne prit aucune décision, mais demanda l'avis du comte de Champlitte et s'empressa d'écrire le même jour aux officiers de Baume-les-Dames pour empêcher l'enlèvement des farines (1). De plus, comme le bailli de Montbéliard venait de solliciter l'autorisation de tirer des grains de la Franche-Comté, notamment des seigneuries de Clerval et de Passavant, le Parlement de Dôle, conformément aux instructions du comte de Champlitte, décida le 23 février qu'il n'y avait point de réponse à faire au bailli de Montbéliard, mais que ce personnage aurait à répondre de l'attentat dont il s'était rendu coupable en faisant moudre de sa propre autorité sur des terres relevant du roi d'Espagne (2). En présence d'un mauvais vouloir à peine déguisé, Frédéric de Wurtemberg adressa simultanément une double

(1) Délibérations secrètes du Parlement de Dôle, du 5 février 1588, *Documents*, n° XI.

(2) *Ibid.*, *Documents*, n° XIV.

requête, la première au roi d'Espagne en personne, la seconde au Parlement de Dôle, à l'effet d'être autorisé à faire venir des grains de ses seigneuries de Franche-Comté. Le 18 mars, Philippe II renvoya cette demande au Parlement et la soumit à son examen. Si les populations victimes de l'invasion lorraine n'avaient du compter que sur les ressources de leurs voisins de Bourgogne, elles seraient pour ainsi dire mortes de faim. Le Parlement de Dôle procéda à une enquête en règle qu'il entoura de toutes les formalités administratives, dépêcha un de ses fiscaux à Montbéliard qui lui rapporta, ce qu'on savait de reste, que l'armée des princes lorrains avait pillé, saccagé et ruiné à loisir le comté de Montbéliard, y avait brûlé plusieurs moulins et grandement appauvri les habitants, de telle sorte que ce petit pays était « tombé en grande disette et nécessité de grains. » Six mois s'écoulèrent depuis la réception de la requête présentée par Frédéric de Wurtemberg, avant que le Parlement de Dôle se résolût à donner un avis favorable, et encore avec certaines restrictions. Ce qui le détermina, ce fut non une raison d'humanité, non une raison de commisération à l'égard de voisins si cruellement éprouvés, mais une question d'échange commercial. D'après une lettre adressée au roi d'Espagne le 7 septembre 1588, précédée d'une délibération (1) qui porta uniquement sur la quantité plus ou moins considérable de blé dont on pourrait consentir la sortie, le Parlement de Dôle, ayant égard à l'extrême pénurie de vin en Franche-Comté et à la faculté laissée aux habitants de cette province de s'approvisionner sans entraves au-

(1) *Documents*, nos XV et XVI.

cunes dans le pays de Montbéliard, crut devoir émettre un avis favorable, et, nonobstant la cherté persistante des grains, conseilla au roi d'Espagne d'autoriser le comte de Montbéliard, par dérogation à l'édit prohibant la sortie des céréales, à tirer de ses seigneuries de Granges, Clerval et Passavant, cinquante à soixante grands bichots, moitié froment, moitié avoine, à condition que cette opération s'effectuerait dans un délai limité, dix ou quinze jours par exemple après l'octroi de la permission, et en présence d'un officier du siège de Baume, qui devait assister au mesurage et à l'enlèvement de ces grains.

Si la Franche-Comté, éprouvée elle-même par l'invasion lorraine et souffrant cruellement de la disette, fut impuissante à soulager les misères de ses voisins, les pays protestants se chargèrent d'envoyer les premiers secours à une population réduite aux plus dures extrémités. Des collectes furent organisées dans le Wurtemberg et en Suisse, elles produisirent une somme totale de 13,416 florins, ou en francs, de 22,351 francs, 3 gros. Dans le Wurtemberg, on recueillit 9721 florins, en Suisse 320 florins, dans les seigneuries d'Horbourg et Riquewihr 1899 florins, le margrave de Bade donna 300 florins (1). Avant de répartir l'argent de ces collectes entre les individus au prorata des pertes éprouvées par chacun d'eux, quelques-uns des officiers de Frédéric de Wurtemberg, notamment le procureur général Loris (2), représentèrent au

(1) Voir le dossier relatif au produit général de la collecte, *Archives Nationales, fonds Montbéliard, K 1968.*

(2) Avis donné par le procureur général Hector Loris, *Archives Nationales, fonds Montbéliard, K 1968.*

comte de Montbéliard qu'il ne serait pas prudent de laisser des sommes d'argent à la discrétion des sujets qui en profiteraient, les uns, pour s'adonner à la boisson et dépenser une bonne partie de leurs deniers dans les tavernes et hôtelleries, les autres, pour payer les dettes qu'ils avaient contractées à Montbéliard, aussi jugeaient-ils bien préférable-d'acheter dans les foires, avec le produit de ces collectes, des chevaux et bêtes de somme, ce qui permettrait aux paysans de semer leurs champs. Si l'on ne s'arrêtait à cette combinaison, ajoutait le procureur général, les terres risquaient fort de rester en friche et pour ainsi dire à l'abandon, d'où résulterait une grande cherté dans le pays. D'autres conseillers, comme Antoine Carray et André Duvernoy, moins sceptiques que le procureur général et moins clairvoyants à l'égard des faiblesses humaines, s'abusaient au point de croire qu'après « une si énorme affliction » il ne se rencontrerait personne capable d'employer ces aumônes à un mauvais usage; ils firent remarquer en outre que nombre de sujets n'avaient encore pu relever leurs maisons et que par conséquent ils ne sauraient où loger les chevaux dont ils seraient gratifiés. Etant donnée cette situation, les conseillers Carray et Duvernoy trouvaient plus rationnel de répartir les fonds disponibles suivant les besoins d'un chacun, à condition que les sommes distribuées seraient exclusivement affectées à des achats de bestiaux, mise en culture des terres et reconstruction de maisons (1). C'est à ce moyen terme que s'arrêta Frédéric de Wurtemberg, une partie de

(1) Avis des conseillers Carray et Duvernoy, du 30 août 1588, *Archives Nationales, fonds Montbéliard, K 1968.*

l'argent aumôné fut remise aux villageois de la main à la main, et le reste destiné à l'achat de chevaux. D'après le projet de répartition présenté le 24 août 1588, voici dans quelles proportions le trésorier Zecker pensait distribuer la collecte du duché de Wurtemberg, se montant en chiffres ronds à dix mille florins (1).

Le comté de Montbéliard proprement dit était compris pour . . . . 3000 florins.

La seigneurie de Blamont qui avait le plus souffert du pillage et de l'incendie, pour . 2000 florins.

La seigneurie de Clémont, pour . . 1000 florins.

La seigneurie d'Héricourt, « n'ayant reçu dommage du feu, ains du pillage », pour. . 600 florins.

Celle du Châtelot, pillée et brûlée, pour 800 florins.

Celles du Magny-d'Anigon et d'Etobon, également éprouvées par le pillage et l'incendie, pour 600 florins.

Le surplus, soit 200 florins, était réservé pour rebâtir les églises et presbytères.

Suivant le compte que Georges Ponnier, prévôt de Montbéliard, soumit le 16 janvier 1590 à l'approbation du comte Frédéric (2), une somme de 10,151 francs 8 gros, fut consacrée au soulagement des habitants du comté de Montbéliard proprement dit, moitié de cette somme fut repartie entre les

(1) Advis pour partaiger la colecte entre les subjects bruslez des comté de Montbéliard et aultres seigneuries de Son Excellence, *(Arch. Nat., fonds Montbéliard, K 1968)*. A la marge du premier feuillet se trouve cette note écrite de la main du comte Frédéric de Wurtemberg : *Sur ce, aussi l'advis du conseill de Montbelliard. Actum, le 30e jour d'aoust, l'an 1588, Blamont, Fridrich de Wurtemberg.*

(2) Original revêtu de la signature de Frédéric de Wurtemberg. *Archives Nationales, fonds Montbéliard, K 1968.*

villages au prorata des pertes subies, l'autre moitié servit à l'acquisition de chevaux. Parmi les communes rurales qui reçurent les plus fortes indemnités, figurent Exincourt, à qui l'on attribua 570 francs 3 gros, Bart, qui eut 539 francs 3 gros, Bethoncourt, 421 francs, Dampierre, 404 francs 4 gros, Rainans, 384 francs 8 gros, les autres localités obtinrent des sommes moindres qui varièrent suivant l'importance des dommages éprouvés; un petit hameau, considéré jusqu'ici comme ayant été complètement détruit lors de l'invasion des Guises, nous voulons parler de Charmontey, était encore représenté par quelques habitations dont les occupants se partagèrent 27 francs 2 gros.

Les états de répartition (1), que l'on prit soin de dresser seigneurie par seigneurie, village par village, offrent un certain intérêt, parce qu'ils indiquent de la manière la plus précise quels étaient à cette époque les sujets de la principauté, seuls en droit de prétendre à une indemnité à l'exclusion de ceux d'autres seigneurs; ils donnent aussi les noms de tous les ministres huguenots desservant les paroisses du comté, avec mention de la somme accordée à chacun d'eux, en dédommagement de leurs pertes.

Nous ne pouvons entrer dans les détails, il nous suffira de dire que la seigneurie de Blamont, l'une de celles qui avaient le plus souffert du passage des Lorrains, obtint une indemnité de 3000 francs, répartie entre les habitants par les officiers de cette seigneurie en présence du maire et d'un juré de chaque village. Pareille somme fut distribué dans la seigneurie d'Héricourt par les soins du

(1) *Archives Nationales, fonds Montbéliard, K 1968.*

receveur Perdrix. Indépendamment de ces allocations pécuniaires, Frédéric de Wurtemberg, conformément à l'avis de son Conseil de Régence, fit acheter dans les foires de Suisse et d'Allemagne, notamment à Zurzach (1) et dans la Noire-Montagne, un certain nombre de chevaux, d'une valeur totale de 5308 francs (2); ces chevaux furent également délivrés aux habitants du pays, suivant des états arrêtés le 8 août 1588 (3).

Grâce à ces secours en argent et en nature, intelligemment distribués, le pays de Montbéliard, si horriblement dévasté, commença vers la fin de cette année 1588 à renaître de ses ruines et à perdre cet aspect de lamentable désolation qu'il présentait à la suite de l'invasion, mais bien des années devaient encore s'écouler avant qu'un tel désastre fût complétement réparé.

II. La peste.

La peste qui exerça de si cruels ravages en Europe, particulièrement en France, du XIVe au XVIe siècle, n'était pas nécessairement cette maladie fébrile, telle qu'elle se trouve définie par les médecins de nos jours, maladie débutant brusquement, sévissant sur un grand nombre d'individus à la

(1) Zurzach, ville du canton d'Argovie, sur le Rhin, où se tenaient deux foires très-importantes chaque année, l'une, le 1er septembre, l'autre, le lendemain de la Trinité.

(2) D'après un compte particulier, les chevaux achetés à Zurzach et sur la Noire-Montagne coûtèrent 1737 écus 7 batz, ou 5308 francs 2 gros, *Archives Nationales, fonds Montbéliard, K 1968.*

(3) *Arch. Nat., fonds Montbéliard, K 1968.*

fois et accompagnée de symptômes typhoïdes graves, de bubons, d'anthrax et de pustules gangréneuses, au moyen-âge, on désignait sous le nom de peste toute affection grave ayant un caractère épidémique. Comme le fait très-judicieusement observer le père de la chirurgie française, l'illustre Ambroise Paré : « En certains temps adviennent plusieurs maladies populaires, comme fièvres putrides, flux de ventre, pourpre, rougeolle, petite verolle, galles, anthrax ou charbon et autres pustules malignes. Partant, continue Paré, la peste n'est pas toujours, ny en tout temps d'une mesme sorte, mais diverse l'une de l'autre, qui a esté cause qu'on lui a donné divers noms » (1). Il serait difficile de s'expliquer autrement la fréquence de ces épidémies locales, toutes confondues sous le nom de peste, qui décimaient à chaque instant les populations.

Durant la seconde moitié du XVIe siècle, le pays de Montbéliard fut éprouvé à diverses reprises par des maladies pestilentielles, de nature assurément fort variée, mais que les documents contemporains désignent invariablement sous le nom générique de peste; dans l'espace de vingt années, on n'y compte pas moins de cinq invasions successives du fléau. Dès que la peste se déclarait à Montbéliard et y sévissait avec une certaine intensité, le Conseil de Régence quittait le foyer d'infection et se réfugiait à la campagne, généralement à Belchamp, quelquefois dans d'autres villages du pays, tels que Saint-Julien; c'est ce qui résulte des registres judiciaires de cette époque où se rencontrent assez fréquemment des indications de ce genre : *Causes*

(1) *Œuvres complètes d'Ambroise Paré,* édit. Malgaigne, t. III, p. 351.

ou journées tenues à Belchamp pour le danger de peste régnante à Montbeliard. Voici d'après ces registres les dates exactes de ces déplacements de l'autorité administrative et judiciaire qui permettront de délimiter les périodes pendant lesquelles la principauté de Montbéliard subit les atteintes de la contagion. D'après l'auteur des *Ephémérides du comté de Montbéliard* (1) généralement bien informé, l'apparition de la peste au mois d'octobre 1564 aurait obligé le Conseil de Régence de se retirer à Belchamp, cependant les registres des causes tenues en la Chancellerie ne mentionnent nullement cette translation, nous pensons qu'il y a confusion de dates. C'est au mois d'octobre 1566 que les conseillers du comte Frédéric quittèrent Montbéliard pour fuir le fléau qui y sévissait dès le mois d'août, et se refugièrent dans leur asile habituel. Du 15 octobre au 12 décembre, la justice fut rendue tantôt à Belchamp, tantôt à Saint-Julien, et vers le milieu de janvier 1567, le Conseil revint à Montbéliard (2).

L'auteur des Ephémérides est également dans l'erreur lorsqu'il mentionne, à la date d'avril 1573, une nouvelle crise pestilentielle à Montbéliard (3), il a voulu parler de l'épidémie de 1575 qui régna pendant tout l'été; au début du mois de juin des mesures sanitaires furent ordonnées, et le Conseil de Régence siégea à Belchamp du 11 juillet au 15 septembre (4). Vers le mois de novembre 1581, nouvelle épidémie qui

(1) Ch. Duvernoy, *Ephémérides du comté de Montbéliard*, p. 377.

(2) Registre des causes civiles, (*Archives Nationales, fonds Montbéliard*, Z^2 *1401*, fol. 30.

(3) Ch. Duvernoy, *Ephémérides du comté de Montbéliard*, p. 111.

(4) Registre des causes fiscales, *Archives Nationales, fonds Montbéliard*, Z^2 *1717*, fol. 63.

paraît s'être localisée dans la seigneurie d'Héricourt, mais qui fut assez meurtrière, puisque des pasteurs saisis de crainte abandonnèrent leurs paroisses: on constate également au mois de juin 1583, l'irruption d'une fièvre contagieuse dans certains villages du comté de Montbéliard, notamment à Exincourt. La persistance de ces affections épidémiques détermina le comte Frédéric à renouveler le 22 août 1584, une ordonnance antérieure relative à la peste. Pendant l'automne de 1586, la contagion exerça de nouveau ses ravages non à Montbéliard même, mais dans quelques villages des alentours, et sévit avec une certaine violence d'août à octobre à Etupes, Audincourt et Abbévillers (1); cette maladie pestilentielle perdit de son intensité pendant l'année 1587, mais sans disparaître complétement, puisque dans le cours de l'invasion lorraine, on voit des soudards faire subir les derniers outrages à deux femmes de la souveraineté de Clémont, atteintes de la peste. Durant toute la période qui s'étend de la fin de l'année 1586 au début de l'année 1588, les gens du pays étaient constamment sous la menace du fléau qui avait en quelque sorte pris un caractère endémique, l'imagination vivement surexcitée attribuait à la peste plus d'un décès causé par des maladies qui n'avaient rien de contagieux. Non seulement les habitants des campagnes, mais encore ceux de Montbéliard même subissaient l'influence de ces craintes exagérées, nous en voyons un exemple assez curieux au moment de l'invasion des Guises. Une femme d'Exincourt, qui s'était réfugiée à Montbéliard pour échapper « aux perse-

(1) Registre des causes testamentaires, *Arch. Nat., fonds Montbéliard, Z² 1678, passim.*

cutions, ravages et oultrages de ces meschantes troupes tiranniques passant dans le pays », tombe subitement malade le 26 janvier 1588, son état empire tellement qu'elle se hâte de prendre ses dernières dispositions. Son mari court dans la rue à dix heures du soir à la recherche de témoins, malgré ses instances, il ne parvient point à réunir le nombre réglementaire, il n'y eut qu'un paysan de Bart et le meunier des moulins de la ville qui consentirent à servir de témoins, beaucoup de passants refusèrent, parce qu'ils pensaient que la testatrice était atteinte d'une maladie contagieuse (1).

Si la ville de Montbéliard fut visitée aussi fréquemment par les épidémies, c'est que, il faut bien le reconnaître, les règles de la salubrité publique s'y trouvaient trop souvent négligées; l'air était chargé de miasmes pestilentiels produits par les tas de fumier et d'immondices qu'on laissait séjourner dans les rues, au milieu desquels vaguaient en toute liberté les pourceaux; au premier rayon de soleil ces foyers permanents d'infection devaient engendrer la peste. Telle était la situation de Montbéliard, lorsque fut publiée l'ordonnance judiciaire et de police rendue par le comte Frédéric le 6 mai 1581 (2). Dans le titre 20 relatif à la propreté des rues, l'autorité souveraine, considérant « qu'il n'y a chose qui engendre plustost mauvais air causant la peste que les fumiers et porceaux qui courent parmy une ville », prescrivit aux habitants de nettoyer

(1) Testament de Jeanne Vaulthier, femme de Huguenin Parrot d'Exincourt, du 26 janvier 1588, *Registre des causes testamentaires, Archives Nationales, fonds Montbéliard. Z^2 1678*, fol. 133 v°.

(2) *Archives Nationales, fonds Montbéliard, K 1911.*

les rues et de tenir enfermés les pourceaux, sous peine d'amende et de confiscation des fumiers au profit de l'hôpital. Comme les maîtres bourgeois étaient chargés de tenir la main à l'exécution de ce réglement de police, et que le recouvrement des amendes infligées aux délinquants n'était pas toujours facile, Frédéric de Wurtemberg en abandonna le produit éventuel à la ville.

Après avoir déterminé d'une manière précise l'époque de chacune de ces épidémies qui vinrent assaillir le pays de Montbéliard dans la seconde moitié du XVIe siècle, il n'est pas sans intérêt de consacrer quelques développements aux mesures sanitaires adoptées tant par le Conseil de Régence représentant la personne du prince, que par le corps municipal de Montbéliard.

A l'origine, c'est-à-dire lors de l'apparition de la contagion de 1566, les pestiférés, à peine considérés comme des êtres humains, étaient traités avec une dureté, on peut même dire une rigueur sans exemple, on ne se préoccupait que d'une chose, d'éviter leur contact, et dans maints endroits on les chassait de leurs maisons « avec rudesses, blasphemes », souvent même à coups de pierre (1). Les malheureux en étaient réduits à errer dans la campagne où ils finissaient par périr de froid et de misère, ou, pour échapper à cette lugubre perspective, se trouvaient parfois obligés de vivre avec les lépreux. Aucun abri ne leur était donné; les médecins, chirurgiens et sages-femmes n'osaient même leur porter secours, de crainte d'être confondus

(1) Ordonnance du comte Frédéric de Wurtemberg, du 22 août 1584, dispositions relatives à la peste, *Arch. Nat., fonds Montbéliard, K 1911.*

dans la même réprobation et de se voir séquestrés avec eux. Lors de la peste de 1566, l'un des membres du Conseil de Régence, le licencié Etienne Loris, frappé de ce lamentable état de choses et sous l'impression du danger, fit pendant son séjour à Belchamp au mois d'août 1566 un testament où nous trouvons tout un ensemble de dispositions charitables en faveur des pestiférés (1).

Aux termes de cet acte, Loris léguait une maison isolée qu'il possédait au village de Bethoncourt pour y recevoir tous bourgeois et sujets du comté, infectés de peste, auprès de cette maison serait établi un cimetière clos de murs, spécialement affecté à l'inhumation des victimes de la contagion. Quant au chirurgien appelé à donner ses soins aux malades, il devait recevoir 12 francs par an avec deux bichots de froment. Le testateur laissait également 500 écus pour l'entretien à poste fixe dans cette maison de charité de cinq femmes veuves qui voudraient bien se consacrer au soulagement des pestiférés, et pour le salaire d'*enterreurs*, chargés d'ensevelir et de conduire les morts à leur dernière demeure.

Tous ces fondations projetées par Etienne Loris restèrent inexécutées, le 1er août 1569, ce conseiller du comte Frédéric, on ne sait trop pour quelle raison (2), demanda l'annulation de son testament. Les choses demeurèrent donc dans le *statu quo ;* les pestiférés ne furent pas mieux traités que par

(1) *Registre des causes testamentaires, Arch. Nat., fonds Montbéliard*, Z² *1677*, fol. 5.

(2) Le commencement du registre qui contient le testament d'Etienne Loris, ayant été rongé par les rats, on ne peut que former des conjectures sur le mobile qui poussa ce conseiller à demander que cet acte fût cancellé.

le passé, c'est donc à tort que plusieurs historiens (1) parlant de l'épidémie qui exerça ses ravages de 1564 à 1567, mentionnent l'établissement de loges dans le cimetière de la maladrerie aux portes de la ville, loges où étaient relégués les habitants de Montbéliard attaqués de la peste, nous verrons que ces loges ne furent construites que dix ans plus tard. Lorsque se déclara l'épidémie de 1575, rien n'était changé, une coupable incurie aggravait trop souvent le pitoyable état des pauvres malades, les pestiférés rebutés de tous ne rencontraient que peu ou point d'assistance, et succombaient misérablement; leur situation était même si précaire, si indigne de gens civilisés, qu'elle attira les regards de l'autorité supérieure. Le 6 juin 1575, le maire Vuillemot au nom du Conseil de Régence vint trouver les neuf maîtres bourgeois, leur remontra que plusieurs personnes atteintes de contagion étaient mortes plutôt de faim et de froid que par l'effet du mal, et les pria d'aviser au plus tôt (2). Les maîtres bourgeois répondirent que depuis les dernières pestes ils s'étaient endettés de seize ou dix sept cents francs, que pour le moment, les ressources de la ville se trouvant totalement épuisées, ils ne pouvaient et n'entendaient fournir le moindre secours aux pestiférés, demandant qu'on voulût bien leur vendre ou prêter quelques grains afin de subvenir aux besoins les plus urgents de ces malheureux. Le Conseil de Régence, non content de mettre à la disposition de la bourgeoisie une certaine quantité de blé, autorisa la levée

(1) Ch. Duvernoy, *Ephémérides du comté de Montbéliard*, p. 377, Edm. Tuefferd, *Histoire des comtes souverains de Montbéliard*, p. 413.

(2) Protocole des résolutions du Conseil de Régence, 1571-1612, *Archives Nationales, fonds Montbéliard, K 1850.*

d'une contribution extraordinaire qui permît à la ville de se recupérer des dépenses occasionnées par la peste.

Au mois de juillet 1575, la violence du fléau occasionna une véritable panique à Montbéliard, nombre de bourgeois saisis de frayeur désertèrent la ville, et comme ce départ précipité d'une partie de la population coïncida avec la prise d'armes des réfugiés protestants dirigée contre Besançon, le gouvernement de la principauté conçut les plus vives inquiétudes, le chancelier Hector Vogelmann qui assumait toute la responsabilité en l'absence du gouverneur Jean de Mundolsheim, refusa de quitter la ville et de transférer la Chancellerie à Belchamp, et, redoublant de vigilance pour parer à toutes éventualités, institua le 6 juillet 1575 quatre nouveaux gardes à la porte du Grand-Pont (1).

C'est à la suite de l'épidémie de 1575 que l'autorité supérieure s'émut enfin de l'état d'abandon dans lequel avaient été laissées jusqu'alors les personnes frappées de contagion, et, voulant à la fois éviter « la confusion, desordre et inhumanité qu'a esté apparçeue les années passées au regard des pauvres malades pestiferez, et les scandales qu'en prandroyent les voysins papistes voyantz une telle inhumanité et confusion entre les bourgeois reformez », prit l'initiative de mesures sanitaires de nature à concilier l'intérêt général de la population et les droits de l'humanité. Le 2 mars 1576, le Conseil de Régence, après avoir acheté un champ pour y élever des maisonnettes à l'effet de recevoir et loger les pesti-

(1) Remonstrance du chancelier pour le faict de peste, et institution de garde des portes extraordinaire. — Protocole des résolutions et délibérations du Conseil de Régence, *Arch. Nat., fonds Montbéliard, K 1850.*

férés, invita les neuf maîtres bourgeois de Montbéliard à faire édifier promptement ces logettes à l'aide d'une contribution plus ou moins volontaire levée sur les différents corps de métier de la ville. Le corps municipal répondit au maire le 28 mars qu'il se chargerait volontiers de la construction des maisonnettes en question, pourvu qu'on lui fournît le sable nécessaire, et qu'il emploierait à cet effet l'argent des *chonffes* (corporations d'arts et métiers) (1).

L'ordonnance générale de justice et de police, publiée le 22 août 1584, renouvela et confirma les dispositions prises en 1576; un paragraphe spécial recommandait aux maire et neuf bourgeois jurés de Montbéliard ainsi qu'aux baillis et officiers des seigneuries d'avoir des maisonnettes et logettes, propres et habitables, séparées les unes des autres, pour y recevoir, abriter et entretenir les pestiférés, leurs femmes, leurs enfants, leurs serviteurs et servantes. D'après le réglement de 1584, toute famille atteinte par le fléau devait être séquestrée et privée de toute communication avec les gens sains pendant six semaines. On poussait la précaution jusqu'à interdire l'admission de tous forains ou étrangers, à moins qu'ils n'eussent préalablement déclaré sous la foi du serment que depuis un mois ils n'avaient pas fréquenté d'endroit « où l'on se mourait de peste. » Les bourgeois jurés devaient veiller à ce que les chirurgiens fussent toujours en mesure de porter secours aux malades et devaient aussi les préserver, ainsi que les ministres et toutes

(1) Ordonnance faicte aux neuf bourgeois pour l'édification et construction des maisonnettes pour les pestifferez, 2 et 28 mars 1576, *Archives Nationales, fonds Montbéliard, K 1850.*

les personnes appelées à soigner les pestiférés « de toutes injures, fascheries, desdain et molestes » (1).

Lors de l'épidémie de 1575, la science médicale était représentée à Montbéliard par Jean Bauhin, docteur en médecine, médecin juré du comte Frédéric, par Nicolas Arcey, Perrin Borne, Jean Vauthenin et François Bréchemont, chirurgiens et barbiers, auxquels prêtèrent leur concours les apothicaires Jean Rosselet et Jean Chemilleret, ce dernier réfugié bisontin, ces chirurgiens barbiers et apothicaires tous assermentés.

Plus tard, la ville prit à son service un *barbier de la peste*, spécialement chargé de donner ses soins aux malades atteints par la contagion. Ce barbier de la peste était en 1594 Nicolas Cole, chirurgien, qui, indépendamment des logis, nourriture et frais d'entretien accordés par la bourgeoisie de Montbéliard, recevait de la seigneurie deux bichots de froment par an (3).

L'établissement des loges réservées aux pestiférés donna lieu à des abus parfois scandaleux, la crédulité et l'ignorance surexcitées par la peur occasionnèrent des méprises déplorables et firent mettre en quarantaine des familles entières; comme il arrive souvent en pareil cas, une prudence exagérée poussait les choses aux extrêmes, et le plus léger soupçon suffisait pour faire considérer comme pestiférés des gens en parfaite santé; nous en voyons un exemple caractéristique à la veille

(1) *Archives Nationales, fonds Montbéliard*, K 1911.

(2) Prestation de serment des chirurgiens et barbiers, du 21 mars 1575, protocole des résolutions et délibérations du Conseil de Régence, *Arch. Nat., fonds Montbéliard*, K 1850.

(3) Protocole des délibérations et résolutions du Conseil de Régence dans ses démêlés avec la ville, 1581-1595, *Arch. Nat., fonds Montbéliard, K 2229*.

même de l'invasion des Guises. En 1587, pendant l'épidémie régnante à Montbéliard, Valentine Boudon, sage-femme chargée d'ensevelir les victimes de la contagion, dut visiter le corps d'une femme morte subitement d'une affection de matrice, elle déclara après examen que la défunte venait de succomber aux atteintes d'une maladie pestilentielle; sur le simple témoignage de cette femme ignorante, sans recourir aux lumières d'un médecin, les maire et neuf bourgeois, non contents d'expulser de la ville les parents de la morte, les envoyèrent aux loges des pestiférés, où toute cette famille fut obligée de séjourner cinq semaines en contact journalier avec les malades de la peste. Il convient d'ajouter que ceux qui avaient été victimes d'une assertion aussi hasardée se vengèrent plus tard en accusant cette sage-femme d'être *genaulche* ou sorcière, et vinrent déposer dans le procès qui lui fut intenté en 1595 pour crime de sortilège (1).

Les mesures sanitaires, adoptées de commun accord par la bourgeoisie et le Conseil de régence, n'étaient généralement appliquées qu'à Montbéliard, dans les campagnes les choses se passaient tout autrement. Lors des épidémies qui décimèrent la population des villages avoisinants, notamment en 1586, les malheureux atteints par la contagion restaient dans leur humble logis, autour duquel on faisait le vide, attendant que la mort vînt mettre un terme à leurs souffrances, ou que la nature triomphât du mal. Les soins médicaux ne leur étaient certes pas prodigués, si les secours matériels fai-

(1) Information contre Valentine Boudon, femme de Léonard Berdot, couvreur, soupçonnée de sortilège, *Arch. Nat., fonds Montbéliard, K 2030.*

saient souvent défaut à ces habitants des campagnes, par contre, ils ne manquaient point de secours spirituels, il faut dire à l'honneur des ministres du culte réformé que la plupart de ces humbles pasteurs remplirent avec abnégation les devoirs de leur saint ministère et visitèrent assidûment les malades. Deux d'entre eux cependant, Nicolas Larcher, ministre à Chagey et Claude Demourier, ministre à Brévilliers, firent exception à la règle, et, lors de l'épidémie qui sévit au mois de novembre 1581 dans la seigneurie d'Héricourt, abandonnèrent honteusement leurs paroissiens, pendant que le prêtre catholique qui desservait la paroisse de Mandrevillars offrait ses soins aux pestiférés de l'une et de l'autre religion. Le scandale fut tel que le Conseil de régence de Montbéliard adressa le 13 novembre une lettre aux officiers de la seigneurie d'Héricourt pour flétrir, comme il convenait, l'indignité d'une pareille conduite (1).

Les ministres du Saint Evangile ne se bornaient point à venir au chevet des pestiférés leur apporter les consolations de la religion et adoucir leurs derniers instants, ils recevaient souvent leurs testaments (2) et remplaçaient dans ces circonstances les

(1) Protocole du Conseil de Régence pour les matières ecclésiastiques, *Arch. Nat., fonds Montbéliard, K 2177.*

(2) D'après les traditions suivies à Paris dans les temps d'épidémie, les prêtres chargés de porter les derniers sacrements aux malades de la contagion avaient également qualité pour rédiger et recevoir leurs dispositions testamentaires, c'est ainsi que nous voyons insinués au Châtelet de Paris deux testaments reçus le premier, à la date du 13 octobre 1591, par Jean Boucher, prêtre porte-Dieu de la paroisse de Saint-Germain l'Auxerrois, le second, à la date du 11 septembre 1592, par Jean Bouhier, prêtre porte-Dieu de la paroisse de Saint-Eustache. *(Testaments de Catherine Lesage et de Louise Vedel, Arch. Nat., Y 132 fol. 410,* V°, Y 133 fol. 52).

notaires que la crainte de l'épidémie retenait au logis. Ainsi, au mois de juin 1583, une villageoise d'Exincourt, se sentant malade et frappée par la peste, se traîna avec le soutien d'une autre femme au milieu du village, près du cimetière, et là, en présence du ministre Ulrich Seveuse, fit « une belle et chrétienne confession », puis le pria, à défaut de notaires jurés, de recueillir par écrit ses dernières dispositions (1). Quelques années plus tard, pendant l'épidémie qui, durant l'automne de 1586, éprouva les villages d'Exincourt, d'Audincourt, d'Etupes, d'Abbévillers et de Dampierre-les-Bois, nous voyons dans ce dernier village le ministre du Saint-Evangile remplir le même office auprès de l'un de ses paroissiens qui ne pouvait trouver de notaire (2). Quelquefois, c'était le humble magister du village qui s'acquittait de cette mission ; aux dates des 17 et 23 octobre 1586, à Etupes, le maître d'école Salivet fut mandé par deux habitants de ce village qui avaient vu mourir autour d'eux plusieurs membres de leurs familles atteints de la contagion et reçut leurs dispositions testamentaires (3).

Il est curieux de constater toutes les précautions prises par les notaires et tabellions du pays qui consentaient à intrumenter auprès des pestiférés, c'était toujours en plein air, de façon à éviter tout contact avec les malades, que se rédigeaient les actes

(1) Testament de Thiennon Jayot, d'Exincourt, du 4 juin 1583, *Registre des causes testamentaires, Arch. Nat., fonds Montbéliard*, Z² *1677*, fol. 171 v°.

(2) Testament de Nicolas Pechin, de Dampierre-les-Bois, du 4 octobre 1586, *Registre des causes testamentaires, Arch. Nat., fonds Montbéliard*, *Z² 1678*, fol. 83 r°.)

(3) Testaments d'Huguenin Vauthier, et de Cuenin Salomon d'Etupes, *Registre des causes testamentaires, Arch. Nat., fonds Montbéliard*, *Z² 1678*, fol. 96 et 126.

contenant l'expression de leurs dernières volontés, ici, c'est dans un champ à proximité du village, là dans un verger derrière une maison, ailleurs, sur les terrains communaux ou près du cimetière. Au mois de novembre 1586, alors qu'une maladie épidémique exerçait ses ravages à Montbéliard et dans les environs, un paysan du village de Courcelles se présenta aux portes de Montbéliard, où un notaire public, assisté de quatre témoins, reçut son testament à la porte du Grand pont, près de la maison des arquebusiers (1).

Le séjour dans le comté de Montbéliard des soldats lorrains qui méconnaissaient toutes les règles de l'hygiène, les misères d'une population affolée par la souffrance et condamnée aux plus dures privations n'étaient nullement faits pour arrêter le développement des maladies contagieuses, aussi voyons-nous une recrudescence du fléau dans le cours de l'année 1588, notamment à Bethoncourt, à Etupes et Essouaivre (2).

Cette invasion des Guises, comme toutes les invasions dont le malheureux pays de Montbéliard fût le théâtre de la fin du XVIe siècle au milieu du XVIIe, devait entraîner fatalement à sa suite la famine et la peste qui achevèrent l'œuvre néfaste accomplie par ces aventuriers d'exécrable mémoire.

(1) Testament de Jean Thierry Belpoix de Courcelles-les-Montbéliard, du 12 novembre 1586, *Archives Nationales, fonds Montbéliard, Z[2] 1678*, fol. 122 v°.

(2) *Registre des causes testamentaires, Arch. Nat., fonds Montbéliard, Z[2] 1678*, fol. 171, 172, 225.

SOMMAIRE DES CHAPITRES

levés pour le compte du roi de Navarre. — Formation de l'armée d'invasion sous les ordres du baron de Dohna. — Sa composition. — Elle traverse le Rhin et pénètre en Alsace, qu'elle met au pillage. — Excès des reîtres allemands. — Passage des Vosges à Saverne.— Négociations stériles de La Huguerye avec les officiers du duc de Lorraine. — Prise de Phalsbourg par les confédérés, leur entrée en Lorraine. — Coup de main tenté par le capitaine La Routte et le baron de Schwartzemberg sur le quartier du colonel Boock, panique des reîtres. — Incertitudes au sujet du plan de campagne de l'armée allemande. — Prise et pillage de Sarrebourg. — Echec subi par J. d'Haussonville près de St-Quirin. — Siége du château de Blamont. — Marche en avant des Allemands harcelés par le duc de Guise. — Passage de la Moselle à Pont-Saint-Vincent, au confluent du Madon, action indécise. — Séjour des confédérés en Lorraine, leurs déprédations et leurs excès. — Ils se mettent en route du côté de la Champagne, leur marche entravée par le mauvais temps. — Invasion de la principauté de Joinville, domaine du duc de Guise. — Elle est respectée par les confédérés. — Incendie de l'abbaye de Saint-Urbain. — Jonction de François de Châtillon avec l'armée allemande, malgré l'attaque dirigée contre lui au château de Griselles. — Mortalité effrayante dans les rangs de l'armée allemande éprouvée par l'intempérie de la saison et les privations. — Découragement général et plaintes des reîtres. — Le duc de Guise est réduit à ses propres forces. — Offre de secours à Henri III par le duc de Lorraine, négociations à ce sujet conduites par les sieurs de Liancourt et de Rieux, envoyés du roi de France. — Séjour des protestants autour de Châteauvillain. — La Huguerye et le colonel Bernsdorff interceptent des dépêches secrètes du duc de Lorraine, tendant à désorganiser l'armée allemande ; conseil tenu à ce sujet le 27 septembre. — Expédition dirigée par les Allemands contre l'abbaye de Clairvaux. — Passage de la Seine près de Châtillon, escarmouche sous les murs de cette place. — Séjour de l'armée protestante à Laignes, mort du comte de La Marck. — Passage de l'Yonne à Mailly-la-Ville.—Divisions intestines dans les rangs des confédérés, arrivée dans leur camp du baron de Monglas, envoyé du roi de Navarre.—Tentative infructueuse du passage de la Loire à La Charité; conseil tenu à Neuvy. — L'armée allemande se dirige du côté de la Beauce. — Craintes du duc de Guise qui serre de près les protestants. — Combat de Vimory, défaite et panique des reîtres, ils se mutinent. — Coup de main de François de Châtillon sur Montargis. — Reddition de Châteaulandon. — Désorganisation de l'armée allemande. — Le duc de Guise paralysé dans ses mouvements par

au quartier de Vandoncourt, dévalisée. — Plaintes de ce prélat au sujet des désordres des troupes lorraines. — Cantonnements de ces troupes dans le comté de Montbéliard.

Occupation de la baronnie de Granges et capitulation d'Héricourt.

Reddition du château de Granges au colonel Schlegel, lieutenant de Charles de Mansfeld. — Investissement d'Héricourt par Gérard de Reinach, seigneur de Saint-Baslemont. — Capitulation de cette place qui est évacuée au bout de neuf jours et réoccupée par le capitaine Saige. — Mesures de rigueur prises par le comte Frédéric de Wurtemberg contre les bourgeois d'Héricourt, privés de leurs franchises et revenus communaux jusqu'à la mort de ce prince.

Investissement de Montbéliard.

Départ du comte Frédéric pour organiser la levée d'une armée de secours.— Convocation de ses vassaux de Franche-Comté, qui, sur l'avis du Parlement de Dôle, refusent de répondre à son appel. — Défense de Montbéliard confiée au colonel de Beaujeu, commandant de la garnison. — Organisation de la milice bourgeoise, chargée de coopérer à la défense. — Blocus de la place par le marquis de Pont qui reconnaît l'impossibilité de s'en rendre maître par un coup de main. — Faux bruits répandus au sujet de la prétendue prise de Montbéliard et de Blamont. — Séjour des princes lorrains dans le pays, leur départ et retraite de l'armée d'invasion.

Négociations avec la Lorraine.

Démarches infructueuses du comte Frédéric et du duc Louis de Wurtemberg au début de l'invasion auprès du duc de Lorraine. — Plaintes adressées par le duc de Wurtemberg à François de Vergy, gouverneur de la Comté, qui demande des explications au sujet de la réunion de forces militaires à Montbéliard après le départ des Lorrains. — Les Guises craignent des représailles. — Négociations entamées avec le duc Charles III pour obtenir une indemnité de guerre, sa réponse dilatoire. — Lettre collective adressée au roi de France par Louis et Frédéric de Wurtemberg, réponse peu favorable de Henri III. — Pourparlers de Frédéric de Wurtemberg en vue de combiner une action avec Jean Casimir, duc de Bavière, qui refuse son concours. — Médiation de l'empereur Rodolphe II, sans résultat. — Conférences de Prague. — Abandon de toutes réclamations par Frédéric de Wurtemberg en présence des offres dérisoires du duc de Lorraine.

I. *Le meurtre et les tortures.*

Supplices variés infligés par les Lorrains aux habitants du comté de Montbéliard sans distinction d'âge ni de sexe. — Voies de fait, noyades, pendaisons, estrapade, question du *frontal*, des *grésillons*. — Actes de cruauté et de barbarie. — Souffrances de la population décimée par le froid et par la faim.

II. *Le viol et le rapt.*

Derniers outrages subis par les femmes et filles du comté de Montbéliard en vertu d'une consigne donnée aux mercenaires lorrains. — Cynisme et brutalité des soudards. — Scènes de violences et de désespoir. — Epouvante de la population féminine traquée dans les bois et les montagnes. — Captives emmenées dans les camps, gardées pendant des mois par les soldats et vendues au marché de Nancy.

III. *Les rançonnements.*

Injures prodiguées par les Lorrains aux gens des campagnes. — Insultes à l'adresse du comte de Wurtemberg. — Menaces et mauvais traitements pour extorquer de fortes sommes d'argent.— Recouvrement des rançons. — Prisonniers gardés comme ôtages et emmenés en Lorraine, vendus à des marchands, leur captivité prolongée.

IV. *Les incendies.*

Incendie du comté de Montbéliard ordonné à titre de représailles par le marquis de Pont, malgré les duc de Guise et de Mayenne, leurs représentations à ce prince. — Propos tenus par les Lorrains au sujet des ordres de brûler qu'ils avaient reçus. — Organisation de compagnies d'incendiaires. — Dévastation par le feu de la seigneurie de Blamont et du comté de Montbéliard proprement dit. — Statistique des villages livrés aux flammes. — Correspondances échangées par les chefs des compagnies lorraines avec les bourgeois de Montbéliard pour le rachat de leurs maisons suburbaines. — Destruction de la papeterie et imprimerie de Courcelles. — Exaspération des paysans qui massacrent les traînards.

V. *Le pillage.*

Le comté de Montbéliard livré au pillage pour tenir lieu aux troupes lorraines du payement de leur solde arriérée; catholiques et huguenots indistinctement dépouillés. — Enlèvement du bétail conduit en Lorraine ou vendu aux Bourguignons. — Anéantissement des récoltes. — Arrachement des vignes. — Ruine des salines de Saulnot. — Description d'une habitation rurale, vie privée du la-

TABLE ANALYTIQUE
DES MATIÈRES

C

D

F

G

H

22

I

J

K

L

M

N

S

T

U

V

W

Y

Z

Imprimerie Barbier frères à Montbéliard.

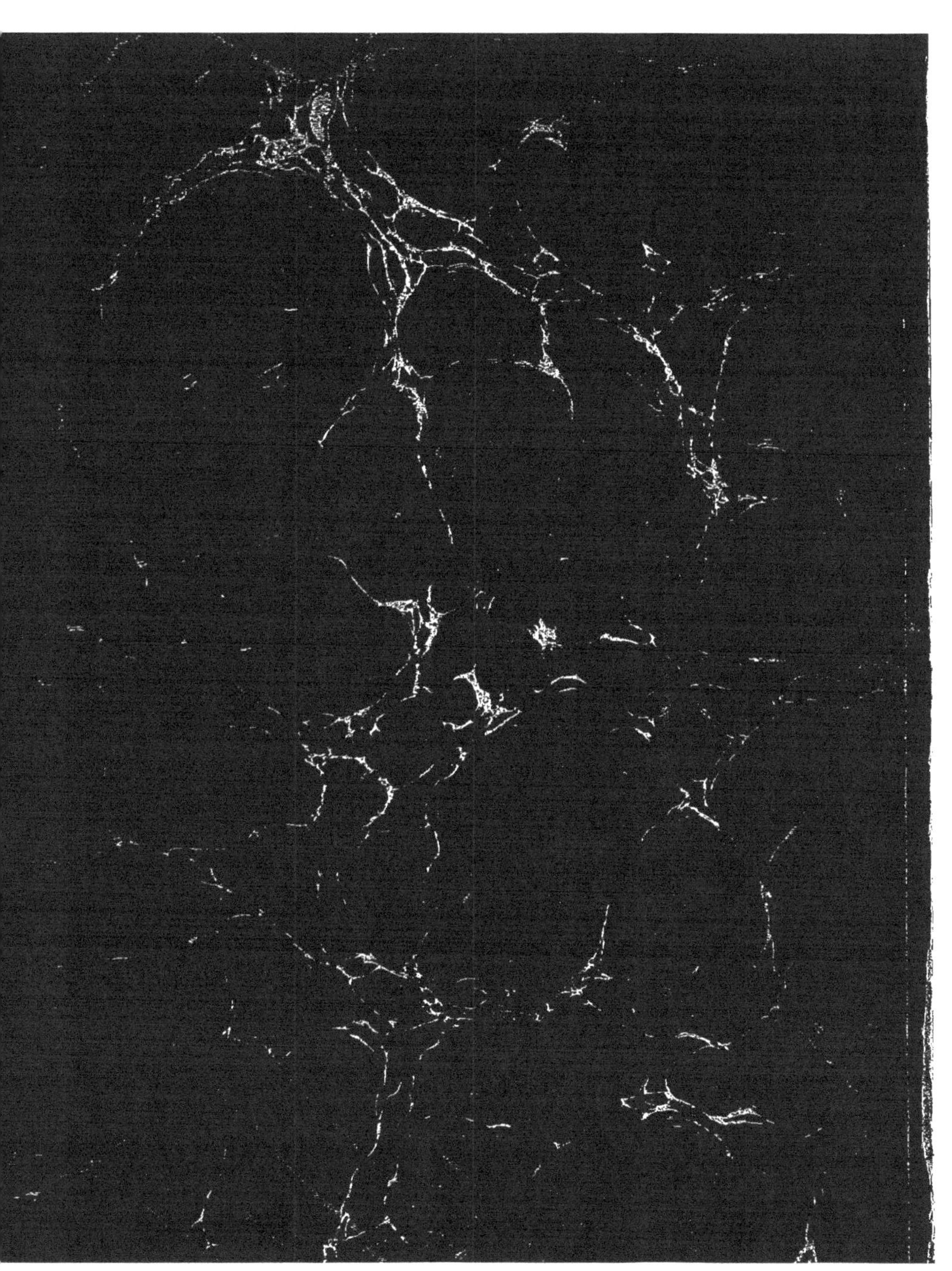

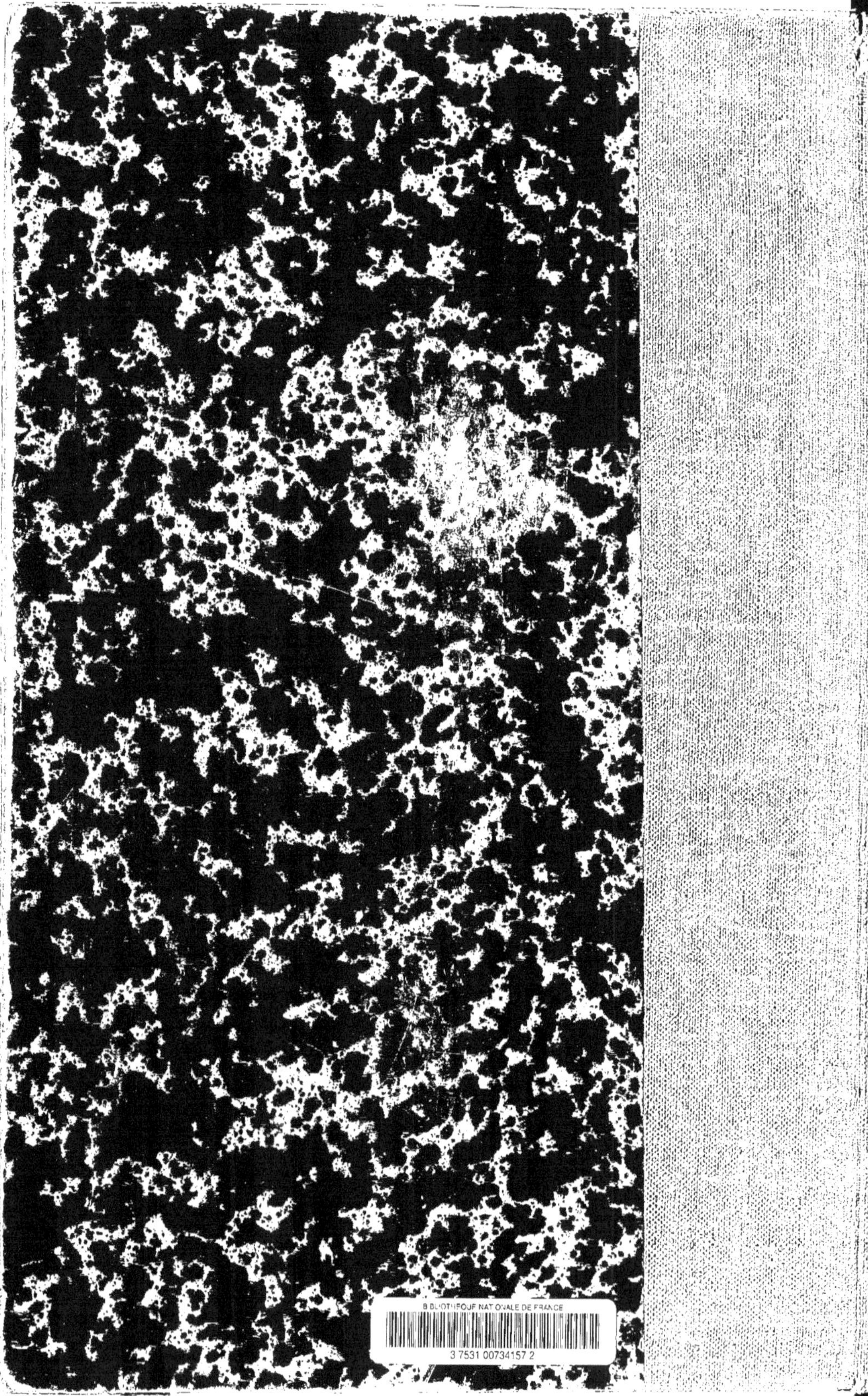